民心相通的中国实践

王义桅 等⊙著

中国人民大学出版社
·北京·

推荐序一

新时代中国公共外交的又一力作

国际关系的急剧变化和调整,各国发展进程的不平衡,以及在全球治理和国家治理上的巨大差异,加之新冠疫情的持续肆虐等,使西方对中国的误解和偏见加深,民众间的好感度下降。这也更加凸显公共外交促进民心相通的重要性。

过去几年中国公共外交工作越来越活跃,越来越广泛和深入。

我们从过去的比较被动到现在的越来越主动,不仅主动阐释了"我是谁",而且阐释了"我们是谁",提出了事关人类前途和命运的一系列倡议和主张,如"一带一路"、全球发展倡仪、全球安全倡议等。

我们从过去强调中国特色到现在更多强调人类普遍性、全人类共同价值,从关注自己到更多关注我们与世界。

我们从过去政策和价值理念的阐述,到更多地讲人讲事,讲我们的美好生活。

新时代中国公共外交的内涵与意义全面提升,形式和手段更加丰富多彩,更能让人听得懂、看得见,更能让人理解和认可。

党的二十大报告指出:"坚守中华文化立场,提炼展示中华文明的精神标识和文化精髓,加快构建中国话语和中国叙事体系,讲好中国故事、传播好中国声音,展现可信、可爱、可敬的中国形象。加强国际传播能力建设,全面提升国际传播效能,形成同我国综合国力和国际地位相匹配的国际话语权。深化文明交流互鉴,推动中华文化更好走向世界。"

新时代中国公共外交的重点任务是加强国际传播能力建设,塑造好中国新形象。对这一点,习近平总书记说得非常透彻。他指出:"必须加强顶层设计和研究布局,构建具有鲜明中国特色的战略传播体系,着力提高国际传播影响力、中华文化感召力、中国形象亲和力、中国话语说服力、国际舆论引导力。要注重把握好基调,既开放自信也谦逊谦和,努力塑造可信、可爱、可敬的中国形象。要创新体制机制,把我们的制度优势、组织优势、人力优势转化为传播优势。"他同时还强调"要加强国际传播的理论研究,掌握国际传播的规律,构建对外话语体系,提高传播艺术。要采用贴近不同区域、不同国家、不同群体受众的精准传播方式,推进中国故事和中国声音的全球化表达、区域化表达、分众化表达,增强国际传播的亲和力和实效性"。习近平总书记为中国公共外交做什么、怎么做指出了明确的方向、路径和方法。

中国公共外交也应从中华文明中汲取深厚滋养,从中华优秀文化中发掘新时代内涵,以构建人类命运共同体、创造人类文明新形态的高度做好民心相通工作。习近平总书记讲过:"中华文明自古就以开放包容闻名于世,在同其他文明的交流互鉴中不断焕发新的生命力。"因此他提出:"要坚持弘扬平等、互鉴、对话、包容的文明观,以宽广胸怀理解不同文明对价值内涵的认识,尊重不同国家人民对自身发展道路的探索,以文明交流超越文明隔阂,以文明互鉴超越文明冲突,以文明共存超越文明优越,弘扬中华文明蕴含的全人类共同价值,推动构建人类命运共同体。"他还告诉我们如何讲好中国故事,中国的故事要讲什么。他指出:"要立足中国大地,讲好中华文明故事,向世界展现可信、可爱、可敬的中国形象。要讲清楚中国是什么样的文明和什么样的国家，讲清楚中国人的宇宙观、天下观、社会观、道德观，展现中华文明的悠久历史和人文底蕴，促使世界读懂中国、读懂中国人民、读懂中国共产党、读懂中华民族。"

促进民心相通是中国公共外交协会的使命。该协会旨在与各国广泛和深入交流，以增进中国人民与世界各国人民之间的相互了解和友谊，向世界展示中国文明、民主、开放、进步的国家形象，为中国和平发展营造良好的国际环境。

王义桅教授一直积极参与协会工作，为中国公共外交事业做出了自己的贡献。

我非常欣喜地看到，作为习近平外交思想、公共外交的研究者、实践者和推动者，王义桅教授在讲好中国故事，讲好"一带一路"倡议、人类命运共同体理念等方面，做了开拓性探索，积累了丰富的经验，也有切身的体会。他带着自己的助手们完成的《国之交如何民相亲：新时代中国公共外交之道》的姊妹篇《民心相通的中国实践》，从政治体制、宗教历史文化、国民性等方面深入分析民心相通的理论与实践问题，奉献出这部新时代中国公共外交的又一力作，值得所有关心中国与世界关系的人士阅读、参考和借鉴。

中国公共外交协会会长　吴海龙大使

推荐序二

新时代的民间外交如何推进民心相通

在中国，公共外交是舶来品，民间外交则是本土货。新时代，将二者合二为一，就是民心相通。民心相通既展示了我国的制度优势——中国共产党领导的社会主义国家秉承全心全意为人民服务的根本宗旨，又是以人为本的中华传统文化的创造性转化与创新性发展。

中医说："通则不痛，痛则不通。"当今世界正面临百年未有之大变局，民粹主义、排外思潮风行一世。"世界怎么了、我们怎么办？这是整个世界都在思考的问题，也是我一直在思考的问题。"2017年1月18日，习近平主席在联合国日内瓦总部发表题为《共同构建人类命运共同体》的主旨演讲时这样说。这篇演讲系统阐述了人类命运共同体思想，为民心相通工作提供了理念指引。

民心相通是世界所需、中国所盼。中国人民对外友好协会与共和国共成长，一直致力于民间外交工作，这项工作在新时代更有意义。民间外交，不仅接地气——民心相通，也接天线——联合国可持续发展目标的最后一个目标，而该目标正是加强执行手段、重振可持续发展全球伙伴关系。

如何推进民心相通？这就需要全球治理，包括人权治理、民心治理。"一带一路"、人类命运共同体为此展示了路径与理念。

我非常欣赏王义桅教授对"一带一路"、人类命运共同体的研究，认真阅读了他的《世界是通的："一带一路"的逻辑》《再造中国：领导型国家的文明担当》等著作。我非常欣喜地看到，他近 20 年的公共外交研究到了升华和收获的季节。

如今，王义桅教授带领中国人民大学公共外交研究课的研究生，将新时代公共外交案例研究成果出版，这不仅是新时代中国公共外交研究的又一力作，也将丰富人类对公共外交、民心相通的理解。希望本书被译成外文，促进"一带一路"、人类命运共同体理念的国际传播。

是为序。

中国人民对外友好协会前会长　李小林

序　言

讲好中国故事是时代使命

讲好中国故事已经成为国人的自觉行为。对学者而言,讲好中国故事更是时代使命。

一个命题:讲好中国故事是时代命题

习近平总书记指出,讲中国故事是时代命题,讲好中国故事是时代使命。

鸦片战争以来,我们笃信"天下大势,浩浩汤汤,顺之者昌,逆之者亡"。我们渴望了解外部世界。所谓睁眼看世界,其实就是看西方,看发达国家是如何发达起来的。因此,讲西方是如何发达起来的,中国如何借鉴其经验实现追赶,是主旋律。换句话说,以前我们都是在讲别人(西方)的故事。中国有没有故事?当然有,但在国际层面主要是别人在讲,如《西行漫记》等。

中国人开始讲自己的故事,这具有什么特殊意义呢?当中国与故事关联时,中国就不是一般的中国,故事也不是一般的故事。讲好中国故事,不是所谓的马斯洛效应:生存问题、温饱问题解决后,在全面建设小康社会的过程中表达自我的行为,而是具有更深远的时代内涵与全球意义。

讲好中国故事,是为了建立融通中外的话语体系。如何理解其意义呢?西方有"巴别塔"的传说——语言不通造成了世界的分割。今天讲的融通中外体系，不是解决中国有没有话语权的问题，而是解决这个世界将来是走向和谐还是走向冲突、对抗的大问题。只有融通中外，才能取得双赢效果，助推中华文明转型。因此，讨论话语权问题，一定要有这样一种担当，而不是简单地争取一席之地，要和西方干一场来提升我们的话语权（这个档次、境界不够高，也充满了风险，甚至可能失败）。包容而非零和是中华文化的精髓。在话语权问题上，我们仍然要展示传统文化的魅力，抓住时代主题，认清世界趋势，表达好自己。

讲好中国故事意义之一，就是在新的时代塑造中国的世界观。

两个关键词：中国、故事

讲好中国故事尤其要改变这两种状况：

一是有故事，没中国。魔鬼藏在细节中。掌握国际舆论话语权的西方媒体往往就中国的某个问题大肆炒作。来中国三天，写一本书；来中国三个月，写一篇文章；来中国三年，反而什么都写不出。正所谓"如果你不能表达自己，就将被别人去表达"。因此，讲好中国故事，讲好中国，是在国际社会构建客观、全面、生动的中国观的过程，任重道远。

二是有中国，没故事。上下五千年，纵横八万里。中国人讲中国，往往有中国但没故事，或者故事太具有中国特色，缺乏通约性表达，难以引起国际共鸣。

为改变这两种状况，讲好中国故事，就是将中国、故事连贯为中国故事，通过中国故事讲世界故事，塑造世界的中国观。套用费孝通先生的话来说，就是各讲故事，讲人故事，故事与共，天下大同。

讲好中国故事意义之二，就是在新的时代塑造世界的中国观。

三位一体：自塑、他塑、共塑

俗话说"功夫在诗外"。讲好中国故事，要超越"中国"——自塑，超越"故事"——他塑，超越"讲"——共塑，关注他人，关注时代，关注世界。

——超越"中国"。中华民族伟大复兴的中国梦，让我们心中有梦想、肩上有使命。当然，外国人心中也有梦想，肩上也有使命。基于这一认识，笔者最早提出"中国梦也是世界梦"，反响就很好。

"一带一路"故事，要少强调中国——"丝绸之路"的概念是德国人提出来的，少强调张骞、郑和，要多强调古丝绸之路是各国共同打通、维护的，"一带一路"的魅力就在于激发了文明古国的往日辉煌，共商、共建、共享21世纪丝绸之路，达到共同发展、共襄盛举的目标。

——超越"故事"。中国故事是多方面的，既有成功，也有教训，关键是故事背后的道。

按此精神，"一带一路"故事可以放在国际层面讲，体现对联合国后发展议程的贡献，体现联合国教科文组织、联合国开发计划署等的前期贡献，表明"一带一路"激发了欧亚大陆互联互通的百年梦想，推动梦想成真。讲好"一带一路"故事，要多强调"和平合作、开放包容、互学互鉴、互利共赢"的"丝路精神"，尤其是人类命运共同体理念，以此引领21世纪国际社会价值。正如亚投行创立之初强调"green, lean, clean"原则，"一带一路"要强调绿色丝绸之路，尊重国际规范，体现21世纪价值观。一句话，从"我的"转化为"我们的"，才是"一带一路"的传播之道。

——超越"讲"。我们常常说国际舆论场"西强我弱"，其实"夫唯不争，故天下莫能与之争"。正如李光耀当年所言：只要我新加坡成功了,不怕你不承认我!中国的持续成功,使得各种"中国崩溃论""中国威胁论"等不攻自破。不要急吼吼、气鼓鼓地去讲,而是要好好地说;同时要超越中西方、以美为镜,避免陷入中西二元对立、"老大-老二"陷阱。例如,试图证明中国模式优于美国模式,只能招致更多的攻击和反感;或者只盯强者,总想着迎头反击,往往图一时之快,却得罪了周边,吓怕了弱者,正好上了人家的当。又如,美国学者葛来仪每年都提"九段线",根本不指望中方回答,而是借炒作发声、毒化舆论。对此,我们完全可以跳出来讲自己的故事——中国军队的维和贡献等,而非顺着西方原罪论逻辑挣扎,试图证明自己的清白,既浪费时间又暴露弱点。欧洲人就很担心中国成为下一个美国。对待美国,如果我们以其人之道还治其人之身,就可能让其他国家产生中国正步美国后尘的错觉。

讲好"一带一路"故事,首先要听——听听沿线国家的需要、期待,然后探讨如何满足这些需要、期待,表明"一带一路"是时代发展的必然,是世界所期待的,改变全球化目前更有利于海洋国家、沿海地区的局面,倡导包容性全球化;同时,强调"一带一路"作为合作倡议与国际公共产品对世界的贡献——世界上有9亿人没有用上电,光印度就有3亿人,而"一带一路"推动电网的互联互通,帮助他们脱贫致富。这比睚眦必报、急于去辩驳"一带一路"不是中国的马歇尔计划,效果要好得多。

讲好中国故事意义之三,就是超越中国、超越故事、超越讲,通过自塑、他塑、共塑三位一体,塑造21世纪的中国新形象。

四部曲:望闻问切

讲好中国故事,是对外交流的一项主要内容。但我们的表现常常是被动辩护，动辄说"西强我弱"，抱怨"有理说不出，说了没人听，听了没人信"。西方话语霸权往往是原罪假定，中国沦为只能去证明自我清白的地步。其实，进攻是最好的防御。消除误解，证明他是病人，为何我不做医生，按照望闻问切来给他会诊呢？

——望：西方舆论往往来势汹汹，摆出一副教师爷的姿态："你们中国什么时候新闻完全自由？"我们便被迫去说服人家中国新闻还是有自由的。其实，倘若来者不善，应跳出其话语惯性，反问："你告诉我，有哪个国家的新闻完全自由？"正所谓"你打你的，我打我的"，打消其嚣张气势，才能化被动为主动。

——闻：西方舆论常常描绘说"中国腐败这么严重，是体制使然"，我们许多人也随之附和。就其逻辑，其实应反过来请教说："请告知什么体制能避免中国的腐败？愿闻其详！如果你是中国领导人，你能做得更好吗？"这种苏格拉底式诘问，往往让对方自己都不好意思。

——问：正如需求创造供给，要讲先问。要学会问，学会倾听，激发对方听我讲的兴趣，然后才能有针对性地讲，更好地与对方互动。中国故事是解决发生在中国的世界性问题，与其他国家的故事具有共通性。除了讲好解决人类共同问题或类似问题的中国道路、中国智慧之外，更要侧重于讲"我行，你也行""我错，你不要错"。外国人不只是中国故事的听众，也可成为讲中国故事的主人。

——切：只有对你感兴趣，才会对你的国家感兴趣。拳拳爱国情怀常常让我们觉得一言一行皆代表中国，往往很不放松、自然。其实，讲好中国故事，首先要讲好自己的故事，要以个人魅力折射中国魅力。同时，中国人自古有天下担当，需超越中国，关注他人，善交、广交朋友。世人对中国日益好奇，但好奇之外是疑问："中国成功对我意味着什么?""中国失败对世界意味着什么?"中国故事是多方面的,既有成功,也有教训,关键是故事背后的道。道在,自信在。超越自信,养成自觉,关键在于讲好中国故事之道。不只是我自豪、我自信,关键还得让别人自信!鼓励他们走符合自身国情的道路。与其抱怨"有理讲不出",不如倡导"有道来分享"。

讲好中国故事意义之四,就是发挥中医技艺——望闻问切,把握中国与世界关系的时代变迁。

五大理念:中国式现代化是中国故事最动人的乐章

习近平总书记指出,发展理念是否对头,从根本上决定着发展成效乃至成败。发展是中国模式的鲜明特色,也是当代中国最大的软实力。讲好中国故事,首要的就是讲好中国发展故事及其背后的发展理念。"十三五"规划纲要提出要坚持创新、协调、绿色、开放、共享的发展理念,这五大发展理念不是凭空得来的,而是我们在深刻总结国内外发展经验教训的基础上形成的,是在深刻分析国内外发展大势的基础上形成的,也是针对我国发展中的突出矛盾和问题提出来的,集中反映了我们党对经济社会发展规律认识的深化,具有普遍的世界意义,深刻体现了中国在发展领域的软实力。

——创新发展:当今世界,发展动力越来越寄希望于创新,而不是重复消耗、恶性竞争。人类要走出历史的悲剧,必须创新发展模式,开创人类新文明。

——协调发展:世界日益成为"你中有我、我中有你"的命运共同体。大国协调、国际协调、地区协调、政策协调,是共同体建设的必然要求。

——绿色发展:天人合一、人海合一、天地一体,既是传统文化的继承，也是发展，并且引领了天、地、海、人四位一体和谐发展的方向，绿色发展就是其集中体现。

——开放发展：开放包容是自然界法则，也是人类社会发展的要求和提升国际竞争力的不二选择。

——共享发展：共享发展既是社会主义的本质要求，也是中国传统天下大同观的体现，其目的在于解决世界上的主要矛盾——贫富差距。

这五大发展理念，源于中国而属于世界，充分展示了中国的发展观。只有立足于五千年文明史形成的"兼收并蓄，融会贯通"的思想，才能在国际社会创造性地提出五大发展理念，引领人类发展。因此，发展成就、发展观最能体现中国的软实力，最能提升中国发展话语权。中国加入经济合作与发展组织（简称"经合组织"，OECD），习近平主席在联合国发展大会上的讲话引发普遍反响，就是明证。讲好中国故事，首先要讲好中国的发展故事及其背后的和平理念，这是世界的期盼，也是中国的担当所在。

讲好中国故事意义之五，就是讲好中国式现代化故事，确立中国制度性国际话语权。

总之，讲好中国故事之道，是讲好"源于中国而属于世界、基于历史而引领未来"的逻辑，讲好世界故事，讲好时代故事。

王义桅

目 录

导　言　构建人类命运共同体，实现新时代民心相通/1

第一部分　超越公共外交/15

第一章　超越公共外交的宗教性：世俗伦理/17

第二章　超越公共外交的国家性：我将无我/34

第三章　超越公共外交的时代性：从后天看明天/52

第二部分　民心相通的中国实践/63

第四章　中美民心相通：多一些文化，少一些政治/65

第五章　中德民心相通：夯实社会根基，讲好中国故事/93

第六章　中印民心相通：走出近代战争阴影，追求广阔合作空间/111

第七章　中国东盟民心相通：澄清相关误解，推动民众交流/128

第八章　中澳民心相通：超越美国因素，寻求价值认同/149

第九章　中非民心相通：破解"二元"难题，培育民众基础/163

第十章　中拉民心相通：超越传统悖论，提升希望引力/183

第十一章　侨务公共外交：突破主客之分，做好"国家营销"/199

第三部分　未来的挑战与希望/223

第十二章　大数据时代的公共外交/225

第十三章　疫情公共外交/242

第十四章　"一带一路"的民心相通之道/255

结　语　以民心相通超越公共外交/258

参考文献/260

后　记/269

导　言

构建人类命运共同体，实现新时代民心相通

习近平外交思想最具代表性和影响力的是"一带一路"、人类命运共同体，多次被写进联合国有关决议。"一带一路"通过新型国际关系——具体而言是全球互联互通伙伴网络——来构建人类命运共同体，通过命运自主、命运与共，最终实现命运共同体。如果说"一带一路"重在解决和平赤字、发展赤字和治理赤字，人类命运共同体则重在克服信任赤字，两者是问题导向、目标驱动的有机统一。

百年未有之大变局呼吁构建人类命运共同体

十九届四中全会公报指出，"当今世界正经历百年未有之大变局，我国正处于实现中华民族伟大复兴关键时期。"十九届四中全会通过的《中共中央关于坚持和完善中国特色社会主义制度　推进国家治理体系和治理能力现代化若干重大问题的决定》将"坚持和完善独立自主的和平外交政策，推动构建人类命运共同体"作为国家治理体系和治理能力现代化的重要方面，推动中国外交体系与外交能力现代化建设。

百年未有之大变局，核心不在于变，而在于局，是"局之变"而非"变之局"。所谓"局之变"，主要体现在以下三个方面：

一是格局崩。国际格局出现五百年未有之大变动，西方主导的格局正在被东西方平衡的格局取代。法国总统马克龙在2019年8月27日的驻外使节会议上宣称"启蒙运动以来的西方霸权行将终结"。西方智库也不断举办以"自由主义国际秩序的终结"为主题的研讨会。标志性的事件是，当今世界最重要的宏观经济政策协调平台是G20，不再是G7了。

二是时局变。这在很大程度上是技术的变化造成的，而不只是权力的转移——存量在西方，增量在东方，还有权力的分散和权威的解构——世界越来越"去中心化"、扁平化、网格化。2019年俄罗斯瓦尔代论坛的主题是"新无政府状态"（New Anarchy），考验国家的独立性，一些国家却浑水摸鱼。

三是大局无。世界形势不确定性增强，发展模式、价值多元化，经济民族主义与社会民粹主义交织。例如，2019年土耳其世界论坛（TRT World Forum）大会的主题是"退却的全球化：风险和机遇"。这说明规则观念在变，人们不再笃定全球主义、进步主义，国家主义、地缘政治在回归，民粹主义受吹捧，全球化出现逆转。

不仅国家内部在变，国际关系也在变，规则也在变。原来是大棋局，现在那个棋桌子也可能被掀翻。如今，大变局而非大棋局，才是问题的关键。

百年未有之大变局，要求我们告别近代，走出西方。近代以来，我们的理念是顺势而为，改革开放强调国际接轨。所谓"天下大势，浩浩汤汤，顺之者昌，逆之者亡"，今天的世界已经没有那个势了——马克龙说"西方霸权行将终结"。所以，中国不是简单地顺势、随势，而要去造势。"一带一路"就是一种造势，人类命运共同体就是为造势确立一个"道"——超越经济全球化、政治多极化、文化多样化、社会信息化之间的内在矛盾，实现四位一体。

百年未有之大变局，既有五百年西方中心论（全球化）的终结，也有近代西方中心塌陷的变局，甚至有人工智能发展带来的拷问"我们是谁，我们从哪里来，我们要去哪里"的重新思考。开启未来百年变局，既是历史导向，又是未来导向，具有浓厚的时代关怀。

全球化的主要驱动力——技术的创新出现新局面：一方面，区块链技术、万物互联模式、人工智能的涌现，正削弱中心—边缘体系；另一方面，在工业革命转向信息革命、数字革命的过程中，第一次出现非西方力量参与并引领的现象。过去技术革命都是在西方内部循环，最后各方皆被美国收编为盟友。如今中国打破了这一循环，不仅成为工业革命与全球化赢家（建立了独立完整的工业体系，创造了四分之一的人类工业产值），并且参与引领信息—数字革命，于是出现美国举全球霸权之力打压中国一家民营公司的现象——因为华为引领5G时代来临。美国对于中国共产主义体制与世俗文明的结合、弯道超车与前沿技术的结合，表现出"1984"式的恐惧，借此对华发起了所谓的"新冷战"，构造国际统一战线，寻找打压中国的合法性。舆论担心"硅幕"取代"铁幕"，引发"新冷战"。

对此，中国面临三种选择：

第一种选择，当然就是我们一直强调的：改革完善现有的国际体系。这就好比旧屋子漏了，好好修一修。但是，现在看起来，这很难，不仅是因为旧屋子本身很难容纳发展中国家——尤其是像中国这样的新兴国家的崛起，就像大象进了浴缸一样；而且美国现在另起炉灶，不要这个旧屋子了。

第二种选择，就是所谓的造一所新房子，被迫的也好，主动的也罢，反正形成包含两套体系的"新冷战"。但这事实上是不可能的，因为全球化是不可逆转的，不可能回到原来的两极对抗的时代。因为苏联不是全球化体系的，所以说今天把中国变成另一个苏联，本身逻辑上就不成立。

第三种选择，就是在这个旧屋子之外搭建更大的房子，实现大包容。正如天安门城楼上镌刻的"世界人民大团结万岁"，就是我们讲的通过"一带一路"构建全球互联互通伙伴网络、构建人类命运共同体的主要思想。截至2020年9月，有138个国家、30个国际组织跟中国签署了共建"一带一路"的合作备忘录。作为最大的发展中国家、第二大经济体，中国把发达国家、发展中国家、新兴经济体各方面互联互通起来，在全球产业链上形成双环流——与发达国家和发展中国家的产业链、价值链环流——构建人类命运共同体。人类命运共同体是对全球一体化的扬弃，不是欧盟的主权让渡，也不是美式全球化的相互依存——本质上弱国依附于强国，而是各国的命运掌握在自己手里，命运与共、互联互通，构成命运共同体。

为什么这样想呢？首先，中国这一全球化的力量（globalized Chinese power）在崛起；相应地，其全球化的思维（globalized mentality）也在崛起。西方有人认为，中国从来不是一个民族国家，中国人之所以自认为是中国人，不是因为民族身份的认同，而是因为近2 000年文明成果的认同。所以，从人类文明的担当角度看，就像当年的英国历史学家汤因比预见到的那样，中华文明能够给世界提供西方无法提供的方案和智慧，这就是我们讲的超越东西、融合南北，实现大包容。

中国传统和合文化与万物互联时代相结合，代表性理念就是"一带一路"（合）和人类命运共同体（和）。

总之，全球金融危机从经济、政治、社会危机发展到思想危机。西方的右派攻击中国为"数字1984"，左派攻击中国为"国家资本主义"，合力将中国塑造为全球化和西方民主政治的替罪羊。2020年美国大选在左翼民粹主义的共和党和右翼民粹主义的民主党候选人之间展开，不仅发起对华贸易战，而且试图通过港澳台、新疆、人权问题等搞乱中国，迟滞中国崛起步伐。右派"塑造中国"幻想破灭，转向中国模式威胁论，集中攻击中国隐私权；左派则攻击中国社会公正。美国提出"新冷战"，企图构筑"封锁"中国的国际反华战线，威胁与中国"部分脱钩"。中国在涉及美国联盟体系的技术部分与美国脱钩，体系和经济则无法脱钩，向后退一步的同时向前进一大步，与"一带一路"国家挂钩，打造全球互联互通伙伴网络，构建人类命运共同体，实现大包容、大复兴。

人类命运共同体：寻找未来世界价值观的最大公约数

人类命运共同体思想有三大主要指向：

第一，解决经济全球化、政治多极化、文化多样化、社会信息化的内在矛盾。这一内在矛盾的集中表现就是所谓的"经济靠中国，安全靠美国"的亚洲悖论，现在很多国家不同程度地受到这个悖论的误导。为了解决这个悖论，既要在威斯特伐利亚体系、联合国体系基础上承认国家主权，又要超越单纯国家思维，实现命运与共，构建命运共同体。这就超越了过去改革开放强调的"互利共赢"（运），上升到"共享未来"（命）的层面。

第二，实现资产阶级和无产阶级和平共处、并行不悖。在中国，有"一国两制"试点；在世界层面，我们现在强调的不是无产阶级革命学说，而是在道路、理论、制度自信的基础上实现文化自信，即借助中国的传统和合文化，使斗争学说实现中国化、时代化、文化化。

第三，强调世俗文明和宗教文明的和谐相处、包容互鉴。命运共同体意味着中国共产党领导的社会主义国家复兴世俗文明、掌握核心技术以后，不会出现西方所想象的所谓"1984"现象，而是共塑一种人类新文明，求世界之大同，超越普世价值与中国特色之争。中国历史上从来没有过宗教战争，儒释道并存，具有万教合一传统，能够尊重不同的神，这就是实现经济全球化、政治多极化、文化多样化、社会信息化四位一体的东方智慧。

总之，从大历史看人类命运共同体，有四个维度。

40年维度：新自由主义全球化造成的世界悖论，即经济靠中国、安全靠美国，如何命运一体？

70年维度：共产党中国，即不推翻资产阶级统治，不干涉内政，强调和平共处、命运与共。

500年维度：全球化铸魂，即经济全球化—政治多极化—文化多样化—社会信息化，如何实现四位一体？

5 000年维度：世俗文明如何与宗教文明相处？

当美英倡导的新自由主义全球化理念——"世界是平的""华盛顿共识"破产时，中国提出"世界是通的"——以基础设施、互联互通为核心的"一带一路"倡议；当反全球化的美英领导人提出"本国优先"，推行脱钩、脱欧主张时，中国提出人类命运共同体概念，鼓励各国走符合自身国情的发展道路，在命运自主基础上实现命运与共，最终形成命运共同体。

更长远、本质地看，人类命运共同体的提出有三大使命：

一是回答中华民族伟大复兴的目标，不是复古——回到汉唐，不是超美——成为世界老大，而是推动各国共同振兴、文明共同复兴，让各国、各种文明都能成就自己，并立己达人。正如中华民族概念圆了中华文明道统一样，人类命运共同体概念诠释了中国与世界的关系——融通中国梦与世界梦。

二是回答"人类怎么了""世界向何处去""我们怎么办"的时代之问，为全球化、全球治理铸魂，以命运自主超越中心—边缘依附体系，以命运与共超越相互依存，以命运共同体超越"经济靠中国、安全靠美国"的世界悖论，以及经济全球化与政治地方化的分裂。

三是回答"我们的未来是否更美好"的质疑。告别近代，走出西方，超越人类中心主义，从后天看明天，寻求人类价值观的最大公约数，推动人类文明的可持续发展，因应人工智能、万物互联时代的来临，实现从文明交流、对话式文明到共塑式文明的飞跃，引领人类文明创新。

同时，人类命运共同体的提出遵循三大逻辑：

一是历史逻辑：不忘人类初心。人类命运共同体并非无源之水、无本之木，相反，它从历史中来，包括古代、近代、当代历史，而且是对历史的时代提炼和升华。古代世界体系是多中心的、多元的，各个国际体系、各种文明之间，联系是时断时续的、不稳定的（正如丝绸之路的历史所展示的那样），所以要汲取中国传统和合文化和其他各种传统文化的通约性，并创造性转化、创新性发展，凝聚出人类命运共同体。近代以来的国际体系实际上是一个中心——西方中心。威斯特伐利亚体系以民族主权国家为基本单元，我们要坚持主权原则，但要超越国家层面，包括超越欧洲主权让渡的层面，提出人类命运共同体。近代以来，工业革命、地理大发现等塑造了人类中心主义——人类世，我们现在要超越这个，要保护环境，把人类作为自然的一部分来看待。当代，我们继承并超越社会制度"井水不犯河水"的和平共处五项原则，实现命运与共，同时超越1974年邓小平同志在联合国代表毛主席、党中央提出的"三个世界"理论——今天强调同一个世界。所以，人类命运共同体从古代、近代和当代历史中来，是对历史的一种继承和超越。

二是时代逻辑：回答时代之问。人类命运共同体不是发明的，而是发现的，是各种文化的价值通约，既能发现、发掘也能塑造人类共同价值观，是解决人类问题的智慧结晶和方案。典型的时代之问，就是超越过去的。经济全球化所谓的相互依存，更多地依赖于美国霸权，现在被特朗普当作武器来用。从相互依存到命运与共，实际上是由一种从属关系、一个中心转变为多中心的世界格局。这要落实于国内治理，尤其是政党治理，超越利益集团、选举政治，强调以人民为中心的理念，推动政党转型，可以说是人类政治文明的重塑。所以，我们要举办中国共产党与世界政党高层对话会，这都是以人类命运共同体为统领的。

三是思维逻辑：从后天看明天。未来已至，只是分布不均、感知有异。人类已经迈入工业革命4.0门槛，人工智能、大数据、万物互联、泛在化，从原来的人化自然到现在的人化人……人类身份危机悄然而至。人工智能社会是继狩猎社会、农耕社会、工业社会、信息社会之后出现的新一代社会形态，其命名充分体现了科技创新引导社会变革的含义。习近平主席多次指出，公海、太空、网络、极地这些人类新的领域不可能再重复过去的弱肉强食、零和博弈的法则。我们热议人工智能，但世界上还有将近一半的人没有用上互联网，十几亿人没用上电！我们讨论人工智能的时候，他们担心会进一步被边缘化，所以要强调人类命运共同体！不能强者更强、弱者更弱！人类命运共同体与自由人联合体是什么关系呢？自由人联合体是经过无产阶级革命的阶级斗争实现的，而人类命运共同体要通过伟大斗争来构建，尤其是中国作为世俗文明如何与其他宗教文明共同构建。所以，思维方式要从中国的世界转变为世界的中国，从昨天看明天转变为从后天看明天。

相应地，不难明白人类命运共同体理念的三大意义：一是超越传统消极命运观，积极进取；二是超越消极人类命运观，塑造共同体；三是超越传统意识形态的阶级斗争、革命学说，使马克思主义中国化，经历道路、制度、理论自信后最终落脚于文化——这是文化自信的根源。

人类命运共同体是世俗文明的终极关怀与文化自觉的产物。人类命运共同体的政治意义，就是中国共产党在社会主义初级阶段，提倡将各国命运掌握在自己手里，构建人类命运共同体。因此也不难发现人类命运共同体的政策含义：

首先，告别近代，走出西方。近代以来，总是中学为体、西学为用，或者西学为体、中学为用；今天，人类命运共同体要强调人类为体、世界为用。马克思主义曾经救了中国传统文化，现在到了中国传统文化反哺马克思主义的时候了！这就是文化自信。人类命运共同体要通三统：各国传统文化、西方道统及马克思主义正统。这就是一个集大成：东西南北、古今中外。

其次，中国外交原则从原来的不干涉内政，对纯内政的主权事务、发展道路、发展模式、发展理念的尊重，到现在强调国际责任。两者如何统一？人类命运共同体为此指明了方向。西方经济学中有一个重要名词——"帕累托改进"，中国哲学家赵汀阳创造出一个新的概念——"孔子改进":"孔子改进"的层次更高,因为孔子讲"己欲立而立人,己欲达而达人",即:如果自己要成功,也要叫别人成功;自己要富裕,也要别人跟着自己共同富裕。孔子的想法,恰恰代表了中国构建人类命运共同体伟大目标的历史传承,代表了中国的一种愿望。

最后,人类命运共同体的政治含义还包括为全球化、全球治理铸魂。要强调包容性的全球化,超越那种经济全球化、政治地方化的对立。西方全球治理不问为谁治理的问题,现在强调以人为本,为人类治理。这就是从原来的国际秩序到现在的人类秩序的超越。

"一带一路"与人类命运共同体,为超越科学乃分科之学的西学局限,打造究天人之际、通古今之变、怀东西南北的大学问提出了时代命题。时代呼唤超越科学思维,超越古今中外、东西南北分野,树立人类整体观、命运观、共同体观,推动人文社科、自然科学的大融合,实现各国传统文化的大融通、未来科学的大引领。

人类命运共同体面对的挑战与应对之道

党的二十大报告指出,"中国始终坚持维护世界和平、促进共同发展的外交政策宗旨,致力于推动构建人类命运共同体"。

然而,事物总是在矛盾中运行的。成功带来挑战,机遇充满风险。尤其是美国公开打压中国,反击"一带一路",诋毁人类命运共同体。

美国著名考古学家罗伯特·凯利在总结了600万年以来人类历史的发展后观察到,每一次人类技术进步带来的都是人类社会组织形式的变革。他大胆预测,由于互联网等技术的进步导致全球化的深入发展,人类即将迎来第五次组织形式的变革,将生活在一个共同体中。美国并不否认人类必将进入共同体时代,美国抵触的是由中国提出的作为政治符号的"人类命运共同体"①。

的确,美好的愿望不能掩盖严峻的现实。人类命运共同体明明是告别近代、走出西方的理念,却面临国内外旧思维的挑战。

为什么人类命运共同体难以被接受?概括起来,至少存在以下误解:

人类命运共同体是共产主义;

人类命运共同体是新天下主义;

人类命运共同体旨在解构西方霸权;

人类命运共同体是中国称霸世界的口号(取代美国的军事联盟体系);

人类命运共同体是让各国命运铆在中国身上;

人类命运共同体是新的人类中心主义;

人类命运共同体是中国输出模式的幌子;

人类命运共同体是"一带一路"扩张的掩护;

人类命运共同体是为终结自由国际秩序;

人类命运共同体是乌托邦。

为此,要着重阐释好人类命运共同体与中华民族伟大复兴之间的关系,与中国之前的外交战略/倡议如和平崛起、和谐世界之间的关系,与其他共同体的关系等。人类命运共同体传播之"不容易"有大历史角度的原因。中国曾经在很长一段时间内不是全球性的大国,也缺乏全球化的力量,而世界乃西化世界,这使中国在世界上常常是孤

---

① 罗伯特·凯利.第五次开始:600万年的人类历史如何预示我们的未来.北京:中信出版社,2018:240-241.

军奋战，与整个西化话语体系做斗争。替中国说话的多是对中国寄予摆脱西方中心希望的发展中国家，相较于对中国发展充满恐惧的国家，话语权较弱。

希望与恐惧，成为世界在面对中国崛起和人类命运共同体时出现的两种截然相反的态度。要消除误解，必须先增进了解，因而中国的"一带一路"建设倡导"五通"——尤其是民心相通——通过构建全球互联互通伙伴网络，最终构建人类命运共同体。

结　语

"坚持和完善独立自主的和平外交政策，推动构建人类命运共同体"是国家治理体系和治理能力现代化的重要方面，推动着中国外交体系与外交能力的现代化建设，也是贯彻习近平外交思想的重要任务。

为什么要提习近平外交思想？

两个原因：第一个就是为了回答中华民族伟大复兴的目标是什么，不是回到汉唐，也不是超越今天的美国。伟大复兴的含义是让各个国家都要复兴，都要有自信。中国在成就别人的过程中成就自己，告别了近代以来的那种零和博弈的模式。第二个就是回答时代之问：人类向何处去？世界怎么了？我们怎么办？像十九大报告里说的，中国日益走近世界舞台的中央，为解决人类问题提供了中国方案和中国智慧，这就是习近平外交思想提出的必要性和可能性，因为今天的中国已经在参与引领人类的工业革命，这是历史上的第一次。

总结一下，习近平外交思想的三个内涵：第一就是谋局，第二就是造势，第三就是铸魂。所谓谋局，就是大时代需要大格局，大格局需要大智慧。怎样实现中华民族伟大复兴？统筹国内国际两个大局，创造战略机遇期。所谓造势，就是像"一带一路"引领国际合作的大势，构建新型国际关系和互联互通的全球伙伴关系。170多个国家和国际组织积极响应、多次写进联合国有关的决议，证明"一带一路"、人类命运共同体在造势，服务于联合国可持续发展议程和联合国其他的各种目标，也是反映各国人民对美好生活向往的集大成。所谓铸魂，就是要给全球化和全球治理提供灵魂或者价值观的引领，反映人类进步潮流。

第一部分
超越公共外交

第一章　超越公共外交的宗教性：世俗伦理

现代意义上的公共外交最早发源于美国，因此，传统上的公共外交不可避免地带有美国思维方式的烙印。美式公共外交深受美国天定命运论和基督教二元对立思维影响，其出发点以自我为中心，总是自认为正确，试图改变他国对自身"错误"的看法；其行为方式是单向度的，目的在于传播自身的价值观，为推行自身政策服务。

中国具有不同的文化基因与外交哲学。随着中国外交的全面发展，中国的公共外交呈现出不同的面貌，超越了美式公共外交的局限。中国传统上对民心的重视超越了西方基督教思维下对"hearts and minds"的争夺；中国包容的天下思想超越了美狭隘的国家利益观；中国共产党的初心与使命对中国的传统进行了时代性的阐释。当前，在人类命运共同体思想的指导下，中国公共外交散发出全新的光辉，以民心相通促进国家交往，以全球性超越公共外交的国家性，为全球互联互通时代的发展提供支持。

本章将基于中美两国公共外交背后的文化基础，对比中美两国不同的公共外交哲学和实践，在指出美式公共外交局限性的同时，以中国公共外交的特点表明中国对美式公共外交的超越。

美式公共外交的基督教基础

美式公共外交：以自我为中心

1987年，美国国务院曾出版《国际关系术语词典》一书，其中对"公共外交"所下的定义是："公共外交是指由政府发起交流项目，利用电台等信息传播手段，旨在了解、获悉和影响其他国家的舆论，减少其他国家政府和民众对美国产生的错误观念，提高美国在国外公众中的形象和影响力，进而增加美国国家利益的活动。"这种二元对立的思维表明，美国人习惯用自己的那套价值观区分"好人"与"坏人"、"敌人"与"朋友"。同时，他们总是假定自己站在正确的一方，希望通过公共外交活动的开展，减少"他者"对"自身"的误解，维护美国国家利益，而非反思自身、认定自己有错。可以说，这种"自我"与"他者"的二分法思维、骄傲自大的思维模式，正是来源于美国人所信仰的一神教——基督教的二分法思维与美国人自认为正确的世界观。美国人认为自己是"上帝的选民"，在"天定命运"的支配下要去引领世界。

事实上，在基督教的叙事中，"上帝的选民"一开始指的是以色列民族。据《申命记》第7章记载，在以色列人出埃及赴迦南途中，摩西曾训诫他们："耶和华你的上帝从地上的万民中拣选了你，特作自己的子民。耶和华专爱你们，拣选你们，并非因你们的人数多于别民，原来你们的人数，在万民中是最少的，只因耶和华爱你们。"[①] 不过，随着基督教的逐渐兴起，"上帝的选民"概念也在原有基础上不

---

① 王晓德. 美国文化与外交. 北京：世界知识出版社，2000：19.

断外延,开始泛指尘世中因崇拜上帝而蒙受其恩宠的基督教徒。如《新约·歌罗西书》曾记载过一封保罗写给非以色列族人的信。在信中,保罗也称非以色列族人为"上帝的选民"。尔后,由于现代西方文明的诞生,"上帝的选民"所指代的对象又转向从16世纪欧洲宗教改革运动中脱颖而出的清教徒。清教徒们也常常以以色列人的继承者自居。譬如,清教徒约瑟夫·盖尔就在《清教传统》中不断提及清教徒与以色列人的共通之处:"在探究《圣经》中的有关经文时,清教徒很容易发现他们自己与以色列人之间存在许多相似之处,他们把英格兰视为他们的埃及,把詹姆士一世视为他们的法老,把大西洋视为他们的红海。他们也是一个整装待命的民族,明显被上帝选择来执行世界拯救的神圣计划。"① 同时,清教宣传家约翰·福克斯也在《殉道者传》(又称《教会的教义与功绩》)中叙述了新教徒从14世纪到玛丽一世在位期间所遭受的磨难,以说明历经磨难的清教徒"在上帝的计划中占有一种特殊的选定地位"。此外,清教领袖威廉·布雷福德也声称:"在罗马天主教统治的黑暗之后,英格兰是上帝给予福音之光的第一个国家。""上帝的选民"从一开始就与这特殊的"使命感"密切联系在一起。

可以说,清教徒这种身为"上帝的选民"的优越感是极为强烈的,这一意识不仅没有随其移民美国而消退,反而更甚。其中,美国宗教史学家约翰·诺顿就曾肯定地说,清教徒的出走"并不像普利尼的老鼠逃跑,遗弃了一栋摇摇欲坠的房子;也不像外国雇佣兵开小差,他们在危险时刻逃避指责;而是上帝关闭了在英国服务的大门

---

① 王晓德. 美国文化与外交. 北京:世界知识出版社,2000:21.

时,在新英格兰打开了服务的大门"①。当然,这伙"上帝的选民"也在前往北美新大陆的途中遭遇了意想不到的苦难。不过,在清教徒的眼中,种种困难是上帝对他们的有意考验,是他们迈向天国路上所遇到的必然障碍,"美国人是上帝选民的信仰并不暗示着一帆风顺地达到拯救。正如圣经十分明确表明的那样,上帝的选民经历了最严重的考验,承担着最难以忍受的负担"②。正是因为他们经历了这么多的苦难,当他们身处绝境时,上帝绝不会袖手旁观、抛弃他们;当他们向上帝祈求时,上帝会听见他们的声音,给他们指出一条通向光明的道路。

也正是从这时起,由清教徒组成的美国人才真正感受到他们所肩负的使命。美国人民对于自己"上帝的选民"身份的自豪感也相应地达到顶峰。"他们命定成为一个民族……按照主的旨意,他们将要变荒野为文明,使之成为伊甸园,成为乐园。在上帝创造的所有人中,他们是上帝的选民。他们是新世界。正如基督给世界带来了新的启示录,代替了旧启示录,这些上帝的选民带来了新的使命。"③可以说,"上帝的选民"的使命感和优越感成为美国人开拓新大陆过程中的精神食粮,这一宗教观也深深地影响了美利坚民族的形成,在思想意识上成为美国文化的灵魂。"'上帝的选民'这一概念,也成为美国立国后把美国人与世界其他地区的人区别开来的主要标志。"④这种观念在许多有影响的美国人思想中都有体现。譬如,英属北美殖民地第一任总督文思洛就宣称:新教徒对"新世界的开拓,是上帝赋予的使命"⑤。美国开国元勋之一杰斐逊也说"美国人是上帝的选民。他们被

---

①②③④ 王晓德. 美国文化与外交. 北京:世界知识出版社,2000:24.
⑤ 于歌,美国的本质:基督新教支配的国家和外交. 北京:当代中国出版社,2015:77.

赋予优越的智慧和力量"①。神学诗人蒂莫西·德怀特也在1787年将美国人称作上帝"选择的种族"②。美国著名作者赫尔曼·梅尔维尔更是对美国人大加称颂：我们美国人是特殊的上帝选民，是我们时代的以色列人；我们驾驶着世界自由的方舟……上帝已注定人类的期望和伟大的事物来自我们种族；我们感到我们灵魂中的伟大东西。其余国家必须很快步我们的后尘。③总之，类似这样的语言在美国政治界和学术界俯拾皆是。这无疑会对美国对外政策的施行产生极大影响，尤其体现在美式公共外交实践中。可以说，现如今美式公共外交所呈现的"自以为是性"与这种思维和意识密不可分。

另外，这种选民意识和天命意识还为美国人的自信和优越感的形成不断添砖加瓦。托克维尔在《论美国的民主》中就形象地描述了这一点，他说："美国人在与外国人相处时，不允许说美国的一点坏话，并且无止境地渴望受到外国人称赞"，"如果这个外国人对此有抵触，那么他们就开始自己称赞自己，他们即便是对自己的业绩持有怀疑，但也愿意用自鸣得意的目光来欣赏自己的业绩"④。托克维尔举例道："我曾经向一个美国人说，你们的国家真不错，这个美国人马上回答说，真是这样，世界上再没有这么好的国家了。我夸奖了美国的自由，这个美国人马上对我说，自由是上帝的恩赐，可是世界上还有哪个民族配享这样的自由呢？"⑤ 总之，正是由于以"上帝的选民"的身份为傲，美国人才逐渐形成自大情绪，并将其不断投射到内政外交领域。美式公共外交的"自以为是"特征就是表现之一。

---

①②③④ 阿列克西·德·托克维尔. 论美国的民主. 北京：商务印书馆, 2009.
⑤ 于歌. 美国的本质：基督新教支配的国家和外交. 北京：当代中国出版社, 2015：78.

美式公共外交：单向度

除了上述特征以外，美式公共外交还倾向于"说服对方"，而非"让人理解"，实质上就是美国居高临下地传播福音。这种不尊重对方想法、不倾听他人声音，而是挖空心思推广自己的软实力并想方设法地让人确信这一点，也与基督教的"拯救"观密不可分。

基督教是一个救世主义的宗教，有强烈的传教要求。它把自己看成一种拯救性的宗教，试图为苦难、罪过和死亡的人生经验给出一种答案[①]。

基督教认为，上帝救赎世人的过程正是一个向世人传播福音的过程。被告知了这个福音并且相信这个福音的人类才能真正得到救赎。然而，在这个过程中，上帝不可能将福音传给每一个人。所以，他预先"挑选"了他的使徒，将其为人类所做的救赎工作先行告知他们，并赐予他们救世的信仰。"所以你们要去，使万民做我的门徒"，"凡我所吩咐你们的，都教训他们遵守"。这样，使徒们便通过传播活动，将这个福音传给上帝的门徒。由于上帝门徒的涉足范围将比使徒们更广更远，他们也能把上帝为人类所做的一切传给上帝预定要救赎的人，即要做上帝信徒的人。"从耶路撒冷起，直到万邦"。而"传到万邦传遍地极的时候，也就是上帝预定的信徒之数满了的时候，上帝将重新来到人世，让死去的信徒复活，与当时在世的信徒一起，与上帝统治世界1 000年"[②]。

在这个传播福音的过程中，承担传播上帝福音、同时相信上帝的

[①] 格斯曼.德国文化简史.桂林：广西师范大学出版社，2017：17.
[②] 于歌.美国的本质：基督新教支配的国家和外交.北京：当代中国出版社，2015：114.

福音的人类就是所谓的基督徒。"基督徒在这个世上体现着上帝救赎的大能,他们因为圣灵充满,内心有新生命,身心不再矛盾,不再被罪所捆绑,行为上体现着来自上帝的善和智慧,荣耀上帝。上帝要求他们做世上的盐和光,去造福他人、光照他人,他们因为被上帝的圣灵充满并且有来自上帝的新生命而能够做到。"①

也就是说,基督徒不仅体现了上帝救赎的大能,还要与上帝一同做工,把得救的道路传给预定要做上帝信徒的人。因此,这种"拣选"和"呼召"以及传教的教义,无疑会使信徒们都带有一种强烈的选民意识和救世的使命感,并且驱使他们不断地把基督教义向世界各地传播。在短短 2 000 年的时间里,基督教能从一个只有几十人的小团体发展为遍布世界的第一大宗教,可以说与基督徒的努力密不可分。

作为基督教依然占宗教统治地位的国家,美国有 80% 以上的国民声称自己信仰基督教。因此,存在于基督徒中的选民意识和救世的使命感在美国的国民意识中普遍存在。可以说,"基督教的选民教义让美国人相信自己是上帝的选民,体现了上帝救赎的大能,是被选来要做世上的眼和光,被选来造福他人、光照他人的"②。所以,在这种使命感的驱使下,美国人开始在全世界积极推广和保护新教伦理和资本主义精神,并且全力以赴、乐此不疲,其目标正是在全世界范围内建立起基督教文明秩序,实现基督的王国。

而在这种要"造福人间、光照人间"意识的驱使下,美国在对外

---

① 于歌. 美国的本质:基督新教支配的国家和外交. 北京:当代中国出版社,2015:114.

② 同①:116.

政策的选择上，无疑也会带上一些单方面的救赎和干涉色彩[①]。尤其是在公共外交实践中，美国总是千方百计地希望他者接受自己的东西，而非改变自己的看法和行为。以美国对阿拉伯世界的公共外交政策为例，它总是秉持"天赋使命观"的救世主心态，奉行文化帝国主义政策。同时，由于美国缺乏对异质文明的尊重，它也不断解构、消解着阿拉伯—伊斯兰文化认同，抹杀伊斯兰文明蕴含的和平思想，最终使伊斯兰在一定程度上沦为愚昧落后乃至恐怖和激进的代名词[②]。可以说，这种单向度悖论无疑与基督徒"救世"的使命观密不可分。正是由于拥有这种自诩的"上帝的选民"的身份，美国人将传播福音视为救世主赋予的、不需辩论的信条。"它也无法容忍、更不要奢谈其他观念体系的竞争。竞争性观念体系很快会被渲染成恶魔而加以驱除。"[③] 总之，这种绝对主义特色贯穿了美国外交的始终，以救世自居的宗教热情也将持续影响着美式公共外交的开展。

中国公共外交哲学对公共外交宗教性的超越

与美国等西方国家相比，中国的文明基因具有更大的包容性。因而在当代，其公共外交也以更开放的姿态、更宽广的胸怀超越了西方"以我为主"的公共外交的缺陷。传统上，中国的政治是人本主义的，政治好坏的最终判定标准是民心向背；中国传统的"天"的概念是无私无偏的，只有符合德行原则的行为才会受到庇护。在这种文化根基

---

① 董秀丽.外交的文化阐释·美国卷.北京：知识产权出版社，2012：131.
② 刘建武，刘云波，谢晶仁.美国问题研究报告（2017版）.北京：光明日报出版社，2018：43.
③ 朱学勤，丁建定，张勇安.多维的历史：纪念历史学家金重远先生.上海：复旦大学出版社，2015：125.

的支撑下,中国当代的公共外交以促进民心相通为目标,而非要改造对方;以内外无别的开放性为特点,而非单纯追求国家利益。在新时代,中国共产党以"为中国人民谋幸福,为中华民族谋复兴"的初心使命和为世界人民谋大同的世界担当承接了中华文明的世界性转型,从而为新时代的公共外交奠定了底色,超越了传统意义上公共外交的局限。

民心

中华文明早在周代就完成了信仰的伦理化转型,理性的发展使中国人很早就意识到神与神性的局限,更多地趋向此世和"人间性",呈现出对人间生活和人际关系的热爱[①]。中国文化是伦理本位的社会,中国古代的政治学属于伦理学的范畴。基于这种人本主义的关怀,中国政治的最高评判标准就是民心向背。民心不可以靠强力争取,只能依靠施政者的德行与治理的能力。

因此,要真正取得政权的合法性,在位者应能成为万民之依,保护平民百姓和弱势群体的利益。从周公对祖甲的赞赏中,我们可以清晰地看出这种约束:"作其即位,爰知小人之依,能保惠于庶民,不敢侮鳏寡。"(《尚书·周书·无逸》)《道德经·十七章》中说:"太上,不知有之;其次,亲而誉之;其次,畏之;其次,侮之。"强权只能令人畏惧,内心真正认同才是更高的追求。

孟子反复强调了民心的重要性。《孟子·离娄上》说:"桀纣之失天下也,失其民也;失其民者,失其心也。得天下有道:得其民,斯得天下矣;得其民有道:得其心,斯得民矣;得其心有道:所欲与之

---

① 陈来.古代宗教伦理.北京:生活·读书·新知三联书店,2017:5,9.

聚之，所恶勿施尔也。"《孟子·尽心上》有言："善政，民畏之；善教，民爱之。善政得民财，善教得民心。"可见，民心是人民的支持，是执政之根本，所以要"以民为本"。而民心的得失在于是否顺从人民的好恶。可以说，民心的得失是判断执政者成败的依据。民心是良好教化的结果，是对简单民意的超越。民心只可顺应而为，不可强行索取，否则只能适得其反。

天与天下

周代另一对中国文明产生深远影响的，是以"天"的概念取代了殷的"上帝"，以"天下"确立了中国政治思想的世界视野与开放性[①]。"天"具有权威，但不是一神教宗教性的审判者，而是宇宙不变法则的体现，是不会偏袒某一族群的正义所在。

首先，天是不偏私的。荀子说："天行有常，不为尧存，不为桀亡。"（《荀子·天论》）《道德经》有言："天地不仁，以万物为刍狗。"（《道德经·五章》）天道是不变的，是无私的，天下没有"选民"，没有被天特别护佑的族群。人可以做的，就是顺应天道，遵从道德规范，所谓"皇天无亲，惟德是辅"（《尚书·周书·蔡仲之命》）。

其次，天意体现在民意。上文提及，中国政治的最高评判标准是民心，但天又是精神上的权威所在。在政治上，二者何以兼容？答案在于，天民是合一的。天意难测，但民意可见，而民意正是天意的传达。《尚书·周书·泰誓》指出："天矜于民，民之所欲，天必从之……天视自我民视，天听自我民听。"因此，天意与民意实现了统一，这赋予了人民事实上最高的权威性。在此，人民不仅仅是一国之

---

① 赵汀阳.天下的当代性：世界秩序的实践与想象.北京：中信出版社，2016：50.

内的民众，更是天下所有的民众。

此外，"天下"是包容性的无外的场域。天下是一个包容性的概念，没有内外之分，没有主客之别。对本土人民的关怀也是应该推及外族人的，所以周公会说："昔朕来自奄，予大降尔四国民命，我乃明致天罚，移尔遐逖，比事臣我宗，多逊。"（《尚书·周书·多士》）在这种天下无外的视野下，世界没有必然的敌人，没有必须改变其思想的客体，这是一视同仁对待世界人民的基础。

中国共产党的初心与使命

近代以来，传统的中国政治思想经历了剧变。在众多外来思想中，马克思主义因为包含对人的解放的追求、对世界的关怀，与中国传统精神相契合，成为中国人民与历史的选择。

中国共产党高举"四个自信"，将中华传统文化与中国共产党的执政合法性很好地结合起来，凸显了中华文明的连续性。中国共产党坚持"不忘初心，砥砺前行"，将全心全意为人民服务的宗旨时代化，将"一带一路"和人类命运共同体理念写入党章，彰显了新时代中国共产党的国际理念。

中国共产党的初心与使命就是为中国人民谋幸福，为中华民族谋复兴。习近平总书记要求，全党同志一定要永远与人民同呼吸、共命运、心连心，永远把人民对美好生活的向往作为奋斗目标[①]。这彰显的就是对民心的关怀。

当前，中国共产党推动构建人类命运共同体，努力为世界的和平与发展做出更大贡献。早在中华人民共和国成立初期，毛泽东主席就

---

① 习近平. 决胜全面建成小康社会 夺取新时代中国特色社会主义伟大胜利. 北京：人民出版社，2017.

说过："中国应对人类有较大的贡献。"天安门城楼上镌刻着两条标语：中华人民共和国万岁！世界人民大团结万岁！这两句话，表明的正是中国共产党的世界初心——为世界谋大同，而这正是指导中国公共外交的精神所在。

人类命运共同体视阈下的公共外交

当前，中国外交的主题是推动构建人类命运共同体。人类命运共同体是为了实现世界的和平与发展，保证人类文明继续散发光辉的中国方案。这一思想体现了中华和合文化，包容了现代国际体系，扬弃了普世价值观念，是新时代对和平共处五项原则的继承和升华，承载了中国自古以来的政治追求和价值追求。

在人类命运共同体的语境里，中国公共外交明确与美国式公共外交区分开来。以美国为代表的公共外交模式是在"改造敌人"的思维指导下进行的，有浓厚的二元对立思维的影子，本质上是以任何可能的手段维护美国国家利益。为此，美式公共外交甚至包括颠覆他国意识形态，造成社会价值与社会秩序混乱，引发动荡与流血冲突的和平演变。这说明，在其狭隘的"道"的指导下，其"术"的层面也无所不用其极。正如美国前中央情报局局长、现任国务卿蓬佩奥所说的，美国的部分外事人员"欺骗、偷窃，甚至还有课程专门教这些，这是他们'胜利'的手段"[1]。

在人类命运共同体思想的指导下，中国公共外交具有不同的内涵。它不是为了一国利益适用无所顾忌的手段，而是在命运与共的世

---

[1] 李东尧.蓬佩奥说"我们撒谎、欺骗和偷盗"被曝光，俄媒：罕见的诚实.环球网.（2019-04-25）.world.huanqiu.com/article/9CaKrnKk3Cl.

界里寻找最大公约数的平台,是为建设一个持久和平、普遍安全、共同繁荣、开放包容、清洁美丽的世界搭建的桥梁。它沟通人类文明、筑牢命运纽带,在互联互通的世界里促进和合共生。中国向来从全局看问题,所谓"不谋万世者,不足以谋一时;不谋全局者,不足以谋一域"。实现一国利益的最好手段其实是提升整体利益,即"己欲立而立人,己欲达而达人",这超越了帕累托最优的追求,成为理解中国公共外交精神的钥匙。在此背景下,公共外交被赋予了新的意义。"公共"不是对外的,而是"公众共建""公开共同""公域共生"三个层面的建构。

文明对话与民心相通

人类命运共同体的实现,重在民心相通。如前文所述,民心历来是中国执政者高度关注的对象,甚至是最重要的考量因素。民心只能去赢得,而不能去强求。因而,公共外交的作用就是如实展现主体自身承载的文明色彩,推动人文交流,使不同地区的人民都能了解世界其他地区的人民,实现情感上的共鸣,促进世界文化共同体的出现,以多元文明的交相呼应凝结出世界文明的色彩。在此,"公共"二字被赋予了更广的内涵,即公众共建。

中国的公共外交,要沟通人类文明,增进包容与理解。人类命运共同体的一大追求,就是坚持交流互鉴,建设一个开放包容的世界。在此指导下,中国公共外交就是要促进不同文明间的相互理解与尊重,实现多元文明的和谐共处,以文明对话超越文明冲突,以包容超越容忍。"一带一路"是为构建人类命运共同体而提出的重要倡议。中国为了促进不同国家间的友好交流,通过完善基础设施、设立相关基金等方式,加强与沿线各国间的教育、旅游、贸易联系,筑牢亚欧大陆文明交流的纽带。例如，2019年，中国开展中外联合考古项目46项，涉及20多国，援助柬埔寨等国修复文物，保护了人类文明的光辉足迹；在肯尼亚成立鲁班工坊，为非洲培养信息技术人才；在越南、巴勒斯坦等国成立孔子学院，推动中外文化作品的翻译与表演，增进了彼此间的了解与认同[①]。

中国公共外交正走向多元化、立体化。中国公共外交不仅是政府主导的行为，社会层面的力量也至关重要。中国公共外交强调全民参与，每个社会团队甚至个人都可以作为中国公共外交的主体，向世界传播中国声音。例如，四川姑娘李子柒通过网络视频的方式分享自己的生活，记录了利用自然界的天然素材制作各种美食的过程，画面清新自然，内容古朴纯真，在国外网站上得到大量关注，很好地向世界展示了中国的魅力。在构建人类命运共同体的过程中，公共外交正是要让每个人都参与其中，通过网络等方式让世界看到自己的模样，讲述各自的故事，增进彼此间的了解，实现"各美其美，美人之美"。

天下为公：全球性超越国家性

人类命运共同体的核心意义就在于，以世界共同体超越国家的范畴，成为政治思考的起点。以国家为原点，这个世界就有内外之分，公共外交就是对外的信息获取与传播过程。而从世界出发，公共外交不再有明确的内外之分，而是在同一共同体内促进相互间信息的平等传播。在此，公共外交中的"公共"二字实现了其本来的意义，即公开、共同的交流与交往。

中国外交提出"正确义利观"，是理解中国公共外交这一精神的

---

① 五通发展．（2020-01-06）．https：//www.yidaiyilu.gov.cn/info/iList.jsp？tm_id=96.

关键。习主席在论述"正确义利观"时指出：义，反映的是我们的一个理念，共产党人、社会主义国家的理念。这个世界上一部分人过得很好，一部分人过得很不好，不是个好现象。真正的快乐幸福是大家共同快乐、共同幸福。我们希望全世界共同发展，特别是希望广大发展中国家加快发展。利，就是要恪守互利共赢原则，不搞我赢你输，要实现双赢。我们有义务对贫穷的国家给予力所能及的帮助，有时甚至要重义轻利、舍利取义，绝不能唯利是图、斤斤计较①。

因此，中国公共外交在服务于国家利益的同时，也在推动共同利益的实现。例如，中国在对外援助的过程中，旨在培养当地的"造血"能力；在推动中国产业、技术走出去的过程中，也在实现当地的发展。2014年，中国公布了《中国的对外援助》白皮书，指出"相互尊重、平等相待、重信守诺、互利共赢是中国对外援助的基本原则"。中国在援建了非洲的铁路之后，还为非洲培养了一大批火车驾驶员和乘务员，使援助的铁路真正成为促进非洲本地发展的铁路。中国的公共外交在很大程度上尊重别的国家的道路选择，不是强调国家利益最大化，更不是以国家利益为中心②。

和合共生：万物互联

人类命运共同体不仅是一个倡议，它还是对人类发展大势的准确把握。当前，第四次科技革命正在重塑人类社会形态。随着5G技术、大数据、物联网等技术的迅速发展，人类正进入全面互联互通时代。

---

① 王毅. 坚持正确义利观积极发挥负责任大国作用. 人民日报, 2013 - 09 - 10 (007).

② 王义桅. 国之交如何民相亲：新时代中国公共外交之道. 北京：中国人民大学出版社，2020：232.

每个社会行为体都不再孤立存在，而是成为一个统一网络中的节点。单纯的自我利益考量已经不适应时代的潮流，因为在同一个体系内，利益本身就是彼此攸关的。对每一个个体最好的结果，就是不同个体的和谐共生。公共外交的目的，就是要维护世界万物的和合共生，避免"公地的悲剧"。公共的意义，在此即是"公域共生"。

在此背景下，中国公共外交的立足点在于连接不同的力量，为解决和平赤字、发展赤字、治理赤字等世界问题助力，在此过程中更好地实现对中国国家利益的保护以及对普遍利益的关怀。例如，中国通过举办北京论坛等地区论坛的形式让各国学者聚在一起，共同为解决普遍关心的问题建言献策。此外，中国通过支持地方参与、与非官方组织对话，推动湄公河次区域治理；通过鼓励城市、非政府组织的参与，推动全球气候治理发展。在此，国家、国际组织、企业、非政府组织、民间团体、个体被共同编织在一个网络之内，共同为解决跨区域问题贡献力量。而中国的公共外交，就是将这些不同层次的力量整合在一起的纽带。

在互联互通时代，新的场域也参与到公共外交之中。公海、太空、网络、极地等新的治理场所出现。在此背景下，公共外交起到的作用就是重塑国际关系模式，以一种合作、互利的方式推动人类治理模式的更替，实现人类命运共同体。例如，乌镇的全球互联网大会将政府首脑、企业、学者、个人等共聚一处，以合作的方式开启治理路径，告别彼此对抗的旧思维，构建人类命运共同体。

国之交在于民相亲，民相亲在于心相通。当前，在百年未有之大变局下，世界范围内国家和个人的交往方式被重新塑造，公共外交必然要随时代而变化。在权力转移的背景下，世界也需要更包容的公共外交方式来促进全球范围内的民心相通，增进相互理解，营造国家层面的交往的缓冲区。

由于思维传统的局限，传统的美式公共外交只是单纯的实现国家利益的工具，难以承载这样的任务。而中国的传统思维是包容性的。中国共产党在带领中国人民走向伟大复兴的过程中，也有世界情怀的关切，赋予了"公共"二字"公众共建""公开共同""公域共生"的意义。

因此，中国当代的公共外交在哲学与实践层面都实现了对传统美式公共外交的超越，是真正能造福中国与世界、符合时代发展需求的公共外交方式。在当前这个关键时期，公共外交尤其发挥着重要作用，有助于促进世界的民心相通，为实现中华民族伟大复兴、构建人类命运共同体贡献力量。

第二章　超越公共外交的国家性：我将无我

公共外交的悖论：公共外交起源的国家性

发源于西方语境下的公共外交具有深刻的国家性，作为一种在全球化和大众政治时代对传统外交的补充形式，这一特性贯穿于其概念、理论、实践发展演变的始终。所谓公共外交的国家性，是指在目的效用上，公共外交是为了提升国家形象、改善国家处境、表达国家意志[①]。"公共"一词的背后，是西方社会固有的、非此即彼的一神论"皈依"思想下的二分法思维，体现为"公私领域"分界。这种分界也是西方政治哲学中的自由主义传统的主要内容，认为两者是相互对立共存的领域。德国思想家汉娜·阿伦特在20世纪50年代最早提出此分析概念，而哈贝马斯在20世纪60年代通过《公共领域的结构转型——论资产阶级社会的类型》一书对其进行了充分的阐释。哈贝马斯对公共领域的定义是："首先可以理解为一个由私人集合而成的公

---

① 王义桅. 国之交如何民相亲：新时代中国公共外交之道. 北京：中国人民大学出版社，2020：62.

众的领域；但私人随即就要求这一受上层控制的公共领域反对公共权力机关本身，以便就基本已经属于私人但仍然具有公共性质的商品交换和社会劳动领域中的一般交换规则等问题同公共权力机关展开讨论。"

以公域-私域相对立为逻辑前提，西方自由主义政治哲学思想家进而引申出封闭体系下"国家-社会"的固有张力，并衍生出一系列政治上的"社会契约论"和"财产理论"，主张政府只有在取得被统治者的同意，并且保障人民拥有生命、自由和财产的自然权利时，其统治才有正当性。公共领域在近代的发展就是更为具象的"市民社会"。在这一时期，马克思、马克斯·韦伯和涂尔干分别对"市民社会"的本质进行还原，得到了贯穿其中的"生产""交易""消费"①这三种本质逻辑，它们构成了西方公民组织自身活动的基本范畴并影响至今。

基于行为体不同的实践逻辑和"国家-社会"二者对立的预设，解决这两者之间的张力问题就成了西方民族国家建构过程中的首要目的。其手段和形式也随着历史条件和时代规范的变化而不断变化。

（1）在西方传统的帝国秩序下，"社会"依附于"帝国"，两者的矛盾主要靠暴力解决；外交也是各君主国之间派遣使者进行的、围绕家庭事务衍生出的一系列政府事务的谈判和交易。如同"外交"（diplomacy）一词的词源所展示的那样，源自古希腊文的 diploma，由 diplo（意为"折叠为二"，fold in two）和 ma（意为"物件"，an object）所组成②。在罗马帝国时代，diploma 指可以在帝国道路旅行或

---

① 王海洲. 想象力的捕捉：国家象征认同困境的政治现象学分析. 政治学研究. 2018 (6)：16，25，126.

② 王曾才. 国际史概论. 台北：三民书局，2008：34 - 35.

过境的文件，如护照或通行证之类的文书。公共外交在此时并没有发展的空间和土壤。

虽然在一战和二战中，通过情报、间谍、宣传等战争手段已经开始出现争取"民众"的外交行为，但广泛的大众参与和公开外交的真正成形还需等到美国成为"世界霸主"后，将自由主义政治经济秩序作为经济基础，将"去殖民化"和"民族自决"作为上层建筑，从而对原本的西方列强殖民秩序进行彻底的解构，彻底瓦解"中等强国"的世界优势，并引发20世纪40—50年代亚洲民族独立的高潮；继亚洲之后，20世纪60年代的非洲也迎来民族独立高潮，仅1960年，非洲就有17个国家获得独立，这一年也被称为"非洲独立年"。

（2）"帝国"秩序的解体以及全球范围内兴起的民族独立和民主化浪潮，使世界范围内的政治生态发生变革。在全球化背景下，以信息技术革命、数字化革命、信息革命、科技革命为主要内容的第三次工业革命催生出一个全新的社会领域和各类非国家行为体，壮大了西方语境下"市民社会"的力量，并极大地改变了人们对"传统外交"甚至是"国家"的合法性认知，理性主义、民主精神与后现代主义相互交织发展。承载传统外交形态的客观基础的重大变化，使超越传统外交范围看待国际关系成为新形势下西方国家不断推进其国家利益的必要视角。解决"公域"与"私域"的张力问题的传统暴力手段便逐步进行了"民主化"的包装，被广泛接受。

伴随着核武器的问世、"冷战"的接踵而至，人类再一次爆发世界大战的可能性极大降低，大国竞争的内容和形态发生了时代性变革，从宣传手段演变而来的、以迂回方式争取他国民众的"公共外交"终于正式登台，并且深刻地与美国的国家利益相互交织。罗斯福弥留之际为美国规划的"建立国际政治新秩序""美国领导世界"的

"罗斯福的世界蓝图"为"公共外交"的展开制订了根本目标;乔治·凯南"八千字电报"承袭了这一想法:"保持我们社会、经济的活力和吸引力,来应对共产主义的挑战。"

2019年,修例风波席卷香港,进而演化成外部势力插手干预下分裂国家的无政府暴力运动,事态从参与暴动的部分香港市民与警方对峙演变为他们跟普通民众的激烈冲突。蒙面示威者挥舞美国国旗,背后不乏美国国家民主基金会的身影。美国国家民主基金会公布的资料显示,近年来该基金会的资金流向主要为亚洲、中东和拉美地区。其中,亚洲地区2007年的受援资金分布如表2-1所示[①]。

表2-1 亚洲地区2007年的受援资金分布

国家	受援资金数量
中国	6 110 531美元
缅甸	4 089 747美元
巴基斯坦	3 257 206美元
朝鲜	1 518 788美元
印度尼西亚	1 296 101美元
菲律宾	902 842美元
马来西亚	770 000美元
东帝汶	653 000美元
斯里兰卡	561 370美元

---

① 美国国家民主基金会,http://www.ned.org/.

续前表

国家	受援资金数量
尼泊尔	441 559 美元
泰国	420 660 美元
孟加拉国	205 896 美元
越南	177 000 美元
柬埔寨	40 000 美元
印度	30 000 美元

美国"公共外交"的自身悖论越发明显，其以"公共性"为名，行"国家利益"之实，名不副实。"公共外交"只是其扩展"霸权"的遮羞布，其实质逐渐被国内国际有识之士认清。

2015年7月28日，俄罗斯总检察院发布公告，将美国国家民主基金会列为不受欢迎组织。公告指出，据调查，美国国家民主基金会通过控制俄罗斯一些商业和非商业组织参与抵制选举结果、组织政治游行等活动，试图影响政府机关决策和破坏俄军形象，对俄宪法制度、国防安全等构成威胁。自由主义者、国会议员罗恩·保罗也在2005年反对美国国家民主基金会资助，指出美国国家民主基金会"与民主关系不大。它是一个利用美国税收资金实际颠覆民主的组织，通过向受到青睐的政党或海外运动提供资金，在海外'发动颜色革命'，而不是推进真正的民主运动"[①]。2019年12月2日，中国政府宣布对

---

① National Endowment for Democracy. Wikipedia. https：//en. wikipedia. org/wiki/National_Endowment_for_Democracy.

美国国家民主基金会实施制裁①。

2017年12月，特朗普政府发布了任内第一份《国家安全战略报告》；次年1月，美国国防部相隔十年再次发布《国防战略报告》。这两份报告在内容上均对网络战、信息战高度重视。《国家安全战略报告》认为，"互联网是美国的一项发明，它会继续影响各国和每一代人的未来，理应反映美国的价值观"②。《国防战略报告》认为，国家和非国家行为体在网络空间将信息武器化，不需要越过边界就能发动针对美国政治、经济和安全利益的攻击，美国需要切实提高公共外交能力，制定、指导连续的传播活动，评估向海外传递美国信息的既有传播平台，更有效地传递和评估符合美国国家利益的内容，以增进美国的影响，提升在这一领域的竞争能力③。公共外交依旧被框定在"大国竞争"的战略轨道上。

公共外交被扭曲至如此地步，成为"后真相"时代激化对立、制造冲突的新场域，实在是现代文明之殇。人类经历过两次世界大战的浩劫，现在也终于走到一个反思的节点：我们到底想要一个怎样的世界？逻辑自洽不等于现实自洽，且往往受制于地域性的时空条件，其"真理性"存在边界。如同爱因斯坦的相对论所言，事物的时间和空间各自都不是绝对的，当物体运动速度达到一定的"阈值"时，时空参照系就会发生变化。兴起于西方世界的"公共外交"绝对不是处理国与国、民与民、国与民之间关系的唯一逻辑和途径。超越公共外交"国家性"的恶性循环是这个时代的良心，是

---

① 2019年12月2日外交部发言人华春莹主持例行记者会.中华人民共和国外交部. https：//www.fmprc.gov.cn/web/fyrbt_673021/t1720844.shtml.

② National Security Strategy of the United States of America. https：//www.whitehouse.gov/wp-content/uploads/2017/12/NSS-Final-12-18-2017-0905.pdf, p.13.

③ 同②，34-35.

人类文明进步的指引。我们急需其他智慧应对受困于西方"封闭体系"内的混沌局面，而走在复兴道路上的、具有五千年璀璨历史的中华文明应当仁不让。

超越公共外交"国家性"的必然性基础

熵（entropy）是一个物理热力学和化学概念，由德国物理学家克劳修斯于1865年所提出，用于测量在动力学方面不能做功的能量总数。当总体的熵增加时，其做功能力会下降，熵的量度正是能量退化的指标。熵亦被用于计算一个系统中的失序现象，也就是计算该系统混乱的程度[1]。熵增定律的表述是：在孤立系统中，体系与环境没有能量交换，体系总是自发地向混乱度增大的方向变化，使整个系统的熵值增大。摩擦使一部分机械能不可逆转地变为热能，使熵增加[2]。例如，机械手表的发条总是越来越松，把它拧上就要消耗掉一点能量，这个能量的消耗需要你吃一口米饭和蔬菜弥补，而水稻和蔬菜的生长需要吸收阳光，太阳提供这些能量则需要进行核聚变。也就是说，一个孤立的系统想要熵值减少，需要从外界引入新的能量，不然就会走向混乱，导致其自身不可避免的混沌与衰败。

19世纪末20世纪初，西方以资本主义生产方式"统一"世界，世界领土在"帝国"秩序下被瓜分完毕，继而人类活动开始形成一个封闭的体系。在这个封闭的体系内，作为早期体系中心的欧洲以"民族国家"的原子化形式进行了两次世界大战；两次战争的最终结束都来源于欧洲侧翼大国，即美国和俄国（二战时是苏联）对战争的平衡

---

[1] Entropy. Wikipedia. https://en.wikipedia.org/wiki/Entropy.
[2] 殷雄，谭建生. 能源资本论. 北京：中信出版集团，2019：2-13.

和干预。

　　在世界走向封闭之前的事实是，世界出分散的区域秩序组成，这种区域秩序的形成逻辑来源于符合其自身的地理环境、历史发展、语言文化，以及一些偶发的人为、非人为因素；在此之上形成符合区域特点的经济生产方式，进而衍生出将客观的区域空间转化为边界不以高山、河流、江海为制约的人为"政治空间"的条件。人为性和客观性的互动导致了政治形态和秩序的多样性。外交作为一种人类进入国家形态后产生的政治行为，在不同的时空条件和地域环境下产生了不同的理解与实践方式；而成功的政治思想和外交实践则以"历史"的方式被记录下来，在各自封闭的区域内发挥着建构区域秩序的作用。例如，东亚地区"天下无外"的天下体系、阿拉伯世界的"商业秩序"、非洲的"部落"秩序、欧洲一神论下的"民族国家"体系等。

　　由于政治思想和实践的差异，不同秩序下各个区域体系的"熵"值也是不同的。与中华文明"天下体系"稳定的差序格局不同，欧洲"民族国家"秩序以原子式倾向的"主权"与神权相争，继而在争夺后的分配问题上继续相伐。矛盾不断激化、摩擦逐渐增多，整个体系的"熵"值剧增。熵增定律认为，宇宙中每个局部的"熵"的减少，都必须以其他地方的"熵"的增加为代价①。欧洲列强不断冲出欧洲的藩篱，将斗争扩引至全球。500年前，哥伦布大航海开启了西方主导的全球化进程；400年前，工业革命掀起现代化；300年前以盎格鲁-撒克逊人为主体的"海洋国家"掀起自由化；200年前，西方掀起殖民化②；100年前，权力格局发生巨大变化，无论地处世界的"何方"，除西方外皆黯然失色。在工业技术的掩盖下，西方区域性知识

---

① 殷雄，谭建生．能源资本论．北京：中信出版集团，2019：2-13．
② 王文．怎样认识"世界处于百年未有之大变局"？．红旗文稿，2019（2）：40-41．

和秩序被包装为普世价值,并以传统暴力手段和"公共外交"的新形式为其粉饰,以"文明冲突论"阻止其他文明可能为世界提供新图景的可能,封闭的知识体系必然走向混乱和衰败。

百年已逝,与客观物质多样性不相符的区域秩序和区域知识功效已达到"峰值",全球化、逆全球化、民粹主义、民族主义等各种政治意识形态层出不穷。以特朗普上台和其对美国政治建制与价值观的冲击、英国脱欧、欧洲一系列民粹主义运动为标志,美国主导的西方自由民主秩序面临着国内和国际双重压力。加之人类活动导致的气候变化、传统安全和非传统安全交织,大国竞争公开化引发的不确定性使世界的混乱程度在新时代再次达到高峰。在世界领土已经固定、人类还没有移民外星的前提下,如果再不开放"思维体系",任其故步自封,人类的进一步发展将再次导致"世界不可承受之重"。

新一轮工业革命正在孕育兴起。信息技术、生物技术、新能源技术、新材料技术等的交叉融合正在引发新一轮科技革命和产业革命,将给人类社会发展带来新的机遇。早在2013年9月30日主持十八届中央政治局第九次集体学习时,习近平总书记就敏锐地指出:"新一轮科技革命和产业变革正在孕育兴起,一些重要科学问题和关键核心技术已经呈现出革命性突破的先兆。物质构造、意识本质、宇宙演化等基础科学领域取得重大进展,信息、生物、能源、材料和海洋、空间等应用科学领域不断发展,带动了关键技术交叉融合、群体跃进,变革突破的能量正在不断积累。"

此后,在多个国际国内重要场合,他反复谈到了新一轮科技革命和产业变革正在孕育兴起、蓄势待发的问题。2015年11月15日,在土耳其安塔利亚举行的二十国集团领导人第十次峰会上,习近平发表了关于世界经济形势的看法,进一步指出:"新一轮科技和产业革命正在创造历史性机遇，催生互联网＋、分享经济、3D 打印、智能制造等新理念、新业态，其中蕴含着巨大商机，正在创造巨人需求，用新技术改造传统产业的潜力也是巨大的。"

人类历史上共出现过四种经济技术范式，每一种范式的突破性演变都最终演化成塑造权力格局和政治生态的工业革命。在第一种范式中，农业与原材料的开采是经济的主体。在第二种范式中，工业与可持续商品的生产占据着优势地位。在第三种范式中，提供服务和掌控信息则是经济生产的核心。统治地位就这样由基础产业转到第二产业，再到第三产业。第四种范式也就是现在正在显现的以石墨烯、基因、虚拟现实、量子信息技术、5G 通信技术、可控核聚变、清洁能源以及生物技术为技术突破口的工业革命。从"人与人"之间的连接到"物与物"的互通将极大改变当前国家的地缘政治和地缘经济的地位，促进国际权力结构的变迁、全球产业链和价值链的重塑，进而影响人们对未来政治经济关系的认知，改变社会生活的各个领域。

特别是以区块链分布式数据库技术为基础的信息技术将会在智能化生产时代支撑各个产业的发展。以能源产业为例，在第四次工业革命的影响下，低碳清洁能源将在全球能源系统中广泛应用，智能电网、能源互联网、分布式能源等新的信息化、智能化发展方式将改变各个国家的发展方式，降低单位 GDP 能耗，促进经济高质量发展，使能源消耗和经济增长逐渐呈现"脱钩"趋势，人类的"可持续发展"真正有了落实的可能；更为重要的是，新的经济发展方式将改变当前国家的地缘经济与政治的地位和关系。新能源技术的大突破，使美国"页岩革命"对能源的供给、油价涨幅的实际影响不如预期。虽然这对于其自身的外交政策独立性的增强有着极强的推动作用，但想将油气供应作为遏制别国经济社会发展的砝码，这种可能性将在技术突破的影响下大幅降低。已经显现在世人眼前的就是当前世界油气版图开始呈现的石油输出国组织、俄罗斯-中亚、北美等多极供应新格局。中国、欧盟等国家（地区）可再生能源发展带动全球能源供应日趋多元化，供应能力不断增强，全球能源供需相对宽松[①]。这使全球的能源权力中心也变得更加分散、多元，而其溢出效应必然就是国际格局的权力中心的分散和区域主义的回归。

随着当前贸易壁垒的不断增加，贸易和地缘政治的不确定性增强，新兴市场经济体面临着宏观经济压力；而发达经济体生产率增长缓慢、人口老龄化等结构性因素，使全球经济面临着下行压力，逆全球化思潮涌现。西方传统大国对全球秩序的"带头"破坏和进一步推动其一体化的意愿下降的必然结果就是，不同区域内的地区大国开始慢慢主导着本地区的秩序重构。

普适性道路和价值观的人为"狂热"终于被现实的客观规律击败。世界原本就是多样性的，世界的发展不可能由任何单一国家主导，也不可能由单一知识体系和单一文明所解释。把握人类利益和价值的通约性，在国与国的关系中寻找最大公约数，建构相互合作、公平竞争、和平发展的新的世界格局，逐步实现人类对和谐共存的美好世界的愿望，才是未来人类的希望之路。在百年未有之大变局下，"人类命运共同体"为此提供了新的道路。中国智慧将通过其成功的实践迸发出巨大活力，为日渐"混乱"的世界摆脱纷争提供一个崭新的图景，并脱离西方封闭话语下的"孤立"系统，超越"国家性"壁垒，引导世界从"混乱"走向人类命运共同体基于人类共识公约数的"有序"，防止其自身毁灭。

---

① 能源生产和消费革命战略（2016—2030）．中国政府网．http：//www.gov.cn/xinwen/2017-04/25/5230568/files/286514af354e41578c57ca38d5c4935b.pdf.

"中国智慧"的逻辑：我将无我

"我将无我"的含义

这与儒家所说的"四海之内皆兄弟"有极大的相似性，这一点将在之后详细叙述。

中华人民共和国作为中华文明历史的一个崭新的组成部分，并不是历史断代的横截面，中华文明的智慧也在不断地丰富、发展。2019年3月22日，意大利众议长菲科向习近平主席发问："您当选中国国家主席的时候，是一种什么样的心情？""您作为世界上如此重要国家的一位领袖，您是怎么想的？"习近平主席回答："这么大一个国家，责任非常重、工作非常艰巨。我将无我，不负人民。我愿意做到一个'无我'的状态，为中国的发展奉献自己。"

《中国共产党章程》的总纲规定："党除了工人阶级和最广大人民群众的利益，没有自己特殊的利益。"共产党人的"无我"不仅仅体现为心中无私，更体现在真正的"以人民为中心"。这就使习总书记的"我将无我"具有新的时代使命，即一切为了人民，全心全意为人民服务。这是对"无我"一词的新解、新用。

中国智慧的逻辑：哲学生命力 VS 宗教生命力

中华文明作为世界上唯一延续至今、没有中断的古代文明之一，在历经沧桑之后再度复兴，堪称人类文明史上的奇迹。它的载体是文化，特征是世俗，本质是哲学。它与宗教功用的相似性在于，两者都为"超道德价值"的追求提供了路径。冯友兰先生认为，超道德价值就是指高于"人格"等道德价值的价值。

我们常说的中华传统文化是指古代中国传统地域内各种文化的复合体，其主流是以个体农业经济为基础，以宗法家庭为背景，以儒、释、道三家文化融合发展形成的伦理道德为核心的社会体系①。这三者相互联系、相互制约，在长期历史发展过程中形成超稳定的文化价值模式。

周代是中国文化"人本"特征的初步定型时期，其生产力水平的发展、农业经济的发达、政治统治经验的丰富，尤其是春秋战国时期诸侯国实际兼并割据战争的需要，使"人本性"逐渐取代"神本性"。孔子思想的核心"仁"的形成有了现实的支撑基础，其明显表现为在《论语·述而》篇中论及的"子不语怪、力、乱、神"。随着稷下学宫的兴起，百家争鸣显现出繁荣澎湃之势，"价值"生产的旺盛导致了"强势文化"对"宗教宰制"的挤压，它对古代中国人心灵"占位"的主动性，导致了宗教让位于文化的长期性后果。

文化是民族之魂，中国文化的精神基础是伦理，特别是儒家伦理。儒家学说大部分都在论证基于中国古代自然地理环境（幅员辽阔）和经济条件（小农经济）共同催生下的家族制度这一社会制度的合理性，自然而然地逐渐成为正统学说②。这种局面一直维持到近代西方列强入侵，改变了中国生活的经济基础为止。

以儒、释、道三者融合形成的伦理秩序的背后实质上体现了中国人对待万事万物的哲学精神。不同于西方宗教，中国人在哲学里为了获得更高的价值，无须采用祈祷、礼拜之类的迂回道路，比通过宗教获得的更高价值甚至要纯粹得多，因为后者混杂着想象和迷信。对此，冯友兰先生大胆地提出了自己的预测："在未来的世界里，人类

---

① 司马云杰.文化价值论——关于文化建构价值意识的学说.北京：人民出版社，1988：257.
② 冯友兰.中国哲学简史.北京：北京大学出版社，2013：22.

将要以哲学取代宗教。"① 当然，哲学在多大程度上能够取代宗教，取决于人们能够在多大程度上放弃宗教的"慰藉"价值，勇敢地承受理性的"痛苦"，接受人伦、代际这种"准永恒"的延续方式。这不意味着中国的方式就一定会取代所有，世界的多样性是客观存在的，但是中国的路径已经摆在眼前了，可供世人参考。

在追求这种更高价值的路径中，中国的哲学精神认为一个人最高的成就就是入世与出世的统一，即"天人合一"，也就是成为圣人。圣人最完美的人格就是"内圣外王"——"内圣"是其修养的成就说；"外王"是其在社会上的功用说。这样一来，哲学思想就必然与政治思想无法分割。同样身处"轴心时代"的另一位哲学巨擘柏拉图竟也提出了类似的观点，即"哲学王"。在理想国中，哲学家应当成为王，或者说王应当是哲学家。这种"内圣外王"的观念主导了整个古代中国社会的政治治理逻辑并外溢到华夷有别的天下朝贡体系中，后者维持了两千多年的地区和平秩序。

这种入世又出世的"中庸"根源，源于人介于自然性和社会性过渡时期对自身生活环境的"质"的本真思考。幅员、气候、地形、地貌的特点，加上战争催生出的技术变革，以及社会环境稳定后人口的激增，致使发展农业成为古代中国的最好选择。经济学家陈平教授认为，古代中国在早期是"农、林、牧"三者混合发展，混合的产业方式是最有活力的经济模式之一。但在历史的发展过程中，畜牧业所需的场域太过广阔，单位面积产值远远低于农业，无法满足日益增长的人口对粮食的需求，于是中国慢慢退化到以小农经济占主体的单一经济体制中。这种经济模式和生活方式的退化和固定，使得对于"农"

---

① 冯友兰. 中国哲学简史. 北京：北京大学出版社. 2013：6.

的思考开始逐渐限制中国人的哲学思辨内容和方法论。

儒家秩序的"非国家性":"天下体系"

粮食的相对丰裕和满足在很大程度上影响了中国人思考"第一哲学"的起点。跟西方海洋国家从事商业贸易不同,它们之间的联系源自抽象意义上的数学概念,因为"金银"等重货币不便于随身携带,抽象的、从假设出发的概念就成了他们探讨的"形而上"。亚里士多德在《形而上学》中就提出,从"概念到概念"的形而上学是一切知识的基础。而中国人对世界的思考则并非如此,其生产和生活方式导致其哲学方法论是从直觉到概念,不存在能不能认知世界的问题[①]。哲学思考的差异性导致了中华文明与西方文明未来道路的极大不同。形而上的哲学追求演化出"上帝"的存在,并成为人类世界的主宰,社会生活于是有了超维的指标,人与人之间的原子式对等地位形成;而"具体到抽象"的中国哲学演化出儒家的伦理秩序,其核心特征则是费孝通先生在《乡土中国》一书中提到的"差序格局",其本质是一种"推己及人"的亲疏关系,是以自我存在为基础的社会组织形态。我们常说的"刑不上大夫,礼不下庶人",描述的就是这种状态。亲疏是一条可移动的边界,小到独善其身,大到"天下自可成为一家"。这为"天下"体系的建立奠定了深刻的思想基础。

而这种差序格局的形成则是周公"家国同构/宗法制"的结果。"家国同构"是古代中国社会组织形态的根本特征,它不仅造成中国人伦关系的差序格局,还影响了中国"分久必合、合久必分"且"合"占主导的大一统国家形态,即完成了整个社会共同体的建构。

---

① 冯友兰. 中国哲学简史. 北京:北京大学出版社,2013:25.

周公创设"嫡长子继承制"和"家天下"制度，使宗法制以家族制度政治化为表现，整个社会都与"血缘"和"等级"环环相扣、密不可分。这使中国的政治形态表现出极强的集体主义和内聚倾向，而且辐散到社会生活的方方面面，成为中国人的一种世界观。而这种世界观就是儒家所提倡的。这就使中国的国家和社会最终归化于人伦，国家变成一个道德组织，进而演化出儒家的"名-实"之辨，也就是"王-霸"之分。君主是替天行道的，是百姓最大的"家长"，只有为人民谋福祉的君主才是真正的"王"，他代表着人民的自由结合；而与之相反的就是"霸"，他虽有君主之名，却不行君主之实，百姓就有权推翻他。

在"天下观"和"家国同构"之下，政治受到一种抽象"天命"的制约，君主必须顺势而为，不可逆天命。这样，政治就与道德有了微妙的结合，这与西方社会政治与道德分立的观点有根本的不同。作为结果，一种"以礼服人"、注重德治教化的文化秩序、政治秩序、天下秩序——东亚朝贡体系得以建立。"中心"国家以传播威严、接受小国朝拜的抽象目的为指向，形成一种"厚往薄来"的国家间的和平状态，这种体系保证了长久的世界和平，它是儒家思想不断演化发展的"外儒内法"的体现，也是中国未来参与构建国际秩序可资借鉴的历史成功路径。

"天下体系"对西方国际关系思维的破除

"道"及推论

"自然状态"是西方国际政治运作的根本逻辑前提。"自然状态"的内容可以被批判，但不能被完全否定，因为它的合法性来自上帝。为破除西方"自然状态"的合法性，我们应论述中国朴素的无神论思想。"道生一，一生二，二生三，三生万物"是中国对于世界起源的看法。通过甲骨文字形、《说文解字》等文献可知,字形上,"道"是由一个人和一条道路组成的。《说文解字》:道,所行道也。从辵,从首。一达谓之道。可见,"道"与"天"("一")都兼具弱物质性含义,"道"完全可以成为中国国际关系/天下体系的核心,是论述国际政治的起点概念。由此引申出第一个重要推论——政治不决定道德,"道"不是人的副产品。这是中国古代国内政治的写照。

"和平主义"及推论

那么,如何将国内政治逻辑与国际政治逻辑理论化地连接起来呢?第二个核心概念对此则大有帮助——中国国际主义/和平主义。中国特色和平主义是如何起源的?学者们从不同的角度对此进行了说明,主要从生产关系(农耕文明)、文化关系(注重秩序)展开。笔者认为,这两者都不是最根本的、具有时代性的变量。当生产关系和文化关系变化的时候,我们如何解释相对不变的"和平主义"呢?论述应从中国相对稳定的社会伦理传统/结构入手,也就是前文提到的为中外一致认同的"差序格局"概念,即中国人的"公-私"观是一个可以放缩的概念,这是与西方的根本不同。

既然"公-私"可以放缩,那么就可以引申出第二个重要推论——国内政治与国际政治并不对立。这样,我们就有了两个重要的核心概念:"道"和中国特色"和平主义"。我们由此产生了两个重要推论:政治不决定道德;国内国际不对立。作为结果,西方"自然状态"的合法性遭到破坏。

结语:超越"国家性"

"你中有我,我中有你"的哲学观和社会组织形态是中国政治实践的真实写照。它是二元对立观点"地方性"的最好佐证，是中国融通万物的系统整体思想的基本实践，也是未来世界伦理关系需要好好倚重的人类智慧的结晶。超越国家-社会二元对立、国内-国际二元对立是可能的，中国对此有着成功的实践。它以表面的"帝国"秩序为表征，但完完全全不是西方语境下的"帝国"，它超越国家性、真正倚仗的是一种包容性的"哲学思维"。鉴于人伦关系的稳定性，中国的"放缩型"天下观就具有跨时代的价值。

面对世界经济、政治、文化、社会生态等各种复杂问题，每个民族、每个国家的前途命运都紧紧联系在一起，任何国家和任何民族都不可能独善其身。世界多极化、经济全球化深入发展，社会信息化、文化多样化持续推进，各国相互联系、相互依存，全球命运与共、休戚相关，和平、发展、合作、共赢的时代潮流更加强劲。建设人类命运共同体，追求和平、发展、公平、正义、民主、自由等全人类的共同价值是新时代人类美好未来的前进方向。

第三章　超越公共外交的时代性：从后天看明天

现代公共外交是新时代的产物，其发达程度取决于一国对时代本质的把握，由此可见公共外交本身就具备显著的时代色彩。面对风云诡谲的国际政治经济局势，传统公共外交已不能满足国内国际的需求，以新时代民心相通为首的超越公共外交的新方案应运而生。

随风潜入夜，润物细无声。"一带一路"建设中的民心相通须弘扬睦邻友好的合作精神，在教育、青年、文化、旅游等领域深入开展人文合作，以文化交流推动包容开放理念的形成和扩散，促进文化交融，促成文化认同感，为深化沿线国家合作提供内在动力。

立足于当今世界的发展局势，从"后天"所向看"明天"所往，超越公共外交的时代性则体现在国际视角、国内视角和整体技术变革视角三个方面。

放眼国际：百年未有之大变局

当前的世界正处在历史变革的重要转折点，全球化的进程将继续深化，还是倒退回分裂、封闭？这个问题值得每一个国家深思并做出选择。在很大程度上，中国是全球化的受益者，今天的中国也日益成为推动全球化、成就全球化的新力量。中国将进一步走向世界，世界也将进一步走向中国。对中国来说，推动全球治理新变革、传递全球治理新理念、谋划全球治理新格局，已是大势所趋、题中之义。

当今世界，经济全球化，政治地方化，文化多元而极端化，恐怖主义、民粹主义、反犹主义等盛行。人类命运共同体是各种文化的价值通约，既发现、发掘、塑造人类共同价值观，也是解决人类问题的智慧和方案。典型的时代之问就是超越过去的。经济全球化中所谓的相互依存，更多的是依存美国霸权，现在被特朗普当武器来用。我们要从相互依存到命运与共，这不是一种从属关系，没有一个中心，而是多中心网格状。这要落实于国内治理，尤其是政党治理，超越利益集团、选举政治，强调以人民为中心的理念，推动政党的转型，也可以说是人类政治文明的重塑。

在2018年6月的中央外事工作会议上，习近平总书记指出："当前，我国处于近代以来最好的发展时期，世界处于百年未有之大变局，两者同步交织、相互激荡。"同年12月的中央经济工作会议上，习近平总书记指出"变局中危和机同生并存"，要"紧扣重要战略机遇新内涵，加快经济结构优化升级，提升科技创新能力，深化改革开放，加快绿色发展，参与全球经济治理体系变革，变压力为加快推动经济高质量发展的动力"。这意味着，认识与把握战略机遇期需要从新的时代条件出发。

当前世界呈现出"百年未有之大变局"，具体表现为：力量对比变化，非西方力量在经济全球化中持续上升，改变了由西方国家完全主导的国际力量对比格局；经济动能变化，新工业革命将为经济发展提供新动能，战略新兴产业成为国家间竞争的关键领域；制度优势变化，西方治理机制与规范应对全球问题捉襟见肘，甚至"以退为进"地破坏现有国际机制。

一方面，新兴国家的崛起带来国际力量对比的巨变。博鳌亚洲论坛界定的新兴11国，2017年的经济增量已达到世界经济增量的53.1%，高于G7（21.8%）和欧盟（12.8%）的增量占比，已经成为影响全球经济增长举足轻重的力量。其中，中国2017年的全球经济增长贡献率已经达到约34%。新兴经济体在全球经济中所占份额的增加导致发达国家在多边合作中获得的收益相对减少，一些国家试图以多种手段阻止新兴经济体扩大份额，甚至为此破坏现有的多边体制。伴随着贸易战、美联储加息，新兴经济体面临的经济下行风险加剧，失业与通货膨胀增加，资金外流加剧。但是，全球力量对比更加平衡的大趋势不会改变。

另一方面，当前是全球经济新旧动能转换的变革时期。旧经济动能衰退表现为贸易保护主义势头增强，全球分工体系与发展中国家的出口导向型发展模式都面临冲击。发达国家希望通过"再工业化"创造更多的就业机会与税收，而以智能化本地生产为特征的工业4.0模式成为充分利用其较高的劳动力素质与劳动力成本的重要选择。当前，新技术革命带来的产业革命尚处于发展阶段，新经济动能完全替代旧经济动能的时机仍未成熟。但是，从新技术应用中谋求经济新动能的发展道路已经在大多数国家中形成共识。在当前的大变局中，中国面对的是更严峻的发展环境。与21世纪初的战略宽松期相比，未来中国从全球市场获取新技术的难度将增大，中国企业开拓全球市场将面临更多的政治与安全因素影响。但是，旧发展模式产生巨大的生态成本与价值链固化效应，即便大变局不出现，中国发展模式的转变也势在必行。这是"一个愈进愈难、愈进愈险，而又不进则退、非进不可的时候",也是我国走向真正的现代化强国的蜕变期。

面对百年未有之大变局,党中央做出了要从"危"中求"机"的战略判断。党的十九大报告明确指出,当前"国内外形势正在发生深刻复杂变化,我国发展仍处于重要战略机遇期,前景十分光明,挑战也十分严峻"。贸易战爆发后,2018年12月的中央经济工作会议认为"我国发展仍处于并将长期处于重要战略机遇期"。对战略机遇期的提法从"仍处于"变为"长期处于",意味着中国领导人对主动应对挑战、创造新时代中国的发展机遇信心十足。

"一带一路"倡议的提出,标志着中国彻底告别了近代以来中体西用、赶超西方的思维逻辑。此后,国际社会不只是抽象地谈论中国崛起,而是谈论"一带一路"。这就一下子把国际话语体系从近代几百年拉长到两千多年,从而解构了西方中心论。人类命运共同体理念超越普世价值,倡导人类共同价值,旨在建设持久和平、普遍安全、共同繁荣、开放包容、清洁美丽的世界,真乃大道之行也,天下为公。人类命运共同体成为中国倡导的新型国际关系、新型全球治理的核心理念,成为习近平新时代中国特色社会主义思想的世界观,集中展示了中国共产党为人类进步事业而奋斗的天下担当。

中国实现互联互通的能力世界最强。中国在不到十年的时间内建设了1.9万公里的高铁,占整个世界的60%。中国的高铁网不仅世界最长,而且最复杂、最密集,将中国100多个城市连接起来。这不得不说是人类交通史上的奇迹。根据"十三五"规划,到2020年,中国的高铁将达到3万公里,将中国所有超过50万人口的200多座城市连接起来。这是中国在世界推行互联互通的底气。实际上,中国所实现的互联互通,其他国家也有类似的梦想。但是,中国实现这些梦想的能力是世界上最强的。正所谓"政贵有恒,治须有常",中国最大的比较竞争优势就是中国共产党的领导。规划的力量，在中国特色社会主义制度下显示出威力。

从后天看明天，从未来的维度出发，人类命运共同体思想也是对中国与世界关系的宣示：世界好，中国才能好；中国好，世界才更好。更长远的意义则是告别普世价值的虚伪，追求人类共同价值观。命运共同体着眼于人类文明的永续发展，推动建立文明秩序，超越狭隘的民族国家视角，树立人类整体观，超越国际秩序和意识形态差异，寻求人类最大公约数，塑造以合作共赢为核心的新型国际关系，倡导和平发展、共同发展、可持续发展。习近平新时代中国特色社会主义思想汲取了中华文明的灵感，承载着近代以来中华民族现代化的梦想，开辟了马克思主义中国化、时代化、大众化的新境界，这在人类命运共同体三个关键词"人类""命运""共同体"中得到了充分体现。

"人类"是中国传统人本主义思想和天下观的时代升华。近代以来，在欧洲开创的威斯特伐利亚体系中，以民族国家为单元的国际体系风行一世，既稳定了国际秩序，也带来诸多的不公平，许多国家仍然是部落制，现代国家能力建设滞后于时代，且强者逻辑、先发逻辑一直在考验国际社会的公平正义。习近平主席高瞻远瞩地提出了以"人类"为单元的世界观，超越了国家、民族的分野，充分展示了中国传统文化的整体观、系统论以及民本思想和天下情怀。

"命运"源于近代180余年来中国走出符合自身国情的发展道路，独立自主，将命运牢牢掌握在自己手中，秉承"己欲立而立人，己欲达而达人"的理念，鼓励各国自己掌握命运，走符合自身国情的发展道路，可以说是以中华国运带动人类命运，树立了超越意识形态、价值观的整体身份和未来认同，体现了中国世俗文明的时代魅力和天下担当。

"共同体"超越民族作为想象共同体、中华作为文化共同体的层次,追求人类共同体的大同,实现全球化时代的天下一家梦想,超越地区一体化和全球化的矛盾,是对近代以来中心-边缘全球化体系的超越,希望实现一体化地理、政治、文化的合一,成就全人类的共同命运。

这三个方面均超越了近代以来西方开创的政治文明,是人类文明的创新,在新时代践行了马克思主义有关自由人联合体、共产主义的理想,充分展示了中华文明的魅力和世界人民的期待。这就意味着,开展有效的公共外交也应超越传统公共外交范式,探寻国家之间休戚与共的交往之道,落实在超越公共外交的新范式上则体现为:通过民心相通来有效开展新时代的公共外交。

反观国内:中国特色社会主义进入新时代

党的十九大报告首次指出"中国特色社会主义进入了新时代",这是我国发展新的历史方位。

中国特色社会主义进入新时代,意味着近代以来久经磨难的中华民族迎来了从站起来、富起来到强起来的伟大飞跃,迎来了实现中华民族伟大复兴的光明前景;意味着科学社会主义在 21 世纪的中国焕发出强大的生机活力,在世界上高高举起了中国特色社会主义伟大旗帜;意味着中国特色社会主义道路、理论、制度、文化不断发展,拓展了发展中国家走向现代化的途径,给世界上那些既希望加快发展又希望保持自身独立性的国家和民族提供了全新选择,为解决人类问题贡献了中国智慧和中国方案。

这个新时代，是承前启后、继往开来、在新的历史条件下继续夺取中国特色社会主义伟大胜利的时代，是决胜全面建成小康社会、进而全面建设社会主义现代化强国的时代，是全国各族人民团结奋斗，不断创造美好生活，逐步实现全体人民共同富裕的时代，是全体中华儿女戮力同心，奋力实现中华民族伟大复兴中国梦的时代，是我国日益走近世界舞台中央，不断为人类做出更大贡献的时代。

随着中国特色社会主义进入新时代，我国社会主要矛盾已经转化为人民日益增长的美好生活需要和不平衡不充分的发展之间的矛盾。我国社会主要矛盾的变化是关系全局的历史性变化，对党和国家的工作提出了许多新要求。我们要在继续推动发展的基础上，着力解决好发展不平衡不充分的问题，大力提升发展质量和效益，更好地满足人民在经济、政治、文化、社会、生态等方面日益增长的需要，更好地推动人的全面发展、社会的全面进步。不过，我国社会主要矛盾的变化并没有改变我们对我国社会主义所处历史阶段的判断，我国仍处于并将长期处于社会主义初级阶段的基本国情没有改变，我国是世界上最大的发展中国家的国际地位也没有改变。

中国外交具有在 21 世纪弘扬传统中华文明的天下担当，牢记社会主义的使命，超越了近代以来追赶西方的逻辑，着眼于中华民族的伟大复兴和人类命运共同体建设，实现了伟大超越。在此基础上，作为我国总体外交中的组成部分，超越公共外交则意味着要服务于中国给世界带来的新机遇。

其一是中国更加开放带来全球化新红利。十九大报告提出，开放带来进步，封闭必然落后。当今世界格局出现显著变化，逆全球化潮流涌动。而中国成为对外投资大国和进口大国，给全球化带来巨大信心。

其二是中国社会主要矛盾转变带来合作新机遇。我国社会主要矛盾已经转变为人民日益增长的美好生活需要和不平衡不充分的发展之间的矛盾。为满足人民日益增长的美好生活需要，中国正由高速增长阶段转向高质量发展阶段，坚定不移贯彻新发展理念，坚决端正发展观念、转变发展方式，发展质量和效益不断提升。

其三是中国担当带来更多公共产品供给。中国共产党是为中国人民谋幸福的政党，也是为人类进步事业而奋斗的政党。中国共产党始终把为人类做出新的更大的贡献作为自己的使命。"一带一路"被写进党章，预示着中国将为世界各国提供更多更好的公共产品，推动新型全球化和全球治理。国际形势客观上也需要中国在全球舞台上更加积极作为，提供公共产品。现在的中国自身有能力，有责任，也有担当。

在中国共产党强有力的领导下，中国正从站起来、富起来到强起来，中国外交日益自信与自觉。中国外交的自信莫过于将"一带一路"、人类命运共同体、共商共建共享原则写进联合国决议；中国外交的自觉莫过于将坚持正确义利观，推动构建人类命运共同体，遵循共商共建共享原则，推进"一带一路"建设等内容写入党章。

铸牢中华民族共同体意识，建设人类命运共同体，成为中国共产党领导中国对世界的庄严承诺。从为中国人民谋幸福、为中华民族谋复兴的中国梦，到为人类进步事业、实现国际公平正义的世界梦而奋斗，中国共产党人的初心与使命日益体现在外交领域。习近平新时代中国特色社会主义思想在外交领域充分展示了中共为世界和平与发展做出更大贡献的自信与决心。

党的十九大报告开宗明义地强调："中国共产党是为中国人民谋幸福的政党，也是为人类进步事业而奋斗的政党。中国共产党始终把为人类作出新的更大的贡献作为自己的使命。"这段话凸显了中国共产党人的历史自觉、国际视野和世界关怀，说明我们党从建党的初期开始，就把中国人民的幸福与世界人民的幸福紧紧连接在一起，就充分意识到中国共产党应当具备国际主义精神。这不仅是党代会报告外交思路的调整，更体现了中国共产党胸怀世界，今后的外交需要从"为世界人民服务"这个角度进行理解。

习近平总书记在十九大报告中明确指出，中国特色大国外交就是要推动建设新型国际关系，推动构建人类命运共同体，并把这作为外交部分的标题。这一表述高度凝练了新时代中国外交追求的总目标，也向世界公开亮明了我们希望与各国共同努力的大方向。报告对新型国际关系的内涵做出明确界定，就是"相互尊重，公平正义，合作共赢"。

技术变革：万物智联的时代要求

新时代条件下把握主要矛盾的主要方面的抓手就是在新技术研发和产业应用上弯道超车，强化自主发展能力。新技术革命呈现"一体多翼"的结构，以人工智能与新一代无线通信技术为代表的数字化与智能化革新是主要技术纽带，带动新能源、新材料、生命科学等诸多领域实现融合发展，连接原本相互分隔的网络空间、物理空间和生物空间。

基于智能化的巨大潜力，以美国、德国为代表的传统制造业强国提出"再工业化""工业 4.0"规划，引导企业从高度自动化的生产模式（"工业 3.0"）过渡到工业自动化与信息化深度融合的生产模式（"工业 4.0"）。基于物理信息系统（Cyber Physical Systems，CPS）

的快速发展,"工业 4.0"模式下产品的全生命周期与全生产制造流程都实现数字化智能控制与个性化定制,使大规模"流水线生产,全球销售"为"分散生产,就地销售"所替代。因此,未来高端制造业竞争将更加激烈,而中低端劳动密集型产业可能出现机器完全替代简单劳动的趋势。

与之相比,以中国为代表的新兴工业化国家的工业生产依旧处于按照劳动分工使用电力驱动机器进行大规模生产的工业 2.0 阶段。尽管中国已经进入"工业 2.0"的中后期,但在新工业革命的潮流下面临着不同工业化时期同时叠加的难题:既要在更多的行业推动大规模生产,又要逐渐普及以信息技术为基础的自动化生产,还要推动有条件的行业积极布局智能生产。这种多层叠加、大而不强的工业化局面在新工业革命的潮流中将受到最大的冲击,而通过经济发展方式的革命性变化重新获得国际竞争优势的西方国家将可能逆转"东升西降"的历史进程,维持不公平的全球政治经济安排,锁定非西方国家的分工劣势。新技术革命给各国现有的经济发展模式带来了重大挑战,从"危"中求"机"的关键在于把握自身优势,积极布局新技术的研发与应用,并在特定领域实现弯道超车。

一方面,中国在以人工智能为代表的新技术领域拥有强大的市场应用能力。中国企业研发的计算机视觉、语音识别相关的人工智能技术已接近甚至达到国际先进水平,其识别率已经达到 95% 以上。借助这一优势,中国在智能音箱、智能机器人、无人机等终端产品和智能医疗、智能金融、智能安防、智能家居、智能电网等领域走在世界前列,诞生了以大疆为代表的全球性行业龙头企业。在与人工智能发展密切相关的 5G 无线通信网络技术领域,华为提出的 Polar 码方案被确定为 5G 三大场景之一的增强移动宽频的控制频道编码标准,且华为在这一领域拥有的专利使其在 5G 时代将获得巨大的先发优势。

另一方面,庞大的人口数量与市场规模为新技术发展提供必要的海量数据与消费群体。人工智能与多个行业的结合极大地提高了为庞大人口服务的效率,同时也获得了大量的用户数据以促进机器的深度学习。中国市场因此吸引了大量的资金注入:仅 2017 年,中国人工智能市场的投融资额度便达到 277.1 亿美元;而 2013—2018 年第一季度,中国人工智能市场总体融资占全球总融资的 60%。在人才领域,2017 年中国人工智能人才达到 18 323 人,占世界总量的 8.9%,仅次于美国。基于巨大的资本与人才优势,中国的人工智能产业专利申请量与论文发表量均居全球首位。中国已是名副其实的人工智能产业大国。此外,中国市场持续放宽外资准入限制,也激励了新技术领域的中外合作研发。例如,在最重要的人工智能技术领域,中国科研人员同外国同行合作的高影响力论文数量明显高于其他国家,通过国际合作发表的高质量论文占比达 42.64%。

"大时代需要大格局,大格局需要大智慧。"在世界局势处于大转型、大变革的关口,习近平怀古今中外、系东西南北,开创性地提出人类命运共同体理念,得到了国际社会广泛而积极的响应,使中国逐渐占据人类道义的制高点。世界那么大,问题那么多,国际社会期待听到中国声音、看到中国方案,中国不能缺席。在中国方案中,公共外交作为总体外交的重要组成部分,体现着新时代统筹国内国际两个大局的直接要求,因此超越公共外交的时代意义非凡。

第二部分

民心相通的中国实践

第四章 中美民心相通：
多一些文化，少一些政治

美国时间2019年11月27日，美国总统特朗普将所谓"香港人权与民主法案"签署成法；同年12月3日，美国国会众议院又通过"2019年维吾尔人权政策法案"。2019年末，中美关系似乎进入了冰期。人民网评：美国一些人患上了间歇性癫狂症①。2018年3月以来，美国单方面挑起对华贸易战，虽然第一阶段贸易协议降低了关税带来的直接威胁，但并不会解决中美根深蒂固的结构性冲突。《人民日报》曾经十评中美贸易战②，烈度堪比当年的"中苏论战"。

尽管中美签署了第一阶段贸易协议，但中美的未来关系不容乐观。目前来看，美国遏制中国崛起是其基本国策。中美蜜月期已经一去不返。在今后相当长的一段时期里，中美的战略竞争大于合作已经成为中国各界的共识，中美关系已经进入一个新时期。随着中美摩擦

---

① 秦宁. 美国一些人患上了间歇性癫狂症（2019-12-05）. 人民网. http://opinion.people.com.cn/n1/2019/1205/c1003-31492518.html.
② 有理有据!《人民日报》十评中美贸易战（2018-07-15）. 人民日报海外网. http://www.haiwainet.cn.

不断，面对美国国内空前团结的对华政策，中国国内民族主义情绪上扬。2019年10月，进攻性现实主义流派的代表米尔斯海默先生完成了他的中国行，其所到之处依旧是座无虚席，可见在中美利益深入交融的今日，"大国政治的悲剧"仍有很大的市场。

对中国而言，中华民族伟大复兴是历史使命，中国最大的任务在内不在外。祖国尚未统一，我们仍然需要营造最稳定的外部环境来谋发展。当前形势下，中美关系已经成为世界上最重要的双边关系。如果中美战略误判，走向了深渊，无疑会将世界带入第三次世界大战。为此，如何正确理解新时期美国对华行为逻辑，找到两国和平相处之道，成为中国外交工作的重中之重。

国之交在于民相亲，民相亲在于心相通。新时代中国公共外交的本质在于民心相通①。古人云："通则不痛，痛则不通。"当下中美关系之痛，在于民心不通。作为对美外交的重要组成部分，对美公共外交又如何在中美关系的冰期燃一盏暖灯呢？

美国的中国观

美国外交政策的逻辑根植于其民族基因里的"美国例外"（American Exceptionalism）思想，美国人对自己身份的独特定位以及由此产生的强烈的宗教和道德优越感是"美国例外"思想的核心。来自旧大陆的第一批移民为了追求信仰的纯正来到新大陆，面对北美严酷的自然环境，为了生存，将自己寄托给上帝，他们认为自己是上帝挑选出来拯救世界的选民，他们的使命是将新大陆建设成人类文明的典

---

① 王义桅. 国之交如何民相亲：新时代中国公共外交之道. 北京：中国人民大学出版社，2020：序言.

范。清教徒约翰·温斯洛普曾说,"我们是上帝的选民,新英格兰应该成为'基督博爱的典范'(A Model of Christian Charity)","我们将成为整个世界的山巅之城,全世界的眼睛都将看着我们"①。

约翰·温斯洛普对新大陆人民身份的解读奠定了美国历史的基调②,由此产生了三个后果:(1)美国人相信自己是纯洁的,因此美国在国际上的目的是高尚的。威尔逊总统称美国是世界上唯一的理想主义国家。这个国家的人民内心是纯洁的,这个民族的心灵是诚实的。面对为何纯洁的美国还会搞领土扩张的问题,总统的回答是"美国攫取海外领土不是帝国主义,因为美国的目的是无私的,美国将以善良的方式照顾不幸者"③。(2)纯洁和高尚的道德优越感使美国人认为只有美国才有资格成为世界的领导者,又由于美国的道德优越于其他国家,因此不能用其他国家的标准来衡量美国,美国是世界规则的制定者和裁判④。(3)美国相信自己的制度和发展模式是优越的,是世界效仿的榜样;并且,作为上帝的选民,美国人有义务在全世界推行自己的理念,以"造福世界"。

这种"美国例外论"使中国人对中美关系的感受完全不同于美国人。美国人认为他们同中国的接触带有猎奇的性质,令人振奋,在物质和精神方面都是有收益的。在中国近代以来不平等条约存在的100多年里,美国人对中国的态度是存心想赚钱,但也想做好事,力求拿走一些东西,同时也给予一些东西。民国时期,美国"退回"庚子赔

---

① HAWKE D. US colonial history:reading and documents. The Bobbs-Merrill Company,1996:96-07.

② 布尔斯廷.美国人:开拓历程.北京:生活·读书·新知三联书店,1993:3.

③ WHITCOMB R S. The american approach to foreign. Affairs:An Uncertain Tradition. Praeger Press,1998:23.

④ 王立新.美国例外论与美国外交政策.南开学报,2006(1):10-17,65.

款，用于建造大学和医院。美国要求中国"门户开放"，各列强在华"利益均沾"，美国视其为帮助中国维护主权。美国为自己过去在中国的所作所为感到自豪。而中国却认为这种接触是美国强加给中国的，所谓的帮助也纯粹是强盗逻辑。

美国人跟不上中国革命形势的变化。1949年，中国共产党领导的中华人民共和国成立，美国第一次对自己的认识以及自己在世界事务中的地位产生了怀疑。信仰基督的美国自近代以来在中国的工作以传教和"拯救众生"为基本目标，这些工作表现了美国作为救世主领导人类进步事业的雄心，其中隐含的是美国的制度、理念和信仰为世界之最优①。但中华人民共和国成立的那一刻，美国的自信心受到了一次沉重的打击，占人类四分之一的中国人在法律、人权、政党制度等理念上与美国格格不入。美国感到其基本价值标准受到了威胁。当时的美国人认为，"如果中国人自愿选择了共产主义，那么可以断定，人类的大多数是不会走我们的道路的——至少目前是如此"，"中国对人类现代化面临的问题解决之道对我们非常珍视的文化品质构成强有力的挑战"②。

曾经在一段时期内，美国认为中国共产党领导的政权并不代表中国的民意，认为它只是依靠武力和操纵手段才得以维持，不能持久。改革开放以来，中国取得了突飞猛进的发展，美国再一次心存侥幸，用西方现代化模式解读中国发展，不料却陷入进退两难的话语困境：如果承认西式民主体制是通向现代化的唯一道路，那么就无法解释中国的发展；如果承认中国特色社会主义制度也是一种民主体制，那么

---

① FAIRBANK J K. The United States and China: Fourth Edition, Revised and Enlarged. Harvard University Press, 1983: 243.
② 同①，243-244.

西式现代化道路就失去了唯一性，其合法性也会大大削弱。所以，美国再次回归其宣传的老路：一说美国重建中国。例如，美国副总统彭斯在哈德逊智库研究所演讲时声称"在过去17年，中国的GDP增长9倍，变成了世界第二大经济体。这很大程度上得益于美国对中国的投资……我们在过去25年重建了中国"①，"中国已非常强大，这很大程度上是利用美国的钱做到的"②。一说中国盗窃美国。如美国参议院民主党领袖舒默称"中国想取代美国的科技主导地位，并且一直在偷窃"③；美国国务卿蓬佩奥更是在国际场合多次指责中国盗窃美国知识产权，宣称这涉及"数千亿美元"，与"世界超级强权或领袖的身份不符"，他表示美国正"致力于多管齐下，说服中国在商务上表现得像个正常国家"④。

美国这层"皇帝的新衣"直到今日才被彻底扒下。2017年中国共产党第十九次全国代表大会胜利召开，中国特色社会主义进入新时代。中国不但没有崩溃，反而在新时代焕发出新的生命力，"科学社会主义在二十一世纪的中国焕发出强大生机活力，在世界上高高举起了中国特色社会主义伟大旗帜"，"中国特色社会主义道路、理论、制度、文化不断发展，拓展了发展中国家走向现代化的途径，给世界上那些既希望加快发展又希望保持自身独立性的国家和民族提供了全新

---

① 张孟旭，等.彭斯"檄文"演讲，美国真要走"新冷战"之路?.(2019-10-05).环球网.https：//www.huanqiu.com.
② 2019年12月4日外交部发言人华春莹主持例行记者会实录.(2019-12-04).外交部网站.https：//www.fmprc.gov.cn/web/fyrbt_673021/t1721482.shtml.
③ 2019年1月31日外交部发言人耿爽主持例行记者会实录.(2019-01-31).外交部网站.https：//www.fmprc.gov.cn/web/fyrbt_673021/jzhsl_673025/t1634417.shtml.
④ 美国国务卿张嘴就来：中国盗窃美知识产权，数千亿美元!.(2019-11-02).央视新闻网.http：//news.cctv.com/yuanchuang/.

选择，为解决人类问题贡献了中国智慧和中国方案"[①]。70年前美国对中华人民共和国的忧虑如今成了现实。

中国作为世界体系中的一员始终有其特殊性，具体表现为"四特"[②]：第一，特长的历史；第二，特大的规模；第三，特世俗的社会；第四，特殊的崛起方式。由于以上原因，在美国人眼里，中国一直是一个"异类"国家。所以，对美国而言，中国无论如何也不能成功，因为一旦成功，美国所营造的神话就会被打破。

美国对华心理分析

美国前国防部长拉姆斯菲尔德曾经在记者招待会上谈到伊拉克是否有大规模杀伤武器时发表了经典的"知道论"，他说："我一向对尚未发生的事情的有关报道感兴趣，因为就像我们都知道的那样，有一些众所周知的事情；我们知道一些我们知道的事情。我们还知道一些很明显的未知事情；那就是说，我们知道有些事情我们不知道。但也有没人知道的未知事情——也就是我们不知道的未知事情。"

与上一次的外交辞令不同，面对中国崛起的未来，美国第一次站在了"已知与未知"的十字路口。

目前，美国国内存在四类群体，这四类群体构成了影响美国外交决策的四股力量，如图4-1所示。这四股力量关于中国崛起后的"已知与未知"深刻地影响着美国对华政策。

---

① 习近平. 决胜全面建成小康社会 夺取新时代中国特色社会主义伟大胜利——在中国共产党第十九次全国代表大会上的报告. (2017-10-27). 新华社. http://www.xinhuanet.com//politics/19cpcnc/2017-10/18/c_1121822838.htm.

② 王义桅. 国之交如何民相亲：新时代中国公共外交之道. 北京：中国人民大学出版社，2020：155-159.

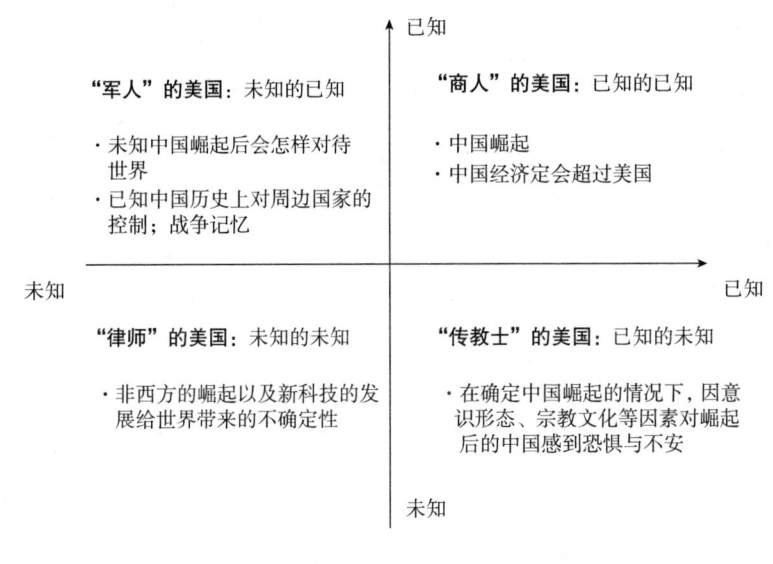

第四章　中美民心相通：多一些文化，少一些政治

```
                        ↑ 已知
    "军人"的美国：未知的已知    |    "商人"的美国：已知的已知
                              |
    ·未知中国崛起后会怎样对待   |    ·中国崛起
     世界                     |    ·中国经济定会超过美国
    ·已知中国历史上对周边国家的 |
     控制；战争记忆            |
  未知─────────────────────────┼─────────────────────────→ 已知
                              |
    "律师"的美国：未知的未知    |    "传教士"的美国：已知的未知
                              |
    ·非西方的崛起以及新科技的发 |    ·在确定中国崛起的情况下，因意
     展给世界带来的不确定性     |     识形态、宗教文化等因素对崛起
                              |     后的中国感到恐惧与不安
                        ↓ 未知
```

图 4-1　影响美国外交决策的四股力量

已知的已知

第一类群体是"商人"（American business is business，表现为外交上的汉密尔顿主义）：在贸易逆差、知识产权转让等全球化技术基础层面对中国充满抱怨。例如，以贸易代表莱特希泽和白宫国家贸易委员会主任纳瓦罗为代表的经济现实主义者关心的主要是防止中国在经济实力上超过美国，尤其是阻止中国获得美国的高新技术。

对"商人"的美国而言，其唯一确定的已知是中国已经崛起。除此之外，美国的"商人"也认识到，在可见的未来里，中国经济必将超过美国。根据国际货币基金组织的统计，按照购买力平价计算，2018 年中国 GDP 高达 25.31 万亿美元，已经超过了美国。在未来 20 年内，中国的经济发展应继续保持中高速增长。目前，中国的工业化在世界上已经没有了争议。除了中国拥有最完善的工业体系外，中国的工业规模特别大,制造业总产值 2010 年超过美国,2016 年超过美国和日本之和,2018 年超过美国、日本、德国三国之和。2018 年,中国的制造业增速是 6.1%,是 15 年以来最慢的增速。但是,美国、日本、德国的增速是 0.4%。按照这个速度,到 2030 年,中国制造业占全世界的比重一定会超过 50%。2030 年之后,从制造业角度讲,这个世界上只能有两个国家,一个叫中国,一个叫外国[①]。

已知的未知

第二类群体是"传教士"(If It's good for America, It's good for the world,表现为外交上的威尔逊主义):相信自己的制度和发展模式是优越的,是世界效仿的榜样;并且,作为上帝的选民,美国人应以"拯救众生"为使命,在全世界推行自己的理念,要走"颜色革命"的老路,在意识形态上使中国"皈依"。

相较于已知的中国崛起,"传教士"的美国所不知道的是中国崛起后将如何对待美国、对待世界。中国与日本、俄国不同,中国真正靠近世界舞台中央只有最近几十年的时间,美国并无先例可以考察,这增加了美国人的焦虑与不安。受制于二元对立的世界观,加之对中国文化缺乏了解,美国人对崛起的中国充满焦虑。美国人认为,没有宗教信仰的国家是不稳定的、残忍的,所谓"当灵魂没有上帝的时候,一大群巫师就想占领上帝的位置"。美国人习惯于国强必霸、权力转移等逻辑,认为默认一个与自己的意识形态、文化传统、生活方式、发展模式不同的中国的存在是对美国的挑战。美国只看到中国崛起对其领导的国际体系的冲击,而未看到中国崛起给人类发展带来的机遇。

---

① 金灿荣. 如何深入理解"世界正面临百年未有之大变局". 领导科学论坛, 2019(14): 66-77.

未知的已知

第三类群体是"军人"(The United States is unique in the world: the world is here,表现为外交上的杰克逊主义):以副总统彭斯、前总统国家安全事务助理博尔顿为代表的国家安全鹰派,关心的是开展与中国的战略竞争并试图遏制中国。

"军人"的美国不知道中国崛起后会怎样对待世界、对待美国,但记得冷战时期的朝鲜战争、越南战争。中国周边国家对中国的恐惧源自中国古代的朝贡体系,朝贡体系下的朝鲜、安南(越南)、琉球(今属于日本)等国在政治上属于中国。经典地理政治理论认为,亚欧大陆的边缘地带如果出现主导性大陆强国,将有能力战胜主导性海洋强国[①]。21世纪亚太地区最大的变数是中国的崛起使东亚地区可能产生单一主导性强国,由此也会弱化美国在东亚的存在,削弱美国制衡东亚各方力量的能力,而任何试图把美国赶出东亚的努力都会引来美国最强烈的反应。"军人"的美国担心复兴后的中国会仿照古代朝贡制度在东亚地区建立起封闭的势力范围,削弱美国在东亚的影响力。在冷战时期的朝鲜战争和越南战争中,中美更是在沙场上直接对抗。从美国领导层来看,战争给他们造成的心理隔阂至今未愈。

未知的未知

第四类群体是"律师"(When in the trouble, get a Philadelphia lawyer,表现为外交上的杰弗逊主义):例如,民主党主抓人权、劳工权利、少数族群等问题,主张把在华美国企业转回到本土,认真推

---

① SPYKMAN N J. American strategy in world politics. New York: Harcourt, Brace & Co., 1942.

进中美经济脱钩,着力塑造将中国排除在外的新型全球化体系。

当今世界面临百年未有之大变局,国际社会的复杂性与日俱增,新的变量不断融入,极大地冲击了西方普适的因果定律。首先,新兴国家的崛起带来国际力量对比的变化,国际格局从西方主导逐渐转向东西方平衡,美国将第一次面对非西方崛起的世界。其次,全球经济动能变化,战略性新兴产业成为国家间竞争的关键,新科技进步改变了人类的认知和思维方式。人工智能、5G、区块链等技术解构了权威。在美国,民粹主义借助新技术开始泛滥;在国际上,新兴国家因掌握了新技术话语权逐渐强大。令美国不解的是,技术的发展解构了美国霸权,却没有解构中国共产党在中国的领导地位。在中国共产党的领导下,中国科技取得了长足进步,使第四次工业革命第一次有希望出现在非西方。

对此,"律师"的美国对华发动"科技战",打压中国民营科技企业,将技术与安全、人权问题挂钩①,指责中国 5G、AI 等技术的发展已将中国带入"数字 1984"时代②。"律师"的美国正试图将科技发展伦理化,以美国规定的道德红线遏制中国的发展。

新时代下对美公共外交

对比"中国之治",近年来我们看到的更多的是"西方之乱"。面对自身治理能力下降,美国有人把自身的问题转嫁到中国身上,搞

---

① CAMPBEL C. The fight for our faces: China shows the worrying future of the surveillance. New York Times. 2019, December 9: 22-33.
② "数字 1984"的概念源于英国左翼作家乔治·奥威尔于 1949 年出版的长篇政治小说《一九八四》(*Nineteen Eighty-Four*)。在这部作品中,奥威尔刻画了一个令人感到窒息的恐怖世界。在假想的未来社会中,人性被强权彻底扼杀,自由被彻底剥夺,思想受到严酷钳制,行为受到监控,人民的生活陷入了极度贫困,下层人民的人生变成单调乏味的循环。

"内病外治",中国成为美国政治失败的替罪羊;还有人企图通过对华示强谋取个人的政治利益。美国不仅"中国观"走入歧途,"世界观"也出了偏差。作为综合实力最强的国家,美方却放弃应当承担的国际责任和义务,重蹈单边主义和保护主义覆辙①。

我们提出"已知-未知"分析模型,并不是玩绕口令或者玩文字游戏,也不是简单地指出美国不是铁板一块,而是说有四种美国人,更重要的是表明美国人很多对中国的担心是由于时代的变化产生的,是源于其对百年未有之大变局的不适、对全球化的担心或者说对美国比较竞争优势下降的担心。美国人同其天然的危机感将这些担心转移或者转嫁到中国人身上。所以,对美公共外交最好区分哪些是不必要的担心、哪些是未来预期的担心、哪些是真正由于中国崛起带来的、哪些是他们想象和夸大的,这样才能有针对性地开展对美公共外交。

受困于自身霸权衰落,美国将中国视为其国内政治和全球化的替罪羊。在民粹主义盛行的背景下,决策者的对华认知深受民众影响。错误的认知导致错误的行为。"通则不痛,痛则不通",中美关系之痛在于民心不通。如何避免心理脱钩成为事实脱钩、新冷战变成自我实现的预言,成为对美公共外交的重大而紧迫的课题。新时代中国对美公共外交应该注重沟通思想,寻找中美两国的最大公约数,真正实现两国人民的民心相通。为此,新时代下中国对美公共外交应该做到四个"讲清楚"。

第一,讲清楚中国发展的逻辑。

中国崛起是近代九个大国崛起案例的反例,这使"中国威胁论"风行一世。所以,对美公共外交必须要解释好中国崛起的逻辑。美国

---

① 王毅.乘风破浪,坚定前行:在 2019 年国际形势与中国外交研讨会开幕式上的演讲. (2019-12-23). 外交部网站. https://www.mfa.gov.cn/web/wjbzhd/t1724297.shtml.

一直担心中国崛起后意在争夺世界的领导权,挑战美国主导的世界体系,以至于令美国的利益受损。近年来中国陆续提出的"一带一路"、人类命运共同体等重大倡议和设想遭到美国不同程度的抹黑及污蔑,部分原因在于历史上中国并没有成为真正的全球国家,此前也从未有如此宏大的国际合作倡议由发展中国家提出过,美国对此的误解也可以理解。

实际上,中国最关注的是维持国家的稳定与繁荣。中国提出了实现中华民族伟大复兴的一系列日程表。中国共产党的初心是为人民谋幸福、为民族谋复兴,这已经被写入党章。中国的主要矛盾在内不在外。脱贫、应对人口老龄化、产业转型升级、祖国统一……一个面对如此庞大的国内任务的中国怎么可能轻易(更不可能自动)投身于战略对抗或追求世界主导地位?十八大以来,习近平指出,和平发展道路能不能走得通,很大程度上要看我们能不能把世界的机遇转变为中国的机遇,把中国的机遇转变为世界的机遇,在中国与世界各国良性互动、互利共赢中开拓前进①。世界好,中国才能好;中国好,世界才更好。为了实现伟大复兴的中国梦,中国实施国内"五位一体"的战略布局,建设社会主义市场经济、民主政治、先进文化、生态文明、和谐社会;为了促进人类进步,中国推出国际版的"五位一体"的规划:持久和平、普遍安全、共同繁荣、开放包容、清洁美丽的人类命运共同体理念。中国已将自身发展同各国共同发展有机结合,将中华民族伟大复兴和人类社会共同进步紧密连接。中国将自己的前途和命运寄托于世界的发展,辩证统一了中华民族伟大复兴与促进人类进步、完成中共历史使命和长远使命、实现为人民服务和为人类服务

---

① 习近平. 更好统筹国内国际两个大局 夯实走和平发展道路的基础. 人民网. (2013-01-30). http://paper.people.com.cn/rmrb/html/2013-01/30/nbs.D110000renmrb_01.htm.

的有机统一。

第二，讲清楚中美合作的担当。

在全球化深入发展、各国利益深入交融的今天，中美关系作为世界上最重要的双边关系，两国关系的任何波动都具有牵一发而动全身的世界影响。所以，中美之间化冲突为合作，以合作管控分歧，是发展中美关系的辩证法运用。新时代下中美合作有三大担当。

（1）历史担当。避免陷入"守成大国-新兴大国"冲突的"修昔底德陷阱"，超越"老大-老二"悖论以及其他形形色色的大国政治悲剧。

（2）现实担当。世界并不太平，气候变化、能源问题、国际恐怖主义等非传统安全问题不仅事关中美两国的核心利益，更关乎整个人类的发展前途，如何推动国际与地区热点问题的解决，维护现行国际体系的有效运作，是中美合作的现实担当所在。

（3）未来担当。目前，欧美的发展模式将广大发展中国家边缘化：欧式创新以节省资源、原材料为考量，美式创新以节省劳动力为考量，然而发展中国家的两大优势正在于劳动力便宜、资源丰富，所以发展中国家正在不断地被边缘化。从长远来看，这种不可持续的发展模式不符合美国的发展利益，本质上也不符合合作共赢的时代潮流。如何开创更包容、更合理且可持续的世界秩序，为世界和平和人类进步做出贡献，成为中美的未来担当所在。

第三，讲清楚中美不合作的后果。

美国著名公共外交学者尼古拉斯·卡尔（Nicholas J. Cull）在其新作 *Public Diplomacy*：*Foundations for Global Engagement in the Digital Age* 的序言中记载了一个八岁女孩和他小儿子的对话。

女孩：你老板的工作就是个大忽悠，公共外交一点用都没有。

儿子：公共外交非常重要，它阻止了一连串的战争。

女孩：好吧，能具体说说是哪几场战争吗？

儿子：这些战争统称为第三次世界大战。

在特朗普政府"美国优先"的旗帜下，美国启动对华贸易战，并配合以科技战、金融战等组合拳遏制中国。一段时期以来，我们可以看到在不同国际场合，美国政府各级官员时刻抓住发声平台在华为、涉港、涉台、涉疆等问题上混淆视听，干涉中国内政，由此也引发了国际上关于中美是否陷入"修昔底德陷阱"、中美是否必有一战的大讨论。

走钢丝的运动员为了保持平稳，在表演中始终直视终点。同样的道理，两国关系的长期稳定也应该面向未来，营造愿景。中美关系是当前世界上最重要的双边关系，两国关系的和平发展对全球稳定与和平至关重要，两国之间的冷战会扼杀太平洋两岸一代人取得的进展[①]。在核扩散、环境保护、能源安全、气候变化、恐怖主义等全球性问题急需全球合作的时候，两国之间的分歧会蔓延至每个地区的内部政治。虽然中美达成共识非常困难，但是在这些全球性问题上挑起对抗必定是自寻死路。

第四，讲清楚人类命运共同体的内涵。

中国共产党的领导是我国政治制度的最本质特征。讲好中国故事，关键是讲好中国共产党的故事。人类命运共同体是以传统中国和合文化实现中国特色社会主义中国化的代表性理念，它的提出为讲好中国共产党的故事提供了契机。人类命运共同体是中国共产党对未来世界秩序的想象，其逻辑是：各国虽然具有差异性，世界具有多样

---

① KISSINGER H. On China. Penguin Press，2015：515.

性，但共同的历史记忆、共同的处境、共同的追求将各国紧密相连，形成共同身份与认同，塑造共同未来。人类命运共同体的提出意在告别意识形态和价值观的对立，追求人类共同价值观①。美国著名考古学家罗伯特·凯利总结了 600 万年以来人类历史的发展，观察到每一次人类技术进步带来的都是人类社会组织形式的变革。他大胆预测，由于互联网等技术的进步导致全球化的深入发展，人类即将迎来第五次组织形式的变革，人类将生活在一个共同体的未来②。美国并不否认人类必将进入共同体时代，美国抵触的是由中国提出的作为政治符号的"人类命运共同体"。

对美公共外交应多一些文化，少一些政治；多寻求共识，少强调分歧；可以以"中美共生"概念对接美国"共同体"理念。二战后最大的成就之一就是美欧"大西洋共同体"，当时是为了遏制共产主义，今日再提"共同体"是为了解决人类的共同问题。人类命运共同体符合万物互联的时代潮流，契合共同应对全球性挑战的需要。中美关系恰当的标签应该是"共同进化"（co-evolution），在合作中共同成长。为了两国人民，为了全球福祉，两国应该做此尝试。

由于全球相互依存的深入以及核武器的存在，人类的永久和平第一次有了实现的可能。康德在《民主和平论》中曾预言，永久和平最终将以两种方式中的一种降临这个世界：或由于人类的洞察力；或因为在巨大的冲突和灾难面前，除了永久和平，人类别无选择。由于"中华民族的伟大复兴"和"美国优先"，人类似乎站到了抉择的关头。1972 年中美两国领导人高瞻远瞩、求同存异，证明办法总比问题

---

① 王义桅. 人类命运共同体的内涵与使命. 人民论坛·学术前沿，2017（12）：6-12.
② KELLY R L. The fifth beginning: what six million years of human history can tell. University of California Press，2017.

多。21世纪,倘若美国和中国能够同心协力化解危机、开创未来,那将是何等的成就!

中美公共外交的问题

中美两国公共外交的脆弱性,源自两国形象身份的错位

中国既是发展中国家,也是国际社会上的新兴大国;既是社会主义国家,也是相对于西方而言的东方国家,拥有世俗文明和普世价值。美国是发达国家,有着浓厚的宗教情结,对霸权领导执着追求,热衷于外宣和标榜其自身所谓的普世价值。中国和美国的多重身份特点一方面体现着各自在世界上独一无二的魅力和多样性,另一方面对于两国的互动和交往也是一把"双刃剑",会带来彼此形象的错位认知,导致中美公共外交的脆弱性问题。

最大的发展中国家与最大的发达国家

中国的国际地位伴随着综合国力以及国际格局的变化发生了两次蜕变:第一次是从亚洲边缘国家成长为亚太地区大国,时间大约是从中华人民共和国成立初期到20世纪末21世纪初;第二次是从亚太地区大国成长为世界性大国。当前就处于第二次蜕变的关口。改革开放40多年来,中国已是世界第一出口大国和最广阔的消费市场,外汇储备世界最多,2010年的国内生产总值超过日本、成为世界第二,在硬实力的很多层面开始超越发达国家。也正因为中国综合国力的持续发展,其国际地位和影响力急剧上升,在很多领域已经出现了与发展中国家不同的外在特征,美国也开始不再以发展中国家来看待中国。

虽然中国已经成为世界第二大经济体,初具大国形态,可是中国

第四章 中美民心相通:多一些文化,少一些政治

超大社会的国情制约了中国。2008年到2017年,美国GDP占全球份额一直稳定在1/4左右。从人均GDP的角度来看,中美两国之间存在巨大的差距。2017年,中国的人均GDP为8 827美元,仅相当于美国的15%左右①。在军事实力上,中国被公认为世界三大军事强国之一,但中国的军费支出却和美国有很大的差距。根据斯德哥尔摩国际和平研究所发布的《年鉴:军备、裁军和国际安全》,2008年中国军费支出占GDP的百分比为1.88%,美国为4.22%;2017年,中国军费支出占GDP的百分比为1.91%,美国为3.15%。2017年,美国的军费开支为6 100亿美元,约为位居第二的中国的3倍②。因此,中国在社会发展水平上与美国这样的发达国家相比依然还有很大的差距,仍将具有发展中国家的基本特征,中国依旧是块头大、底子薄的发展中国家。

虽然中国一直将自己定位为发展中国家,但在美国看来,中国已经具有发达国家的实力和体量。中国在外表上越来越具有大国特征和实质上长期处于发展中国家水平的反差让美国难以确切定位中国身份,这种不确定性容易带来不理解。这令中国自身也陷入自相矛盾的尴尬境地,因为中国并不能像美国一样拿出做发达国家"领头羊"的勇气,又因为与发展中国家外形体量上的差异而逐渐丧失在这些国家中的号召力与话语权。因此,中国对美公共外交在一段不算短的时间内,将遭遇对美身份矛盾处境的问题。

---

① Word Bank Open Data. https://data.worldbank.org/indicator/BX.GSR.NFSV.CD?year_high_desc=false.
② SIPRI Military Expenditure Database. https://www.sipri.org/databases/milex.

内敛的"世俗文明"遇上外宣的"宗教文明"

中国源远流长、底蕴深厚的文化传统中,儒家文化是中华传统文化中最重要的组成部分。总体而言,孔子的思想理念所蕴含的丰富的外交智慧,对当代中国的外交战略、政策实践产生了潜移默化的深刻影响。

然而,传统文化中并非所有的理念都对中国当今形成的外交风格和形象有着绝对正面的作用。从辩证的角度来看,孔子所提倡的"少说多做"与"身正不怕影子斜"在这方面的运用在一定程度上有其缺陷。

"古者言之不出,耻躬之不逮也。""君子欲讷于言而敏于行。"在《论语》中,孔子多次反对"巧言",欣赏"木讷",认为行为优于言语,才能言行一致、表里如一。正所谓苟正其身矣,于从政乎何有?不能正其身,如正人何?其身正,不令而行;其身不正,虽令不从。[①]孔子认为,只要做到了"修己",就能够解决问题,不会再有别的困难。这样的传统思想从某些方面看是一种美德,但从中国公共外交宣传的角度来看却是短板。中国不善于且不愿意主动表达自己,就容易被别人表达。在目前西方社会主导的国际话语体系中,看中国的视角并不是友好的。就如中国的和平崛起,是中国在以和平的方式增强自身实力并维护世界和平,然而一个好的想法会在"少说多做"和只"修己"的思维影响下被西方社会抢先玩弄概念,中国的正常发展也被大肆"妖魔化"。中国的"少言"和只专注于发展自己也容易让美国觉得中国意图不明、原则不强,从而担忧中国别有用心,疑虑中国

---

① 李泽厚. 论语今读. 北京:生活·读书·新知三联书店,2004.

第四章　中美民心相通：多一些文化，少一些政治

的不可靠。

在与美国交往时，中国总会感觉到美国在外交中存在着难以改变的思维定式，这种思维定式包裹着强烈的外宣宗教情结，认为盎格鲁-撒克逊民族是最优秀的民族，应该为世界"传递福音"。

美国的思维起点是"天定命运观"和"美国例外论"，认为凡是有利于美国的，必将有利于世界，美国是世界上独一无二的国家，因为世界就在美国。"天定命运观"的核心是"上天决定了整个世界有待于美国的救赎"。在美国人的思想深处，美国代表着"白天的光亮"，在世界的其他地方，例如亚洲、拉美、非洲等，存在着一个"黑暗的传说"，是"道德的荒原"或者"半文明的帝国"；认为美国的外交并不像其他国家那样只为了一己私利，而往往是对所有国家都有利的。这种道德上奉若圭臬的观念绝非美国口头上所说的那样"替天行道"，历史上并没有给美洲带来所谓的福音和繁荣，本质上不过是凭借超强的国力在整个美洲大陆扩张，披着半神学的外衣，仿佛整个世界未来的命运就是等待着美国的占领，并吹嘘这是"神的旨意"。现实主义政治学家布热津斯基在《大失控与大混乱》中指出，美国成不了全球警察，也当不成全球银行家，甚至连全球道德家也做不成①。

除非美国能够放弃自己意识形态深处那种不平等的"天定命运观""美国例外论""好为人师"，用平等的眼光了解其他民族的真实面貌和思想体系，并且中国能摆脱"少说多做"、只"修己"的传统思维定式，让世界更多地了解一个真实的中国，否则中美公共外交关系的形象认知的错位将长期存在。

---

① 布热津斯基.大失控与大混乱.北京：中国社会科学出版社，1995.

普世价值的"人类命运共同体"碰撞普世价值的"霸权领导"

中国追求的是和而不同、形异实同、多元一体，进而包容互鉴，实现人类的共同价值。这是一种普世价值，以各美其美、美人之美、美美与共、天下大同的"人类命运共同体"为具体表现。联合国决议写入"构建人类命运共同体"，体现了这一理念已经得到广大会员国的普遍认同，也彰显了中国对全球治理的巨大贡献①。习近平在2018年中非合作论坛北京峰会开幕式上的主旨讲话中表示："中国把为人类作出新的更大贡献作为自己的使命。中国愿同世界各国携手构建人类命运共同体，发展全球伙伴关系，拓展友好合作，走出一条相互尊重、公平正义、合作共赢的国与国交往新路，让世界更加和平安宁，让人类生活更加幸福美好。"② 人类命运共同体理念旨在构建一种更加合理的全球生存和发展空间，昭示着对世界未来的总体构想和价值追求。滕尼斯在《共同体与社会》中认为，"共同体是一种持久的和真正的共同生活"，是"人的意志的完善的统一体"③。中国的普世价值是着眼于人类社会的共同利益，在超越国家、地区、民族和宗教之间价值观冲突的基础上，促进不同文明之间的兼容并蓄，追求基本的价值共识，使人类命运共同体建构为利益共同体、价值共同体和精神共同体。正如习近平所指出的："每种文明都有其独特魅力和深厚底蕴，都是人类的精神瑰宝。不同文明要取长补短、共同进步，让文明交流互鉴成为推动人类社会进步的动力、维护世

---

① 新华社电. "构建人类命运共同体"首次写入联合国决议. 新华每日电讯，2017-02-12.
② 习近平. 携手共命运 同心促发展——在2018年中非合作论坛北京峰会开幕式上的主旨讲话. 人民日报，2018-09-04.
③ 滕尼斯. 共同体与社会. 北京：商务印书馆，1999.

界和平的纽带。"① 人类命运共同体是立足于整个人类文明进步的全局，倡导合作与共赢的新型国际秩序，超越了单一文明的局限性，超越了西方中心论和霸权主义的"普世价值"，将世界各国相互尊重、交叉融合的"共同价值"作为文化理想和追求目标。

美国坚持普世价值论，几乎在所有问题上认为自己所恪守的自由、平等、宽容等价值是人类社会的"普世价值"，是人类意识形态发展的终点，美国模式优于其他一切模式，人类社会发展模式将万流归一②。美国推广普世价值，认为"发展与民主之间的关系就是这种携手并进的关系——某些价值观是普世皆准的，没有自由的繁荣只不过是另一种形式的贫困而已。因为有些理想是人类所共有的——有自由了解你们的领导人是否对你们负责，有机会接受教育并能有尊严地工作；有信奉宗教的自由，这些都是必须在世界各地得到遵守的普世价值观"③。例如，从威尔逊的"十四点和平计划"到杜鲁门的"保卫民主"、奥巴马时期的"3D外交"，以及特朗普入主白宫后推行印太战略时所强调的价值观上的"自由开放"。美国推销所谓的普世价值背后，是美国对国家利益的考量，是美国对霸权地位和领导地位的追求和捍卫。普世价值是以美国为代表的西方社会曾经引以为豪和现今残留的执念，它的价值是文化的折射，是美国话语霸权与"先发优势"。保持世界第一和美国优先都是美国霸权领导的体现，也是普世价值论对美国的要求。

当中国普世价值的"人类命运共同体"与美国普世价值的"霸权

---

① 习近平. 共同构建人类命运共同体——在联合国日内瓦总部的演讲. 人民日报，2017-01-20.

② 福山. 历史的终结与最后之人. 北京：中国社会科学出版社，2003.

③ Remarks by the President of Obama at the University of Indonesia in Jakarta, Indonesia, November 10, 2010.

领导"碰撞时，两者因站位和境界高度的不同而带来价值观沟通衔接的挑战，从而导致两国公共外交的脆弱性。

不对称性问题

公共外交起源于美国，也是美国对外展现其影响力的重要渠道。自冷战以来，美国在公共外交上投入了大量的人力、财力、物力，构建起完整的公共外交决策-执行网络。相较于美国，中国的公共外交事业起步晚、底子薄，常常受到国内外各种因素的影响，未能形成一套成熟的理论和实践机制。在这种情况下，中美之间的公共外交出现了不对称性问题。

人文交流规模的不对称性

随着全球化和网络化的纵深发展，人文交流日益成为国家间互动的新领域，以及各国民心相通的"助推器"。作为中美关系三大支柱之一，人文交流已经构成两国交往的重要内容。一方面，中美两国的人文交往具有水平高、内容多、范围广的特点，有力地推动了中美关系的发展。另一方面，我们也要看到中美之间的人文交流存在着巨大的不对称、不平衡问题。一是人数和需求的不对称，即中国赴美交流人员数量多、需求大，而美国来华交流人员数量少、需求小。美国国际教育研究所的一份报告显示，中国赴美留学人员从1997年的5万人左右激增至2018年的40多万人，相反，美国来华留学人员从1997年至今只增加了不到1万人[1]。这种人数和需求的"不对称"关系反

---

[1] Leading Places of Origin Fact Sheets for Open Doors © show data for the top 25 places of origin for international students. Institution of International Education，2019. https：// www. iie. org/Research‐and‐Insights/Open‐Doors/Fact‐Sheets‐and‐Infographics/Leading‐Places‐of‐Origin‐Fact‐Sheets.

映出，中国学生相较于美国学生更愿意在对方国家进行学习。二是交流领域的不平衡。中美两国在科技领域的交流与合作具有极强的互补性，这种国情差异原本可以为两国开展科技交流提供强大的动力，然而美国凭借其强大的教育和科技实力，在中美科技交流中始终处于"居高临下"的地位，同时在对华的所谓"敏感技术"出口上采用所谓的"管制措施"①。随着特朗普的上台和美国政府对华战略的调整，美国越来越以国家安全为由寻求与中国"脱钩"，进一步强化对华技术出口管理体制和中国学生赴美留学限制，这将进一步加剧中美两国在人文交流领域出现的"不对等"现象，不利于双边关系的稳定发展。

两国的非政府组织在公共外交中的参与度不对称

当今世界，非政府组织已经成为国际政治中的一个重要行为体。美国作为全球唯一的超级大国，其非政府组织数量多、规模大、活动范围广，在美国的公共外交领域发挥着非常大的作用。自我国改革开放以来，美国的非政府组织陆续登陆我国，并给我国的政治、经济、文化、社会等方面带来广泛的影响。美国非政府组织的领导人员通常是曾经在美国政府的外交部门或相关部门任职的官员，这些人具有一定的外交经验，能够指导非政府组织开展对外活动，以塑造美国的形象、维护美国的利益，甚至输出西式的意识形态来进行渗透。此外，这些非政府组织的资金则直接来源于美国政府或国会。福特基金会、美国国家民主基金会等美国非政府组织每年都接受美国政府的大量财力支持，再以非政府组织的名义拨款给其他组织及个人，通过项目书

---

① 杨松霖，孙凯．中美人文交流：现状、问题与对策．江南社会学院学报，2016，18(2)：33-38，45．

审核和指导，在美国境内外资助开展各种各样的活动①。正是由于这些非政府组织接受了来自美国官方的资金支持，所以才说非政府组织也是政府开展公共外交的重要手段。长期以来，美国非政府组织在中国发挥着"双刃剑"的作用：一方面促进了中美两国的交流往来，另一方面则输出美国意识形态，对中国进行渗透。2019年在中国香港地区发生的修例风波，其背后就有美国国家民主基金会等非政府组织进行煽动并提供资金支持。对于中国而言，虽然改革开放后我国的非政府组织在政府的引导下已经得到了长足的发展，但相比美国等西方发达国家仍有很大的欠缺，中国非政府组织的"走出去"步伐仍然难以迈开。另外，中国严格意义上的非政府组织、民间团体、杰出的社会活动家储备不足，缺乏资金和经验，相关法律法规也不完善②，种种原因都导致了在中美公共交往中我国的官方色彩过于浓重，非政府组织和民间力量的角色不突出，进而造成中国难以施加影响力的困境。

两国媒体在公共外交中的宣传作用不对称

长期以来，国际舆论的话语权掌握在以美国为首的西方国家手中，而作为国际舆论引导者的媒体话语权也是如此。美国宾夕法尼亚州立大学教授、东亚研究所所长刘康认为："中国的国际形象今天基本上是由美国为主导的西方媒体来塑造的……基本上就是一个被美国媒体妖魔化了的形象。"③ 在美国所谓的"言论自由"下，各种独立媒体十分活跃，来自不同媒体的大量有关中国的负面报道严重影响了中国的国际形象。近年来，随着中美关系日趋紧张，特朗普政府正在寻

---

① 周雨桦. 非政府组织在美国对华公共外交中的作用. 管理观察，2019（23）：89-90.

② 倪健. 民间组织在公共外交中大有可为. 公共外交季刊，2013（2）：44-49，125-126.

③ 姚俊娟. 对美公共外交与中国国家形象. 理论观察，2013（11）：23-24.

求建立一种"全社会"对华战略，其主要实施方式就是加大对美国民众的涉华负面宣传，在民众心中树立所谓的"中国威胁"意识，着力减少中国利用美国社会的开放性进行"渗透""分化"的空间[①]。特朗普在第一个任期内已经基本完成了对战略界以及美国精英阶层的动员，接下来其动员重点将会转向美国民众。中国的媒体则以《人民日报》《环球时报》等官方媒体为主，数量少，类型也比较单一。即便是新时期以来中国的海外宣传不断取得新进展，但从总体上看，媒体在中国对外宣传方面发挥的作用也较为有限，且仍然以防御型为主。随着美国不断将中国的西藏、新疆、香港等内政问题放大化，中国在国际舆论上也面临着较大的压力。

价值观上的分歧

中美两国在意识形态、发展道路、社会制度等方面均存在巨大的差异，这也不可避免地导致中美在相互交流的过程中出现了价值观上的分歧。首先，这种价值观上的分歧体现在两国对于"人文交流"的各自解读：中国更加强调相互尊重和互相理解；美国则较为务实，希望解决具体领域的问题。其次，这种价值观上的分歧体现为人文交流与国家安全之间的关系。以孔子学院为例，中国认为孔子学院是对外传播中国汉学文化的主要机构，但美国指责孔子学院是中国"锐实力"的举措之一，是中国政府的宣传机构和情报机构，干涉了美国学术自由，甚至公开宣称要关停孔子学院。美国把人文交流与国家安全挂钩，大肆渲染人文领域的"中国威胁论"，体现出中美两国在人文交流方面存在着价值观上的巨大分歧以及背后的利益之争，严重阻碍

[①] FONTAINE R. Great-Power competition is Washington's top priority-but not the public's. Foreign Affairs, September 9, 2019, https://www.foreignaffairs.com/articles/china/2019-09-09/great-power-competition-washingtons-top-priority-not-publics.

了两国的交流与合作。除了意识形态上根深蒂固的差异之外，中美人文交流中的价值分歧还体现为在知识产权问题、政府角色等多方面议题上的不同理解。

中美民心相通，希望在青年

现在中国与世界上一些国家间产生的矛盾、疑虑或差异，很多都是由于相互之间不够理解甚至产生一些偏见和误解所造成的，而人文交流是人与人之间沟通情感和心灵的桥梁，是国与国加深理解和信任的纽带，它比政治交流更久远，比经贸交流更深刻，它同其他对外交流手段相比更具有基础性、先导性、广泛性和持久性[①]。美国皮尤中心的民意调查显示，总体而言，美国和中国公众对彼此的好感度都不是很高，但两国青年对彼此国家持有的好感度普遍高于中老年人。数据显示，18~29岁的美国人对中国的好感度为55%，50岁以上的美国人仅为27%，中国的情况也类似。虽然中美有着政体制度、价值观、现实利益矛盾等差异和问题，但是中美青年的人文交流作为公共外交的重要环节，并没有受到太大影响，一直都在朝着积极的方向发展。

刘延东说，"中美友好的根基在民众、希望在青年。""投资青年，就是投资未来。""我们今天为两国青年交流所做的努力，必将成为未来中美关系最宝贵的财富。"[②] 教育的直接受众是人，特别是青年人，

---

① 刘延东. 深化高等教育合作 开创亚洲人文交流新局面. 世界教育信息，2010，24(12)：10-12.

② 刘延东. 青年是人文交流的生力军：在美国"十万强基金会"首届年会上的致辞. (2013-11-21). http://www.moe.edu.cn/publicfiles/business/htmlfiles/moe/moe_176/201312/160373.html.

因此，教育外事水平决定着人文交流的水平、深度和广度。从目前中国人文交流的实践来看，这方面的成果主要集中在两个方面：一是在全球广泛建立孔子学院，促进汉语国际教育和推广；二是扩大对外教育交流的力度，通过实施各项留学中国计划，扩大外国学生来华留学规模。通过这样的举措，有助于更好地挖掘我们的软实力资源，最大限度地展示中国的软实力，从而加深世界各国人民特别是青年人对中华文化的理解，它如同一座桥梁，拉近了中国与世界之间的距离。

如今的中美关系正走到一个极为关键的十字路口。作为世界上最有影响力的两个国家，中国每年派遣留学生赴美数量逐渐看涨，中美双边的教育交流呈现出"由中至美"的单边路向。一直以来，只见中国政府将赴美留学作为一项重要的教育政策，推动学生赴美留学，学习美国先进的科学技术和文化制度，未见美国政府制定鼓励美国学生赴华留学的政策。不过，随着教育文化交流的进一步需要，同时也由于当前国际格局的急剧变迁，美国方面也逐渐明白向本国青年进行投入的必要性，确保这部分公民有能力且能够恰当地把握世界最重要的双边关系，深深关系到未来的中美关系。

在 2009 年底，中美两国共同提出了受人瞩目的"十万强计划"，即十万美国学生留学中国计划。此计划是在 2010 年至 2014 年间推动十万名美国高校学生留学中国。截至 2014 年 7 月，这个项目的管理及推动机关"美国十万强基金会"宣布留学中国的计划已经在该年度达成。受这一计划顺利完成的鼓舞，同时也是在 2015 年 9 月 25 日中美两国互访的契机之下，时任美国总统的奥巴马宣布未来中美的文教交流需要在"十万强计划"的事业成就上继续推进，准备启动"百万强计划"。

"十万强计划"是在近百年中美教育交流史上，美国政府提出的第一项鼓励学生赴华留学的政策。美国领导人对于"十万强计划"重要意义的理解集中体现为"三个投资于",认为"十万强计划"是投资于中美关系、投资于美国和世界经济、投资于美国青年一代的"一举三得"。时任国务院副总理刘延东在美国"十万强基金会"首届年会上的致辞也显示,中国认同"十万强计划"是在投资青年、投资未来、投资中美关系[①]。从"十万强计划"到"百万强计划",这是对中美关系重要性的再投资、再提升:从短期来看,有助于增进中美双方的相互理解,并培育下一代精通中文及中国文化的美国领导人;从长期来看,则有助于进一步增进中方的文化软实力,也为深化两国人文交流探索了一条新途径、增添了一股新动力。

  国之交在于民相亲。虽然中美两国的民族基本价值观不相同,两国教育的目标、培养模式及方式也有差异,两国可以说是中西方两种异质文明的代表,但是,任何两种异质文化或者异质文明之间的关系并非决然不同或相互对立的,而是存在着一种动态的互补互动关系。双方之间也并不存在决然的壁垒,中方与美方之间并非"非此即彼、各美其美"的单一关系,而是"美人之美、美美与共"的交相辉映关系。两国年轻人是双方关系的未来,中美民心相通,希望在青年。

---

① 刘延东.青年是人文交流的生力军:在美国"十万强基金会"首届年会上的致辞. (2013-11-21). http://www.moe.edu.cn/publicfiles/business/htmlfiles/moe/moe_176/201312/160373.html.

第五章 中德民心相通：
夯实社会根基，讲好中国故事

现实利益和价值观始终是指导德国对华政策的两大支柱。

一方面，中德两国之间的共同利益在不断扩大。中德两国在经济领域的合作前景广阔。特别是在经历债务危机和全球金融危机后欧盟国家普遍经济疲软的情况下，中国不断增长的经济体量和广阔的市场对德国而言更是极富吸引力。"尽管德国将西欧七十多年的和平归功于美国倡导的自由国际秩序，但其目前的繁荣主要来自中国。"[1] 根据德国联邦统计局的数据，中国已经连续三年成为德国最大的贸易伙伴。中德两国的双边贸易额连续上升，并在 2021 年达到 2 454 亿欧元[2]。在 2019 年的中国国际进口博览会上，先后有 200 家德国企业积

---

[1] SAMRAI Y. Trading with the frenemy: Germany's China policy. European Council on Foreign Relations. https://www.ecfr.eu/article/commentary_trading_with_the_frenemy_germanys_china_policy.

[2] Die Volksrepublik China ist erneut Deutschlands wichtigster Handelspartner-Statistisches Bundesamt. https://www.destatis.de/DE/Themen/Wirtschaft/Aussenhandel/handelspartner-jahr.html.

极报名参与，企业数量和参展面积均居欧洲国家首位①。随着经济实力的不断增长，中国在国际政治舞台上的声音也愈发有分量，在重大全球问题和国际事务上愈发发挥着重要作用。要妥善解决全球气候变化、伊核问题等关系到德国以及欧盟自身利益和安全的问题，德国更离不开与中国的合作。特别是在特朗普上台后美欧关系受到挑战、大西洋盟友关系褪色的当下，加强同中国的联系与合作为德国更好地应对一个"不确定的"美国②提供了战略转圜的空间。2019 年德国总理默克尔第十二次访问中国，在访问期间，她表示"中国同样有发展的权利，不应阻碍中国的发展进程"③。在颇受全球瞩目的"华为"事件中，德国并未在美国的压力下将华为公司排除在德国 5G 建设之外。由此可见，保持中德关系的平稳向善发展是符合德国现实利益的理性之举、务实之举。事实上，中德之间不断扩大的共同利益始终是保证近年以来中德两国关系稳定发展的压舱石。

另一方面，价值观是德国对华态度不稳定的主要因素。在默克尔上台之初，价值观外交曾经被当作德国对华政策的主导战略。但这种以价值观为导向的对华政策很快就因为中德之间巨大的现实利益而被务实外交所取代。在共同利益和现实考量的影响下，今日的中德双边关系已然被推到了历史最好水平，但是德国在价值观问题上经常性的"小动作"造成了中德关系的间歇性波动。诸如"与中国交往，最重

---

① 超 200 家德国企业参加进博会 展品含金量高. http：//baijiahao.baidu.com/s?id=1649343272518937418&wfr=spider&for=pc.
② BANDHOLZ H. Amerika nach der Wahl：Was bedeutet der Sieg Donald Trumps für die USA und für Europa？. ifo Schnelldienst 23/2016 – 69. Jahrgang – 8. Dezember 2016.
③ 默克尔：不应阻碍中国发展进程，欢迎中企赴德投资. https：//www.guancha.cn/internation/2019_09_07_516892.shtml.

要的不是汽车或者红酒,而是价值"① 的声音在德国国内屡见不鲜。德国始终将中国的崛起视为东方文明对西方主流价值观的冲击和挑战,始终对中国抱有一定的质疑和不信任。在中国具体的内政事务上,德国国内长期以来对中国西藏、新疆、香港的所谓"人权"问题和"独立"诉求关注颇多。2019 年,德国外交部长海科·马斯(Heiko Josef Maas)甚至会见了"港独"分子,借此表达西方国家对追求所谓"民主自由"的支持和赞许。在中国国家制度和发展道路的选择上,不少人始终认为西方式的民主制度才是最好的选择,将社会主义中国与"极权主义""专制国家"画等号。根据德国《明镜》杂志的调查数据,德国人对中国有着比较消极的印象,其中 87% 的德国人认为中国"不尊重人权,政治制度不民主,外交肆无忌惮,对内镇压民众"。德国全球与地区问题研究所(GIGA)在 2014 年的一份调查报告中也表示,德国大部分民众对中国"一无所知"或是充满误解②。有德国学者甚至认为,"尽管中国提出自己的民主化道路,但中国还应向西方看齐"③。

由此可见,中德之间不断扩大的共同利益为双边关系的健康良好发展提供了基础和保障。但是出于对西方价值观念的固守和坚持,德国始终戴着有色眼镜审视中国,导致整体稳定前行的中德关系出现波动。中国的国家形象并没有随着中德关系的日益密切而得以改善。中德之间出现了经济政治不断靠近,民心却相距甚远的局面。在民心相

---

① Unterdrückung der Uiguren in China Die Bedrohung reicht bis Deutschland. https://www.fr.de/politik/uiguren-unterdrueckung-china-reicht-ueberwachung-deutschland-13246932.html.

② http://world.people.com.cn/n/2014/0220/c157278-24416379.html.

③ Heike Holbig und Günter Schucher. Wer C sagt, muss auch D sagen: Chinas Anlauf zur „weltgrößten Demokratie, GIGA Focus, Asien, Nummer 2, Juni 2016, ISSN 1862-359X.

背、缺乏信任的情况下，中国在德国展开的旨在增进互信、消除误会、促进了解的公共外交行为频频被质疑和误读。一个典型的案例就是德国国内对孔子学院的批判。孔子学院一向被视为传播中国传统文化并为汉语学习者提供帮助的研究机构，也是中国对外公共外交的主要平台。在其功能和目的上，中国的孔子学院和德国的歌德学院异曲同工。近年来，孔子学院加强了与德国大学的合作，旨在为喜爱中国文化的德国青年提供更多的机会和平台。2019 年 11 月，德国自由民主党（Free Democratic Party，FDP）却针对孔子学院在德国不断发展的态势提出警告，用"共产主义政权的宣传渗透到德国大学""中国政府监视德国大学生"等耸人听闻的标题歪曲和抹黑孔子学院的形象[1]。由此可见，民心相通是双方关系的黏合剂和润滑油，是最持久的互联互通。倘若民心相背，再持久的伙伴关系也不过是一种交易，再完善的公共外交政策也会适得其反。当下，中国对德公共外交面临的最主要挑战便是，如何在德国始终用西方价值观审视中国的条件下，消除误会并沟通民心，从而改善中国的国家形象，服务于中国外交的总体布局。

中德两国的价值观存在相通之处

诚然，由于双方迥异的历史背景和文明传统，中德两国的价值观念必然存在差异。一方面，在对人权与主权关系的认识上，中德两国存在差异。在古代传统文化中的"和合主义"和近代以来的马克思主

---

[1] Spioniert China deutsche Studenten aus?. https：//www.bild.de/politik/inland/politik-inland/propaganda-an-universitaeten-fdp-warnt-vor-chinesischen-instituten-66354216.bild.html.

义的共同塑造之下，中国的价值观更加强调群体的权利，认为个人利益的实现离不开集体的成长与发展。而形成于近代启蒙运动、脱胎于契约精神和法治思想的西方主流价值观则重视个体的价值，认为个体优于群体，人权大于主权。另一方面，中德两国对现代化道路和民主化进程的理解是不一样的。尽管经历了挫折和倒退，德国现代化道路的选择和民主制度的完善基本上与西方各国一脉相承。德国所推崇的是西方主流的自由民主价值观。而中国的现代化道路的选择源自中国近代以来救亡图存的探索。历史证明了西方自由民主制度在中国走不通。中国的民主制度建立在中国独特的文化传统和特殊国情的基础之上。由此可见，双方在价值观念上的差异是客观存在的。但是，差异可以完全概括和描述中德两国各自的价值观吗？两国的价值观真的非此即彼吗？中德两国的价值观就不存在共通之处吗？

德国哲学家莱布尼茨曾说，世界上没有两片完全相同的树叶。但世界上也没有两片完全不同的树叶。虽然差异是客观存在的，但是两国在价值观上的共性也不容忽视。

从两国价值观的具体内容来看，中德两国对国际社会的和平稳定与多边主义秩序有着共同的追求。穷兵黩武的军国主义思想曾在德国蔓延泛滥，以至于酿成两次世界大战的惨重后果。出于对军国主义深刻反思、对战争的惨痛历史记忆和对"正常国家"的追求，冷战后的德国将自己定位为致力于推动欧洲一体化与维护世界和平稳定的"文明力量""规范力量"。德国国际问题专家毛尔（Hanns W. Maull）在综合分析德国的历史路径和文化特质后，认为"文明力量"应当成为德国外交政策的指导理念[①]。尽管毛尔所提出的"文明力量"的核心

---

① HARNISCH S, Hanns W. Maull. Germany as a civilian power? the foreign policy of the Berlin Republic. Manchester and New York：Manchester University Press，2001：179.

内容依旧是用价值观和文化为工具推广西方民主制度和生活方式，但是他更强调用和平的方式维护世界的多边体系，并主张加强多边国际合作[①]。随着德国国家实力的上升，德国国内越来越多地产生了要求德国承担更大国际责任的声音。德国联邦议会在 2012 年通过战略文件，将德国定义为积极推动地区以及全球范围内多边合作并谨慎克制地使用大国权力的"规范性大国"[②]。从对"文明力量"和"规范力量"的追求中可以看出，德国始终追求的是以和平为前提、以合作为途径的多边外交政策。对于 2003 年美国绕开联合国发动对伊拉克战争的单边主义行为，德国表示坚决反对。可见和平与多边主义已深刻嵌入德国人的价值观念中，并影响了德国的国家行为。当美英等西方国家在 2011 年纷纷打击叙利亚时，德国也保持了克制和冷静。这种对和平的追求、对多边主义的维护也体现在中国的价值观中。一方面，中国是个爱好和平的国家，中国始终把自己定位为和平崛起的负责任大国。受到中国传统文化的影响，"和为贵"一直以来都是指导中国对外政策的重要价值理念。发展同周边国家的睦邻友好关系是中国周边外交的一贯方针。中国周边外交的基本方针就是坚持与邻为善、以邻为伴，坚持睦邻、安邻、富邻，突出体现"亲、诚、惠、容"的理念。面对美国等西方大国时，中国始终有效管控双方的分歧，并不断扩大共同利益。另一方面，中国是多边国际体系的维护者和国际关系民主化的倡导者。中国人没有扩张侵略的基因，秉持的是天下大同、天下为公的理念。中国人更不赞同非此即彼、零和对立的

---

① TEWES H. Das Zivilmachtkonzept in der Theorie der Internationalen Beziehungen. Anmerkungen zu Knut Kirste und Hanns W. Maull. Zeitschrift für Internationale Beziehungen，1997，Vol.4：347-359.

② 李文红. 身份认同视角下的中德关系（1990—2013）. 北京：社会科学文献出版社，2016：59.

思维。随着全球化的发展，世界各国的联系日益紧密。世界各国面临的诸多问题的解决越来越难以仅仅依靠单个国家的努力。在全球气候大会、G20峰会等多边外交平台上，中国的作用和地位越来越重要。可以说，中德两国都是世界和平的维护者与多边国际秩序的坚持者，对多边主义与和平的追求是中德两国共有的价值观念。

从两国的价值观来源来看，中德两国的价值观有着共同的理论来源，"康德是通往马克思的桥梁"。德国人一直将康德视为影响德国最深远的哲学家。德国诗人荷尔德林曾经说过："康德乃是我们这一民族的摩西，他把我们自埃及的梦想带到他的自由而孤寂的思想沙漠中，他也自神圣的山峰为我们带来了那有魄力的律则。"[①] 在启蒙运动中，康德所提出的自由民主法治的思想深刻地影响并塑造了德国人的价值观念和思维方式。而同样诞生于德国的马克思主义却被视为西方思想的异教邪说。由于在冷战时期苏联留下的特殊历史记忆，不少德国民众将马克思主义简单地等同于苏联对外的大国沙文主义和对内的专制政策。德国人的误读和曲解导致其自身对中国这个以马克思主义为指导的国家的不信任。事实上，马克思主义与康德的思想一脉相承，诸如自由、实践、社会生产关系等重要概念无不是从康德的思想内核中吸收的。马克思主义本身就是以康德为代表的西方文明的结晶，它的内容无不是在批判继承德国古典哲学、英国古典政治经济学和法国与英国空想社会主义的部分内容的基础上产生的。虽然马克思主义被引入中国后，中国人对其进行了本土化改造，但是今天的马克思主义依旧保持了对康德思想中"理论理性""实践理性"等精髓的坚持。可以说，康德、马克思等西方哲学家的思想在很大程度上影响

---

① 克朗纳.论康德与黑格尔.上海：同济大学出版社，2004：5.

并塑造了今日之中国，其内核早已成为中国人价值观的一部分。由此可见，中德价值观的形成有着共同的渊源。

中德两国价值观的差异是被放大的

双方在具体内容、理论来源等方面的共通之处证明中德两国的价值观并非南辕北辙、非此即彼。价值观上的共通之处为两国人民民心相通奠定了基础。但现实却恰好相反，德国选择性地忽视了两国在价值观上的共通之处，更多地着眼于双方的差异。实际上，中德两国在价值观上的差异因为以下几个方面的因素而被放大了。

德国是一个倾向于规避不确定性的国家

荷兰学者吉尔特·霍夫斯泰德（Geert Hofstede）在其著作《文化之重：价值行为、体制和组织的跨国比较》中构建了文化差异形成的四个维度，其中第二个维度便是不确定性规避维度（uncertainty avoidance lndex）。霍夫斯泰德认为不确定性规避维度是指"一个社会感受到的不确定性和模糊情景的威胁程度"[1]。根据他的分析，在世俗社会成长起来的中国人对新事物的态度"更加积极，也更期待成功"。相对而言，德国则是一个高度规避不确定性文化的国家。他们对不确定性环境的容忍度比较低，在非结构化的环境中往往会感到不舒适与不适应[2]。

---

[1] OFSTEDE G. Culture's consequences: comparing values, behaviors, institutions, and organizations across nations. London, Thousand Oaks, Calif: SAGE, 2001.

[2] 谢冬梅，范莉莉. 中西文化在不确定性规避维度上的比较研究——基于中德两国的实证分析. 广西社会科学, 2012（10）: 164.

第五章　中德民心相通：夯实社会根基，讲好中国故事

长期的宗教历史和军国主义传统造就了德国人服从、克制、墨守成规的天性。德国人更喜欢在熟悉的环境下按照既有的章程行事，对不熟悉的事物和变化则更倾向于保持消极的态度。尽管中德两国在多个领域共同利益的扩大提高了中德之间交流的频率，但是中国对于德国民众而言依旧是陌生的。在很多德国人的印象中，古代中国和现代中国是断层的，一提到古代中国就会想起老子、孔子，一提到现代中国就马上与"专制""共产主义"相联系。历史上只有诸如汤若望、卫礼贤等传教士曾不远万里到达过中国，而普通人只能透过这些传教士游记中的只言片语来窥探古老的中国。直至今日，很多德国人对中国的印象依旧停留在故宫、长城和红灯笼上。对他们来说，古代中国是一个尘封在历史书本中的古老的国度，是某种难以言喻的古老东方神秘的化身。近代以来，德国人的注意力更多地集中在欧洲事务上而无暇关注千里之外的中国，很多人不了解甚至不知道中国人为世界反法西斯战争做出的抗争与贡献。加之美苏冷战时期，因为地缘位置的特殊性，德国变成两军对垒的最前沿，成为资本主义阵营和社会主义阵营竞相"秀肌肉"的角力场。今天依旧坚持社会主义道路的中国也因当年苏联的大国沙文主义作风留给德国人某些负面历史记忆，成为盘踞在自由民主世界中的"邪恶的红色巨龙"。对于一个倾向于规避不确定性的国家来说，一个模糊的中国对于德国人而言无疑是"未知的恐惧"。在对当代中国和中国文化缺乏了解的情况下发展与中国的关系，德国势必会先入为主地用德国的语境和背景来看待中国，中德之间的差异也会因此不断被放大。

中国实力的飞速发展与德国经济的相对疲软

近年来，中国取得了令世界瞩目的增长速度和成果。从全球经济

的增长来看，中国成为世界经济增长的新引擎。根据渣打银行与国际货币基金组织（IMF）通过购买力平价（PPP）对2019年经济增长进行的分类分析，包括中国在内的亚洲发展中国家占到世界经济增长总量的63%，成为世界经济最主要的增长点[1]。从经济增长质量来看，中国保持了长时间、高质量、稳定的增长。麦卡锡全球研究院在2019年的报告中对全球18个表现优秀的经济体进行了详细调查。在这18个经济体中，长期表现优异者有7个，全部位于亚洲；近期表现优异者有11个，其中5个位于亚洲。报告还指出，中国在众多表现优异的国家中最为突出[2]。相对而言，尽管德国实现了连续增长，但其国内经济始终处于疲软状态。根据德国联邦财政部公布的数据，德国国内生产总值的增速由2014年的2.2%下降到2019年的1.1%，从中足见德国经济增长的乏力[3]。同济大学发布的《德国发展报告（2019）》也指出德国制造业回升的疲软，其增长率仅为0.4%。除了在经济上面临增长乏力、贫富差距拉大等困境，在政治上德国也出现了极端右翼民粹党冲击德国既有的政治秩序、欧盟内部"新欧洲"和"老欧洲"国家矛盾重重、英国脱欧挑战欧洲一体化等棘手问题。

  飞速发展并稳步成长的中国对德国而言就像一面镜子。透过中国，德国看到的是自己在全球金融危机、欧债危机后普遍面临经济疲软、国内外矛盾纷杂的问题。德国在经济物质水平上对于中国长期以来的固有优势正随着中国的高速成长而逐渐消逝，德国人开始愿意承

---

[1] http://www.sohu.com/a/311916600_825950.
[2] http://baijiahao.baidu.com/s?id=1643726585049104983&wfr=spider&for=pc.
[3] 德国联邦财政部，Bundesministerium der Finanzen, Datenportal des BMF-Bruttoinlandsprodukthttps://www.bundesfinanzministerium.de/Datenportal/Daten/offene-daten/wirtschaft-und-finanzen/s33-bruttoinlandsprodukt/s33-bruttoinlandsprodukt.html.

认中国在国际社会中的影响力越来越大,对世界经济的贡献也无可比拟[①]。但长期以来的优势地位使他们始终固执地坚守心理上的优越感和对中国的偏见。因为经济增长的无力和国内外矛盾解决的棘手,这种优越感退守到西方普世价值观上。德国人认为,西方的"自由""民主"的普世价值观依旧在世界上拥有优势地位,不按照西方普世价值行事的国家都是"异类""他者"。

今日之德国是一个"美国化"的德国

所谓的"美国化"包含两个方面的内涵。

一方面,在德国人心目中,美国有着举足轻重的地位。根据皮尤中心2017年的数据,有43%的德国人认为美国是其最重要的伙伴。相形之下,只有7%的德国人认为中国对德国而言更重要[②]。究其根本,美国是德国安全上的保障和经济上的伙伴。因为德国先后两次成为战争的策源地,在二战结束后欧洲各国普遍存在一定的"恐德症"。为了避免再次出现"德国的欧洲"的问题,德国在政治和经济上选择依靠欧盟,在安全保障上选择依靠由美国主持的北约。德国借助多边主义框架——欧盟来维护其国家利益,将其政治诉求的实现控制在欧洲一体化的框架内,追求"在统一的欧洲内为世界的和平服务"[③]。在安全领域,因为战败而不能拥有进攻性武器和核武器的德国通过美国主导的北约组织获得了安全上的保障。加强与美国的盟友关系对于德

[①] Margot Schüller und Yun Schüler‐Zhou, Chinas Seidenstraßen‐Initiative trifft auf transeuropäische Infrastrukturpolitik, GIGA Focus, Asien, Nummer 8, 2015.

[②] How Americans and Germans view their countries' relationship. Pew Research Center. https://www.pewresearch.org/fact‐tank/2017/12/04/how‐americans‐and‐germans‐view‐their‐countries‐relationship/.

[③] Grundgesetz für Bundesrepublik Deutschland, hg. Von der Bundeszentrale für politische Bildung, Bonn, 1998.

国的国家安全而言有着重要的价值。此外，长期以来，美国都是除欧盟以外德国最大的贸易出口目的地和重要的进口国。根据德国联邦统计局的数据，双边贸易额在2018年创下了1 770亿欧元的历史新高[①]。

另一方面，战后的德国是一个被美国在实体和思想上"重塑"的国家。随着二战的结束，世界进入美苏两极争霸的冷战时期。出于对抗苏联的目的，美国将联邦德国打造成展示资本主义制度优越性的橱窗和西方阵营排兵布阵的桥头堡。战后德国经济的复苏与繁荣得益于美国马歇尔计划的大力援助。联邦德国的政治体制是在美国的指导下重新建立的，就连制定联邦德国的第一部宪法的制宪会议也是在美国的操纵下召开的[②]。作为唯一一个被美国管理、驻军过的欧洲发达国家，德国的身上留下了太多美国的"烙印"。美国不仅仅在国家实体上"重建"了德国，更在思想观念上"重塑"了德国。随着美国在经济领域大规模地对德输血，大量的美国现代管理经验、技术手段、生产方式传入德国。美国技术和经验的传入不仅带来了德国战后的迅速复兴，更在德国潜移默化地传播了美国的大众文化和价值观念。尽管德国的上层精英人士并不愿意看到德国本土文化在美国的日益冲击和侵蚀下失去其本身的特质，但不可否认的是，美国人的思维模式已经被战后的德国人广泛接受。以零和思维为特点的美国式思维模式深刻地影响了德国，一个"美国化"的德国在面对中国时更加倾向于着眼于中德之间的差异。

---

① Aktuelle Daten zum deutschen Außenhandel-Statistisches Bundesamt. https：//www.destatis.de/DE/Themen/Wirtschaft/Aussenhandel/_inhalt.html.

② 袁明，朱明权. 国际关系史. 北京：北京大学出版社，2005：248.

第五章　中德民心相通：夯实社会根基，讲好中国故事

中国媒体的缺位和德国媒体的失真

媒体是中德两国之间互动交流的重要渠道，然而当下中国媒体的身影却鲜少出现在德国公众面前。可以说，在德国的中国媒体正处于非常严重的"缺位状态"。中国媒体在德国缺位的原因有硬件和软件两个方面。从硬件设施角度看，我们缺少在德国可以代表中国主流声音的媒体。中央电视台只有英、法、西三种语言的海外频道。很少有中国媒体能够真正获得德国大众的关注。此外，"中国声音"的发出更多的是依靠官方媒体，民间的参与度低。在西方文化传统下，政府代表的是一种"必要的恶"，而来自民间的普通人才真正代表着公民社会的声音。但事实上，中国媒体更多的是以官方的形式出现在德国民众面前，来自中国社会和民间的声音却鲜少听到。中国的公共外交追求的是民心相通。而总以官方形象出现的中国难免会给德国民众造成距离感，两国民众和社会之间就更加难以相互了解。因此，在硬件设施缺乏的情况下，我们难以发出"中国声音"。从软件配套角度来看，中国媒体在报道方式上太具有"官方色彩"，在报道内容上趋同并且"报喜不报忧"。一直以来，德国国内就存在很多对中国所谓"新闻审查""新闻不自由"的误解和批判。德国人因为历史原因对政治宣传强烈反感，而中国的传播方式使中国媒体难以获得德国人的信任和认同。即便是来自中国社会的真实声音和正面形象，在德国人眼中也会变成"中国政府的宣传手段"。中国媒体在软件和硬件设施上的欠缺导致"中国好声音"难以传播出去，即便能够发声，也会面临德国人对媒体真实性的质疑和不信任。

中国媒体在德国的缺位使德国人对中国的认知主要来源于德国媒体和其他西方媒体，由此便产生了中国在表达自我时的"他者化悖

论"——"当你不能表达自己时,就要被他人表达"①。被他人表达就意味着信息将承担失真的风险,就意味着中国要面对来自西方国家的话语霸权。一方面,市场化背景下的德国媒体为了吸引观众的注意而刻意地制造"爆点"和"噱头"。它们往往用片面甚至虚假的言语夸张地描述中国社会,以满足观众和读者的猎奇心理。它们夸大中国与德国在意识形态、文化传统和生活方式上的不同,甚至宣扬"中国威胁论"。这些做法的目的是为了博取德国人的眼球并获得更多的经济利益。《明镜周刊》就多次用"红色中国""黄色中国"②的标签来形容中国,并且尤为关注中国的所谓"人权问题"、贪腐问题、环境问题等。另一方面,德国媒体都具有政党偏好和意识形态倾向。在德国,媒体被称为权力的"第四根支柱"。在政党的政治生态环境下,媒体是政党的喉舌,它的宣传报道必然带有政治倾向和意识形态。在选举来临之际,不少政党利用媒体夸张地表述中国给德国社会带来的竞争和威胁,激起德国人的民族主义情感,进而赢得选票。中德在价值观、社会制度、生活方式上的差异会被德国媒体刻意地放大,中国也因此成为德国媒体追求市场利益最大化、娱乐化和政党政治化的牺牲品。由此可见,德国媒体以及其他西方媒体对中国的报道是带有偏见和选择性的。在德国媒体的刻意引导下,中德之间在价值观上的差异被放大,共通之处则被忽略。

---

① 王义桅. 国之交如何民相亲:新时代中国公共外交之道. 北京:中国人民大学出版社,2019:45.
② 德皇威廉二世提出了"黄祸论",此后"黄色""黄色中国"便成为贬低中国的标签。

第五章 中德民心相通：夯实社会根基，讲好中国故事

对德公共外交应如何克服挑战，有所作为

在新时代，中国对德公共外交面临的最主要挑战便是如何实现在德国始终用西方价值观审视中国的大环境下的突围。根据前文的分析，由于德国自身对不确定性的规避、德国自身面临的发展问题、美国对于德国的特殊意义以及媒体传播手段上存在的问题，中德之间价值观的差异被刻意地放大了。虽然德国本身所具有的规避不确定性文化的特点以及美国对德国的特殊意义对于中国公共外交而言是难以改变的恒定影响因素，但是两国价值观中的共同点为两国人民的民心相通奠定了基础。想要克服当前的困境，就要明确"德国想要什么、中国应给什么、中国应该怎样给"等几个问题。在这些方面，中国对德公共外交将大有可为。

德国想要什么

当下德国面临的最大困境就是国内经济增长的疲软无力。如同前文所述，德国经济增长的无力和内外矛盾解决的棘手使其优越感退守到西方普世价值观上。德国将飞速成长的中国当作西方价值观潜在的挑战者，这背后蕴藏的逻辑便是担心德国以及西方普遍出现的衰败和遭遇的问题会致使西方价值观失去说服力和吸引力。因此，为其国内经济发展注入活力对当下的德国而言最具有吸引力，也最能受到其国内民众的欢迎。中国对德公共外交就应对症下药。伴随着全球化的发展，新时代世界各国的联系日益紧密，解决经济发展普遍乏力的局面越来越离不开世界各国的共同努力。作为近年来最具活力的经济增长体，中国提出了"一带一路"倡议，无疑是顺应时代发展的伟大创新。"一带一路"倡议将世界连接成互利共赢的整体，自提出后便极大地带动了沿线国家的发展。尽管德国对于"一带一路"倡议依旧有

着负面的揣测，但是随着"一带一路"倡议为沿线国家的发展带来更多的助力和新的增长点，德国对于"一带一路"倡议的反应越来越积极。2019年9月，"一带一路"倡议研讨会在汉堡举行。德国商界人士都表示"一带一路"为德国许多行业带来新的发展机遇，许多德国企业正积极准备参与其中[①]。因此，中国对德公共外交应当围绕"一带一路"倡议展开工作，更好地塑造中国以"合作共赢""共商共建共享"为特点的国家形象。

中国应给什么

当下中国对德公共外交面临的最主要的挑战便是德国固守西方价值，并用"他者""异类"的眼光来审视中国。正如前文所述，对于在不同文化背景和历史路径下成长起来的中德两国而言，其价值观念及其表现形式必然各有其特色。但是，中国对德公共外交是为了实现两国人民"心相通，情相怡"。尽管别具一格的特色文化能够吸引德国民众的注意力，可以增添双方交流过程中的趣味，但却无法成为两国民众相互信任的基础。仅仅强调中国相比德国所具有的差异、个性和特色无助于两国之间相互信任的增进，只会加深德国民众对中国的误读。公共外交不是一场国家间的"才艺展示秀"，更不能简单地将"中国特色"当作回应德国民众和媒体质疑的万能答案。中国对德公共外交向德国民众传达的不是"中国哪里与德国不同"，而是"中国和德国在本质上是相通的"。因此，中国公共外交更应当从中德两国的共性出发，求同存异，聚同化异。作为一个文明古国和当代大国，中国有着丰富灿烂又自成一派的文化资源和社会资源。对德公共外交

---

① 德国工商界人士："一带一路"带来发展新机遇. 国务院新闻办公室网站. http://www.scio.gov.cn/31773/35507/35515/35523/Document/1663800/1663800.htm.

可以将中国从古到今别具一格的特色作为切入点，借助这些更容易吸引德国民众关注的形式来传达中国和德国所共有的和平、包容与多边合作的文化特质。反对强调中国的特色和个性并不意味着要向德国"掩盖"中国的真实面貌，更不是对中国在长期探索中形成的独特模式和思维方式不自信。相反，中国对德公共外交正是要借助个性来展示两国的共性。塑造一个有"个性"的中国只是中国对德公共外交的方法，向世界展示一个具有"共性"的中国才是更好地推进中国对德公共外交的道理。

中国应怎么给

前文提到，因为中国媒体在德国的缺位，所以中国的国家形象面临着无法自我表达的"他者化悖论"，承担着被德国媒体扭曲和抹黑的风险。由于在软硬件设施上的欠缺，中国对德公共外交的推行迫切需要培养一大批高水平的国内媒体作为宣传推广的载体。一方面，中国应培育更多高水平的主流官方媒体，用以传达中国的主流声音。中央电视台海外频道应当增设德语频道，并以德国民众喜闻乐见的方式传达中国声音。在传播方式上，中国主流官方媒体也应进行适当的调整。在保持主流媒体应当具有的正式性、官方性等特征的同时，要尽量避免陷入报道内容趋同和"报喜不报忧"的现象中。适度的批判性报道反而会增添媒体的客观性和可信性。此外，由于中文的复杂性，国内不少的新鲜词汇在翻译成德文的过程中存在一定的难度。所以，中国应当加大对高水平德语翻译人才的培养，避免出现德国人听不懂的"自话自说"式的宣传报道。另一方面，中国更需要培养一批来自社会和民间的自媒体。当今时代是一个自媒体的时代，人人都可以通过社交网络成为传播者。来自中国社会和民间的自媒体代表了中国民众的心声，因此能够最大限度地消除德国民众对于中国的距离感，更容易赢得共鸣和信任。近期在多个海外网络平台上十分活跃的中国主播李子柒也赢得了很多德国网民的欢迎。通过视频的方式，她向德国网民展现了普通中国人的勤劳和善良，表达出中国人对于和平宁静生活的向往。这种来自民间的自媒体达到了良好的宣传效果，搭建了中德两国民众民心相通的桥梁。

结　语

新时代的中国对德公共外交服务于当代中国外交的大格局。随着中德两国在多个领域合作的增加和共同利益的拓展，中国对德公共外交的重要性不断上升。虽然今日之中国对德公共外交依然面临来自德国价值观上的质疑和不信任，但是这种质疑可以通过中国和德国共同的努力而得以化解。未来的中国与德国不能仅仅做贸易上的伙伴，更要成为民心相通的朋友。中德双方应在巩固目前两国已有的"全方位战略伙伴关系"和"创新合作伙伴关系"的基础上，共同携手应对当今世界正经历的百年未有之大变局所带来的挑战。

第六章 中印民心相通：
走出近代战争阴影，追求广阔合作空间

印度对中国的战略疑虑

根据2017年皮尤中心的调查结果，65%的受访印度民众将中国崛起视为一种威胁。其中，61%的受访民众认为中国的经济崛起会对印度造成不好的影响，而56%的受访者认为中国军事力量的增强对印度是不利的①。从印度对中国的好感度调查中可以发现，印度对中国的好感度呈总体下降趋势（见图6-1）。另外，自"一带一路"倡议提出以来，印度主要英文媒体的报道偏于消极和负面，经常出现"地缘政治工具""债务陷阱"等字眼，并对中巴经济走廊充满顾虑。在政府层面，随着"一带一路"的快速推进，印度担忧中国会不断挤压其战略空间，并逐渐将中国视为其在南亚地区的主要地缘政治竞争对手。由此可见，印度对中国的战略疑虑不仅存在于政府、精英层面，

---

① Pew Research Center. How people in Asia–Pacific view China. https://www.pewresearch.org/fact-tank/2017/10/16/how-people-in-asia-pacific-view-china/.

还存在于普通公众之间。而这种战略疑虑并不仅仅与"一带一路"的实施和2017年"6·18中印洞朗对峙事件"有关，还与近代历史因素息息相关。因此，减少印度对中国的战略疑虑，培育中印之间全方位、多层次的共识与认同，推动中印"命运共同体"建设，是中国对印公共外交的重中之重。

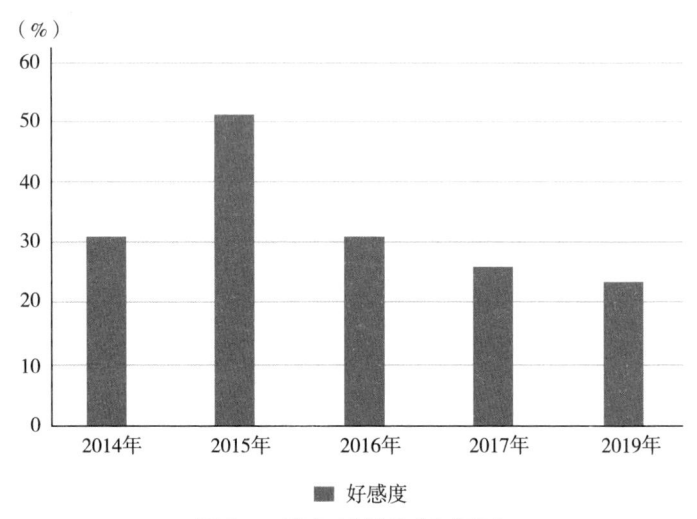

图6-1 印度对中国好感度的变化

资料来源：Pew Research Center。

印度疑虑从何而来

在面对中国的崛起时，印度的心态是较为复杂的，它的战略疑虑中夹杂着对中国快速崛起的羡慕和与中国"一较高下"的雄心壮志。这种复杂心态不仅深深植根于印度的民族性格中，也是中印双方长期互动的结果。

第六章 中印民心相通:走出近代战争阴影,追求广阔合作空间

近代历史遗留原因

与中印漫长的和平交往史形成对比的,是中印近代以来在边境问题、意识形态上的矛盾与冲突。尽管这段历史只占中印交流史的很小一部分,但由于它从时间上看离当代人"更近",所以人们对这段不好的历史反而有着更深的记忆。这些历史遗留原因不仅造成了印度对中国的误解,还使这种误解被固化,让印度人逐渐失去了解真正的中国的兴趣。

第一,在长期被西方殖民后,"西方色彩"已经被深深地植入印度的文化和思维中。这主要体现在两个方面:一是被殖民的历史记忆使印度人难以摆脱"强国必霸"的思维定式,认为中国的崛起必然会威胁南亚地区和自己的安全;二是印度在国内体制建设上认同西方路径,并认为这是一种更优于中国的体制。印度视自己为"世界上最大的民主政体",它虽然承认中国在物质能力建设上成果斐然,但一直认为自己比中国更具有政治体制上的优势,认为中国在"制度民主、信仰自由、人权保障、可持续发展"上有所欠缺。2006年世界经济论坛上,印度推出印度国家形象定位的口号:"印度是世界上发展最快的自由市场和民主国家。"由此可以看出,"民主国家"的定位是印度"自我西方化"的最典型表述。印度学者苏巴尔诺喧塔尔吉发现,为了追求经济繁荣并力图融入不断发展的全球化世界,"印度政策的制定者和政治家们几乎总是提出以'西方'为范例,虽然欧洲是西方典范的一部分,但是就现代化及其效应给人们带来的所有贡献而言,其基本的样板是美国"。

第二,近代以来的中印边境冲突使印度对中国始终持有戒心与敌意。中印边境问题主要是"三条线"之争,即中印之间的传统习惯

线、麦克马洪线，还有双方实际控制线即"1959 年 11 月 7 日实际控制线"的争议。英国在 19 世纪末 20 世纪初对中国藏南地区的扩张中，通过一系列条约和会议操控了中国与英属印度的边境划分。尽管这些协议都不具有合法效力，但印度独立后，仍然继承英属印度时期的中印边界划分，并以此作为解决中印两国争端的基础。1962 年，中印边界战争爆发，印度战败。这使印度对中国的态度急剧恶化，两国互相撤回大使，甚至在很长一段时间内终止了政治、经济、文化交流。在 1988 年拉吉夫·甘地访华前的近 30 年里，印度与中国处于相互隔绝与敌对的状态，印度眼里的中国形象全面复制了西方冷战思维下的中国形象：中国是一个邪恶的、好战的暴政国家，是世界和平与印度安全的最大的敌人。尽管中印双方之后就边境问题进行多次磋商，加上 20 世纪 80 年代印度政府的态度转向和中国"搁置争议"政策的提出，边境问题取得了一定进展，如举行"中印边境事务磋商和协调工作机制会议""中印边界问题副部长级会谈""中印边界问题联合工作小组会谈""中印边界问题外交和军事专家小组会谈""中印安全对话""中印两国边界问题特别代表会晤"等，但是中印双方在一些地区的划分上仍有着较大的分歧，成为日后边境冲突发生的重大隐患，2017 年"6·18 中印洞朗对峙事件"的发生便是一个很好的例证。

第三，冷战思维更加固化了印度对中国的敌意和意识形态偏见。1962 年中印战争结束后，印度逐渐偏离"不结盟"政策，接受苏联和美国的军事援助来对抗中国。20 世纪 60 年代末 70 年代初，中苏关系不断恶化，印度又与苏联签订《印苏和平友好合作条约》，表明双方建立了具有浓厚军事同盟色彩的双边关系，印度同苏联一道频频向中国发难，这样的状况直到中苏关系缓和为止。因此，在冷战时的大部

第六章　中印民心相通：走出近代战争阴影，追求广阔合作空间

分时间里，印度都站在反对中国的一方，再加上受美苏冷战思维的影响，印度逐渐习惯于以地缘政治的视角来看待中国。印度认为，"一带一路"倡议与印度"面向印度洋"和"东进战略"有着重合之处。与中国不同，印度常常将这种"重合"解读为竞争关系而非互利共赢的关系。一些印度学者认为，中国正在印度洋地区实行"珍珠链"战略，中国企业在巴基斯坦、斯里兰卡、孟加拉国等国投资建设商业港口设施有可能被中国海军利用，而这不仅会挤压印度的战略空间，而且会对印度形成战略包围。

现实因素

第一，中印巴三边关系的复杂性和不确定性使印度对"中巴友谊"感到忌惮。经过60多年的合作与发展，中巴在战略互信、经济合作上取得了丰硕的成果与稳定的发展。习近平主席于2015年4月20日访问巴基斯坦时指出，"中巴是好朋友、好邻居、好伙伴、好兄弟"，是"肝胆相照的信义之交、休戚与共的患难之交"。巴基斯坦总理阿里夫在诸多场合也指出，"中巴之间具有深厚而特殊的友谊"。与此同时，印度与巴基斯坦自"印巴分治"以来，双方关系长期处于一种不稳定的状态，双方意识形态的敌对状态在短期内也难以消除。因此，印度担心中巴关系过密会威胁其国家安全。再加上中巴经济走廊穿过巴控克什米尔地区，印度认为这对其主权造成了严重的威胁。另外，一些印度学者认为瓜达尔港建设是中国打通海路通道的重要一步，是为了加强中国在南亚和中亚的投射能力，担心瓜达尔港会成为中国的海军基地[①]。

---

① SINGH A. Gwadar: A New "Pearl" or a Step in China's "March West"? . World Political Review. https://www.worldpoliticsreview.com/.

第二，印度认为，中国是印度实现大国雄心的主要障碍，"中国威胁论"和"一带一路"威胁论在印度广泛流行。西方舆论一直鼓吹"中国威胁论"，加重了印度对中国的负面认知。尽管中国政府和一些中国学者多次强调"一带一路"并不是实行地缘政治的工具，也不会给周边国家地区带来"债务陷阱"。相反，"一带一路"是对丝绸之路和马歇尔计划的超越，是国际合作公共产品，面临着全方位开放机遇、地区合作机遇、全球发展机遇。但西方国家凭借其话语权优势，对"一带一路"进行污名化和妖魔化，使印度主流英文媒体积极效仿。虽然"一带一路"倡议由中国发起，但中国媒体、中国学者并不是印度主流媒体"一带一路"报道中的主要信息来源，除一些硬新闻来自中国政府发布的消息外，印度主流媒体更多的是以西方主流媒体为信息来源。而这些主流媒体是印度普通民众的主要信息来源，它们对信息内容的选取和报道方式将会深深影响印度普通民众对新闻事件的看法和理解。因而，如果印度主流媒体长期且大篇幅地对中国进行负面报告，印度民众将对中国持有消极的刻板印象。

印度的民族心理

总的来说，印度的民族心理具有双重性，即自卑感与自傲感并存。这种矛盾的心理不仅与其历史发展密切联系，也与其地理状况息息相关。

一方面，印度的自傲感体现为印度中心主义。尽管印度本土各宗教的世界观、宇宙观不尽相同，但都将印度视为世界的中心，这一"中心"位置不仅仅是地理概念上的，更是文明概念上的。印度中心主义的思想可以追溯至曼荼罗（Mandala）中心观，"曼荼罗"在梵文中表示"神圣的圆圈""宇宙的缩图"。它是印度教和佛教用来帮助静

第六章 中印民心相通：走出近代战争阴影，追求广阔合作空间

坐、冥思的一种图形，由圆圈、方形或其他几何图案构成，具有突出中心、对称等特点。考利底耶在《政事论》中构建了一种复杂的国际关系体系，即"曼荼罗理论"。这是一个以征服者为核心的国际体系，从征服者的角度来看，其他国家要么是其盟友，要么是其敌人，这一现实主义思想至今仍对印度的外交战略有着很大的影响。另外，印度的地理条件也得天独厚。印度除了北部和亚洲大陆相连，其余大陆部分向海洋延伸，自成一体，具有相对的独立性。印度地处印度洋要冲，是历史上贸易最繁荣的地区之一。从国家大小来看，印度是南亚面积最大的国家，周边国家面积之和也比不上印度。加上喜马拉雅山脉将其与中国隔开，印度便成了南亚最强大的国家，地区中心主义也应运而生。由印度中心主义延伸出来的还有大国中心主义。正如印度总理尼赫鲁在《印度的发现》中所说的那样："印度以它现在所处的地位，是不能在世界上扮演二等角色的，要么就做一个有声有色的大国，要么就销声匿迹。"①

另一方面，印度虽然在自己的文化层面有着自豪感与民族自尊观念，但英国的殖民统治又大大打击了印度的民族自尊心。因而在西方文明面前，印度难免有一些自卑感，甚至有时将西方思想奉为圭臬。

因此，面对中国的崛起，印度更多的是一种自傲。在印度眼中，中国并不能实现可持续发展，因为中国在政治体制、人权等方面还达不到西方的标准。加上印度本身也正处于崛起的进程中，它便总想与中国"一争高下"，将中国视为竞争对手。由此可以看出，印度往往透过西方来定位中国，又通过与中国的比较来看待自己。印度的自卑虽然是相对于西方而言的，但它在中国快速崛起时贬低中国，其实也

---

① 尼赫鲁.印度的发现.北京：世界知识出版社，1958：48.

体现了它自卑的一面,即希望通过塑造中国的缺点来凸显自己的优势。在这种自卑与自傲的双重影响下,印度往往戴着有色眼镜看待中国,其所了解的中国其实是印度滤镜下的中国,这也是印度对华疑虑的重要原因。

中印公共外交走向何处

正如前文所说,囿于历史上的战争阴影、现实因素的阻碍和印度"一争高下"的心态,印度对中国存有深刻的战略疑虑,而中国人民对于印度的印象也总是聚焦于贫困落后、环境污染、犯罪率高等负面印象,这些消极因素给两国公共外交蒙上了一层阴影。但是,中印关系中也有非常积极的一面。

中印关系的希望何在

中印双方作为四大文明古国中的两大支柱,除了自身有灿烂而辉煌的文化之外,两国交往的历史也源远流长。据考证,公元前2世纪,中印便开启了接触的大门,到公元1世纪就有首批两名僧人来华。秦汉以后的两千多年里,双方僧人和使节的来往,例如玄奘西行、佛教东传等大大促进了双方的文化交流,使两国人民在互学互鉴的同时也形成了"你中有我,我中有你"的友好格局。学者季羡林在《中印文化交流史》中考证了中印两国在造纸、蚕丝、佛教等方面的交流传播,指出两国的交流极大地促进了双方的文化发展、科技进步和社会繁荣[①]。可见,在双方漫长的交往历史中,中印两国形成了和

---

① 季羡林. 中印文化交流史. 北京:新华出版社,1991.

第六章　中印民心相通：走出近代战争阴影，追求广阔合作空间

平交往、共同促进的文化记忆，这将成为中印关系有利的文化根基。

除了双方相互交流的悠久历史之外，中印两国的另一个共同点是，近代以来双方都曾沦为西方列强的殖民地或半殖民地，直到第二次世界大战后才分别建立了独立国家，双方被剥削和压迫的历史使两国都有反抗侵略和霸权的基因。1954年，尼赫鲁出访中国时，毛泽东就阐述了中印在遭受过帝国主义、殖民主义的压迫等方面的相似之处。共同的屈辱历史使中印两国更应该惺惺相惜，这也为两国在中华人民共和国成立后的合作与发展奠定了坚实的基础。

中印双方也曾有关系蓬勃发展的"蜜月时期"。2020年是中印建交70周年，但早在中华人民共和国成立前后，中印就已有相互交往和彼此支持的历史。例如，在抗日战争时期，中国的悲惨遭遇获得了世界人民的同情和支持，"在亚洲，最有力的支持来自印度国大党和印度人民"[①]。对于印度的独立运动，中国也给予了力所能及的帮助。在中华人民共和国成立后，1953年中印共同倡导了和平共处五项原则，1955年中印共同参与的万隆会议更成为亚非团结共创繁荣的先声。除此之外，双方的友好代表团、艺术代表团、舞蹈团等也互访频繁，这些人文交流极大地加深了双方人民的沟通和融合。

总的来说，在过去交往的两千多年里，中印在99%以上的时间里相处得十分和睦，只有在不到1%的时间里处于战争状态。而正如印度的地缘政治学教授马达夫·纳拉帕特所说："印度与中国几千年的历史中，我们只有四个月在进行战争。这四个月就够了。"中印双方应当走出近代战争的阴影，更多地聚焦于两国过去悠久的文明互鉴和历史交往，推动中印关系迈上新台阶。

---

① 林承节.中印人民友好关系史（1851—1949）.北京：北京大学出版社，1993：257.

中印共同的利益和发展目标

除了有共同的文化和历史记忆之外，作为世界上仅有的两个人口超过10亿的国家，中印的体量决定了双方友好共处将既有利于双方国内的发展，又有助于营造稳定的地区和全球环境。

当前，全球"东升西降"的格局正在凸显，学者预测世界的未来将是"亚洲世纪"。商业思想家帕特里克·迪克松在《人类未来简史》中指出，未来20年内，全球超过85%的科学、技术、工程和数学专业的毕业生都将来自中国或印度的大学，预计软件开发、医学研究、商业研究和会计专业也会出现同样的趋势[1]。美国的《全球未来地图》也同样指出，中印崛起的重要性可以与19世纪的德国和美国崛起比拟[2]。可以说，中印双方需要抓住"亚洲世纪"的机遇，突破西方体系的束缚，改变当前不平等的地缘政治格局，构建起一个"非西方"主导的世界体系，促使东方文明重新回到世界舞台中央。鉴于此，中印双方更应加强合作，共同自信地创造属于我们的世纪。

在具体的现实层面，中印双方也存在巨大的合作空间。当前，中国是印度的第一大贸易国，印度是中国在南亚最大的贸易伙伴，2018年中印双边贸易额达到950亿美元[3]。除了双方市场广大之外，双方在经济上还呈现出巨大的互补优势。据印度《金融快报》报道：2021—2030年，印度需要投入235万亿卢比（约合3.3万亿美元）用

---

[1] 帕特里克·迪克松. 人类未来简史. 广州：广东人民出版社，2017.
[2] National Intelligence Council. Mapping The Global Future: Report Of The National Intelligence Council's 2020 Project. University Press of the Pacific, 2005.
[3] 推动中印关系向更高水平发展，携手共创"亚洲世纪". 21世纪经济报道，2019-10-14.

第六章　中印民心相通：走出近代战争阴影，追求广阔合作空间

于基础设施建设①，而财政赤字一直是困扰印度的难题，中国在资金和技术上的优势可以弥补印度的短板，而印度在IT、医疗、电影等行业取得的巨大成就也值得中国借鉴，双方在产能、旅游和投资领域合作有广阔的前景。

总的来说，中印双方在文化、经贸等方面有共同的利益。但是，两国人民受近代历史战争阴影和现实舆论的影响，往往聚焦于中印关系中竞争的一面；西方国家出于私利，也不断地"唱衰"中印关系。因此，中印双方民心相通，构建起正确的理解和认知，成为当务之急。这也为中印公共外交留下了广阔的合作空间。

携手印度，走出近代

在公共外交层面，中印双方虽然早就有悠久的交流历史，但是近代的边界战争使双方的交流一度停滞，公共外交也无从展开，很多印度民众和精英对中国的印象还停留在战争时期，对中国的现状不甚了解，对中国的心态也处于希望和恐惧之间。因此，双方应该在民众层次、战略层次和文明层次开展积极的公共外交，让更多的印度民众认识中国、认可中国、认同中国，也让更多的中国人民了解印度、喜爱印度，开创两国民心相通的和谐局面。

民众层次

"国之交在于民相亲"，人民的交往是两国关系的重要基础，民心相通也是两国公共外交的根本目标，占世界人口三分之一的中印人民有广阔的交流前景，而青年交流、媒体宣传在其中扮演了重要的角色。

正如习近平总书记所说，"青年是人民友谊的生力军"。印度有9

---

① 驻印度经商参处．未来十年印度基建领域需投资3.3万亿美元．http：//in.mofcom.gov.cn/article/jmxw/201912/20191202920216.shtml．

亿青年,青年是推动中印公共外交的新生力量。中印青年交流一直是双方致力的重点,两国在奖学金设置、人员培训、留学合作、人才流动、青年互访活动中投入了大量的金钱和精力。据中华人民共和国驻印度共和国大使馆报道,在双方的青年对话活动中,中方青年表达了对印度电影、舞蹈、瑜伽和历史文化的喜爱,印度青年希望两国增加航空航天、人工智能、新能源、城市规划、贸易、教育等领域的合作。大家都认为,中印两国加强合作,不仅有利于各自发展,也将为世界共同发展做出积极贡献[①]。但是,正如孙卫东大使所说,两国仅有不到 3 万名青年在对方国家留学,这个数字和中印人口规模相比远远不够[②]。根据 2018 年中国教育部的统计,印度来华学习人数为 23 198 人,位列赴华留学国别中的第四位;而中国学生出国留学对象国前五位的是美国、英国、加拿大、澳大利亚、德国,印度并不在前列。可见,印度并非中国学生交流的热门选择。究其原因,一方面,由于中国人对印度的负面认知和影响,使大多数中国学生和家长担心在印度的安全问题;另一方面,中国对印度高校的了解也不多,因而更愿意去世界排名更靠前的英美学校。但是,印度学校因为其较低的开销、英语环境和中印两国相似的文化而具有较高的性价比,部分印度大学的教学质量也在世界名列前茅,其计算机应用、生命科学、工商管理等专业在世界上享有盛名。因此,未来在中印交流方面,我国教育部应当鼓励更多的中国留学生认识印度、了解印度,在促进双方人员交流的基础上加强民心相通。

---

① 中华人民共和国驻印度共和国大使馆. 中印青年携手共创美好未来——驻印度使馆与印青年领袖联合会举办青年对话活动. https://www.fmprc.gov.cn/ce/cein/chn/gdxw/t1613929.htm.

② 中华人民共和国驻印度共和国大使馆. 中印青年要做两国友谊的生力军——孙卫东大使出席中印青年对话致辞. https://www.fmprc.gov.cn/ce/cein/chn/sgxw/t1730705.htm.

第六章　中印民心相通：走出近代战争阴影，追求广阔合作空间

除了青年交流之外，媒体更是普通印度民众了解中国的最佳工具。据统计，2017—2018 年度对华关注度仍居印度媒体的国别关注度首位。印度媒体关于中国的报道内容涉及军事、经济、社会文化等方方面面。另外，印度媒体也关注到《摔跤吧！爸爸》《调音师》等一系列印度电影在中国市场广受好评，成为中印人文交流的亮点。但是，在政治领域，印度媒体往往也受西方影响而倾向于从竞争的角度看中印关系，传播了一些负面或虚假信息，尤其在军事、基建、科技等方面大力宣扬中印之间的差距，加剧了印度民众的焦虑和不安情绪。因此，需要推动中印两国之间的媒体交流，向印度普通民众展示一个更为真实的中国形象。而我国也存在着对印报道不足的问题。就 2018 年来说，我国媒体涉印报道量（14 030 篇）与印媒同期涉华报道量（38 517 篇）相差悬殊，不利于增强中印民众之间的相互了解与互信。未来，我国的公共外交应当更重视媒体的作用，尤其在自媒体时代，两国人民借助社交网络如脸书、照片墙、抖音等民众喜闻乐见的平台，自发地分享和宣传两国的民俗风情、社会生活等方方面面，这将为中印人文交流和民心相通开辟新的未来。

战略层次

民众交流是中印公共外交的基础，而精英层面的战略互动则是中印公共外交的关键。阿尔蒙德（Grabriel A. Almond）认为，外交决策过程中的舆论主体主要分为四类：普通公众、关注问题的公众、舆论精英和政策精英，舆论精英和政策精英"对大众舆论具有较强的引导性和疏导力，更容易引起政府决策层的重视"[1]。因此，在中印公共外交中，我国应该致力于获得印度精英层的认可和认同，从而对大众

---

[1] 张桂珍，等．中国对外传播．北京：中国传媒大学出版社，2006．

舆论进行有力的引导，促进普通民众对中国好感度的提升。具体来说，可以从加强高层磋商机制和学者智库交流入手。

当前，印度对中国最大的心理障碍就是1962年的战争记忆以及遗留的边境问题，因此，双方应当在该重点问题上加强高层磋商，推动双方的战略沟通和战略共识。在高层领导方面，中印双方来往频繁，2018年莫迪的"武汉之旅"更是奏响了龙象共舞的乐章，双方指出中印互为发展机遇，这一共识有力引领了中印关系的健康发展。2018年12月，两国外长共同主持召开了中国-印度高级别人文交流机制会议，在将武汉会议的共识落地的同时也开启了中印人文交流的新阶段。而在双方关注的边境问题上，中印也保持密切沟通。2019年12月21日，中国和印度在新德里举行边界问题特别代表第二十二次会晤，双方就边界谈判早期收获交换了意见，就加强信任措施建设达成共识，并商定2020年在中国举行中印边界问题特别代表第二十三次会晤[1]。中印高层之间频繁的来往为双方关系走出近代战争阴影并走向和平发展奠定了基础。

而在学者和智库交流方面，中国学者指出，印度研究中国的特点仍然是"重关系，重战略；轻历史，轻文化"，印度最为著名的中国研究专家并非来自文化界，而是来自战略与外交领域[2]。但不可否认的是，中印两国国情相似，在国家治理、经济发展、环境污染等方面面临共同的挑战，中国的模式和经验能够给印度一定的借鉴，因此双方在治国理政方面可以加强对话，促进学界、政界的精英沟通，从而

---

[1] 外交部. 中印举行边界问题特别代表会晤. https://www.fmprc.gov.cn/web/wjbzhd/t1726784.shtml.

[2] 邱永辉. 全球化背景下的中印文化交流. 四川大学学报（哲学社会科学版），2006（4）：112-116.

凝聚双方的战略共识，促进双方的认识、认可和认同。但是，中印双方的文化差异对于双方的认知产生了一定的影响。在中国方面，由于其含蓄的文化和具有"中国特色"的表达方式，使印度精英在某些时候无法理解中国的本意，从而怀疑中国的诚意。在1962年的边境战争中，印度的战略误判在一定程度上也是出于此原因。因此，未来在公共外交的传播方面，中国在互动过程中应该注重符号的有效性，在印度文化的语境下清晰、直观地传递信号，进而通过智库影响本国政府做出更好的决策。

文明层次

除了公众和精英之间的互通、互鉴之外，中印两国更应该挖掘双方文明中的基因，用人类命运共同体激活两国人民民心相通的密码。

其实，在中印文化中很早就有人类命运共同体的影子。中国古代所倡导的"大同世界"和印度文化中的"四海一家"有异曲同工之妙，而中华民族推崇的"兼爱"理念与印度人民倡导的"不害"理念息息相通①。除此之外，学者季羡林也指出，印度与中国都把自然当作自己的亲密朋友，倡导人类和大自然互相热爱、互相友好、和睦相处②。可见，印度是中国建立人类命运共同体的天然伙伴，双方应当携手共创东方辉煌。

而在构建人类命运共同体的过程中，中印两国首先应该将命运掌握在自己手中。当今世界面临百年未有之大变局，逆全球化、贸易保护主义不断上升，经济全球化遭遇挑战，新兴国家的崛起、西方霸权国家的衰落等种种因素都在表明世界正处于前所未有的"十字路口"。中国人民在追求"中国梦"，印度也提出了"新印度"的愿景，两国

---

① 钟声. 汲取中印文明"和"的养分. 人民日报，2018-04-27.
② 谭中，耿引曾. 印度与中国：两大文明的交往和激荡. 北京：商务印书馆，2006.

作为世界新兴大国,应当在世界巨变的洪流中把握住自己的命运,共同反对美国单边主义、保护主义和贸易霸凌,拒绝文明冲突论,排除霸权国家的控制和阻碍,将本国人民的利益和追求放在首要位置,促成中印两大民族的复兴和梦想的实现。

另外,应当挖掘"中国梦"和"印度梦"一致的地方,促使两国民心相通、命运与共,构建中印命运共同体。正如前文所说,中印双方在国内共同面临着治国理政的难题,在国际上有着推翻西方世界的霸权、促进国际政治经济民主化的共同目标。因此,中印两国可以用中国的"一带一路"对接印度的"东进政策",在国际上加强战略沟通,在维护多边贸易体系、解决环境问题方面贡献"亚洲智慧"。同时,中印双方也应当引导两国民众以更加理性的眼光看待对方,让中印命运共同体的理念在双方社会扎根,促使双方命运相连,共创未来。

结　语

中印双方作为正在崛起的新兴大国,双方关系将对区域和世界格局产生重大影响。中印两国在内部都面临治国理政的难题,在国际上都呼吁更加民主和平等的国际政治经济新秩序,尽管印度对中国崛起有一定的疑虑,且近代以来中印间的矛盾与冲突所留下的记忆短期内很难消除,但要想使中印关系得到可持续发展,就不能只聚焦于双边关系中的不和谐因素,而应从更长的历史中挖掘双方的积极共识和认同。

当下,中印双方应当摒弃和超越地缘政治思维,以民心相通取代双方的战略疑虑,在注重两国普通民众间的交流、推动文明互鉴与和谐的同时，应当继续加强高层战略沟通，增进智库和学者之间的战略互信。除此之外，在文明层面，中印双方在把命运掌握在自己手中的同时，应当共同构建起中印人类命运共同体，自信地开启属于东方文明的新时代！

第七章　中国东盟民心相通：
澄清相关误解，推动民众交流

随着"一带一路"倡议活动在东南亚如火如荼地展开，中国与东南亚国家之间建立起各类人文交流合作机制并开展了相关活动。东南亚地区成为中国"民心相通"政策的重点地区，中国对东南亚地区的公共外交也就此进入新阶段。本章将尝试对中国在东南亚地区的公共外交的进展情况进行分析和探讨。

中国对东南亚公共外交之势

公共外交之势即公共外交开展所面临的环境、条件等基本形势。中国对东南亚开展公共外交的实践经历了不同的发展阶段，形成独特的对东南亚公共外交的模式。

中华人民共和国成立 70 多年以来，中国外交大致经历了三个阶段：从 1949 年到 1979 年之间的争取国际承认的"站起来"阶段；从 1979 年到 2009 年之间的以经济建设为中心的、实现现代化的"富起来"阶段；从 2009 年至今，中国正在逐步进入第三个阶段，即在维护中国"站起来"和"富起来"地位的同时,使中国"美起来"①。中国公共外交,包括对东南亚地区的公共外交,总体上从属于中国整体外交的发展,也大致经历三个时期的发展。2009年7月,中国时任国家主席胡锦涛明确提出要加强公共外交和人文外交,开展各种形式的对外文化交流活动,扎实传播中华优秀文化。8月,国务院新闻办原主任赵启正提出"中国进入公共外交时代","公共外交包括了政府外交以外的各种对话方式,包括双方、甚至多方的官方-民间或民间-民间的各种直接交流"②。至此,中国有意识、有组织的针对性的公共外交建设才正式开始。

中国对东南亚的公共外交实践在前两个阶段的发展主要还局限于政府主导的对外宣传和交流,辅之以"民间先行、以民促官"的民间外交,旨在培养友谊、增进感情。第一阶段仅限于在越南、老挝等社会主义国家,主要依靠建立新闻社和广播电台进行宣传。第二阶段,随着东南亚国家与中国相继建交,交往增多,公共外交的机制机构发展更加完善,一批新媒体相继创办,引入政府白皮书、新闻发言人制度等传播手段③。但是,这一时期的公共外交仍以官方对外宣传为主,只是形式和内容更加丰富。

进入21世纪之后,尤其是"一带一路"倡议提出后,以东南亚国家为代表的周边国家成为中国外交的重中之重,中国对东南亚国家的公共外交面临新的发展形势,走上快车道。

---

① 赵可金.全球外交转型中的中国公共外交//柯银斌,包茂红.中国与东南亚国家公共外交.北京:新华出版社,2012:11-12.

②③ 夏玉清,罗致含.试论中国对东南亚的公共外交.东南亚纵横,2011(4):41.

政治互信稳步提升和经贸合作加速推进为中国对东南亚公共外交创造良好氛围

中国与东南亚国家的关系大致经历了三个阶段。第一阶段是二战结束至20世纪70年代，中国与该地区国家间的关系受意识形态影响，中国主要与社会主义国家关系友好，与亲美国家比较敌对。第二阶段是20世纪70年代到冷战结束前后，中国与美国、亲美国家的关系改善，与之前的友好国家关系变得紧张。第三阶段是冷战结束后至今，中国与东南亚国家的关系总体上合作大于冲突。在东南亚地区，中国负责任地区大国形象不断强化[①]。1991年，中国和东盟建立对话关系，是对话伙伴关系中第一个加入《东南亚友好合作条约》和公开表示愿意同东盟签署《东南亚无核武器区条约》议定书的。2003年，中国与东盟领导人签署《中国-东盟面向和平与繁荣的战略伙伴关系联合宣言》，中国率先与东盟建立战略伙伴关系。自2013年以来，中国与东南亚国家领导人频繁互访。近年来，中国同东盟国家签署并落实了《南海各方行为宣言》，"南海行为准则"磋商也取得进展。双方在应对恐怖主义、自然灾害、跨国犯罪等非传统安全挑战方面的合作水平也不断提升。总体上，中国与东南亚国家的政治互信在一系列合作和问题的协商解决之中不断提升。

经济上，中国-东盟自贸区于2002年启动谈判，2010年建成，自贸区升级谈判成果于2019年全面生效。自贸区的建设和中国"一带一路"倡议的双轮驱动，推动了中国和东盟之间的经贸合作。双边贸易额从2002年的548亿美元增长到2018年的5878亿美元，增长了近10倍。双向投资从2003年的33.7亿美元增长到2018年的158亿

---

① 翟崑.中国在东南亚的国家形象//柯银斌,包茂红.中国与东南亚国家公共外交.北京：新华出版社，2012：22-23.

美元，增长近 4 倍。中国连续十年保持东盟最大的贸易伙伴地位，东盟 2018 年开始成为中国第二大贸易伙伴，2020 年东盟成为我国第一大贸易伙伴，双方累计双向投资达到 3 400 亿美元。中国不断推进与东南亚诸国在东盟框架下开展产能和基础设施项目合作。中国与东南亚国家之间的经贸合作大大加强了彼此的联系，双方经贸合作日益紧密。

政治上的互信和经济上的紧密合作使中国同东南亚国家的关系总体趋于稳定，为中国推进与东南亚国家的人文交流与合作、培养睦邻友好的关系、提升国家形象和开展公共外交创造了良好的条件。

源远流长的民间交流往来为中国对东南亚公共外交奠定民意基础

中国与东南亚比邻而居，具有悠久的交往历史和基础。例如，在云南省与缅甸、老挝、越南之间的边境上，多民族跨国而居，大量生活在云南省与越南、老挝、缅甸边境的同源民族拥有相同的语言、文化和风俗习惯，相互之间的认同度较高，边民之间的通婚也较为频繁。东南亚地区的大量华侨华人来自中国广东、福建等省，将民族传统、文化和信仰也传至东南亚国家。这些历史和文化上的联系使得中国和东南亚相邻国家民间的相互认同感较高，为中国和东南亚国家之间的交流奠定了良好的民间基础[①]。

此外，近年来中国民众赴东南亚旅游大幅增长，旅游的快速增长也使中国和东南亚国家之间的联系更加密切。根据英国《经济学人》

---

① 金东黎. 云南省对东南亚的地方公共外交研究. 云南农业大学学报（社会科学版），2015，9（6）：77.

的信息，在整个东南亚，旅游业正蓬勃发展，从 2010 年到 2015 年游客人数猛增 49%，超过 1.09 亿人次。其中增长最显著的是来自中国的游客。最近 10 年来，前往东南亚旅游的中国游客数量增加了 4 倍。2016 年，新富起来的中国人在海外旅行期间消费了近 2 610 亿美元，而 2011 年的这一数字为 730 亿美元①。2017 年，中国是泰国、印度尼西亚、新加坡、柬埔寨和越南最大的游客来源国。越南、马来西亚、新加坡、泰国、印度尼西亚等东南亚国家常年受到中国游客的青睐，是最受中国游客欢迎的目的地国家中排名前列的国家。2019 年，中国与东南亚国家之间往来人员 5 700 万人次，每周往来航班将近 4 500 架次②。中国与东南亚国家之间蓬勃发展的旅游往来和合作为双方交流创造了更多的机会，能够增进双方的接触和了解。

庞大而活跃的海外华侨华人团体为中国对东南亚公共外交充当纽带和媒介

改革开放 40 多年来定居国外的新移民有上千万人，分布在东南亚、北美洲、欧洲、大洋洲等世界各地。由于地缘临近，中国与东南亚之间的人员往来历史久远而密切，早在新中国成立初期，在中国面对封锁的不利形势之下，东南亚的华侨华人主导的民间交流推动了我国与东南亚国家之间的交流。东南亚华侨华人的后代众多并且语言、习俗已经与住在国高度同化，但他们保留了许多中华文化传统，存在许多延续几百年的传统社团和建筑等。东南亚的华侨华人总体上发展

---

① 中国游客带火东南亚旅游 5 年游客数量超 1 亿人次．参考消息网．https：//baijiahao.baidu.com/s? id=15978514669538844308&wfr=spider&for=pc．

② 李克强．在第 22 次中国-东盟领导人会议上的讲话（全文）．新华网．http：//www.xinhuanet.com//2019－11/04/c_1125187703.htm．

形势比较好，较高程度地参与到当地的经济活动中，并积极推动中国与其所在国家的交往，扮演了在海外传播中华文化、增进中华文化与他国文化交流的推动者角色。随着"一带一路"倡议在东南亚落地，华侨华人也越来越积极地参与到中国与东南亚的民间交流中，并对此发挥着重要作用。

对世界上的华侨华人数量统计一向没有一致的标准和结果，甚至相差比较大。厦门大学南洋研究院院长庄国土曾在2009年对东南亚的华侨华人数量进行过估算，指出东南亚华侨华人总数约3 348.6万人，约占东南亚总人口的6％，约占全球华侨华人的73.5％，其中20世纪80年代之后进入东南亚的中国移民至少有250万人。[①] 总体而言，东南亚的华侨华人数量占世界华侨华人的半数以上，并且东南亚华侨华人的社会发展已经比较成熟，他们在政治、经济、文化等各个领域都很活跃并有所建树。此外，东南亚的华侨华人在当地兴办华文媒体、创办华文学校、组织各类华侨华人社团，为传播中国文化、宣传中国形象贡献了重要力量。东南亚主要国家的华侨华人情况见表7-1。

表7-1 东南亚主要国家的华侨华人情况

国家	华侨华人情况
印度尼西亚	印度尼西亚是世界上华侨华人最多的国家。截至2018年，印度尼西亚的华侨华人总数近1 000万，约占印度尼西亚总人口（2.65亿）的4％。印度尼西亚的华侨华人主要来自福建和广东。由于历史原因，华侨华人在印度尼西亚大多从商，华商资本在印度尼西亚的经济发展中发挥着不容忽视的作用。近年来，印度尼西亚政府实行民主改革开放政策，华侨华人的地位有了进一步提高，政治参与空间获得改善。印度尼西亚各地的华人社团大量涌现，到2008年，华人社团已经达到540个，社团成为接见和介绍中国出访印度尼西亚代表团的重要中介。

---

① 庄国土.东南亚华侨华人数量的新估算［J］.厦门大学学报（哲学社会科学版），2009（03）：62-69.

续前表

国家	华侨华人情况
新加坡	截至2017年6月，新加坡的华侨华人共有561万，占新加坡居民人口的75%左右，是新加坡最大的族群。大多数的新加坡华侨华人源自中国南方，尤其是福建、广东和海南。新加坡共和国建立后，华人经济随着新加坡国民经济的发展不断壮大。基于新加坡政府经济战略的调整，华人资本由传统行业迅速转向技术密集型和知识密集型的新兴科技工业。新加坡的吃、住、行、游、购、娱各个行业，绝大部分都由华人经营。
泰国	2016年，泰国总人口约6 886万人，其中华侨华人约有900万人，占泰国总人口的13%。泰国的华侨华人主要居住在曼谷和中部地区。他们的同化程度非常高，经济实力强，融入当地的程度深，华侨华人社团数量众多、历史悠久、运行规范、力量强大，是推动中泰两国多领域合作、发展中泰友好关系的重要力量。
马来西亚	马来西亚的华侨华人大多是在明清至民国的数百年间，从中国的福建、广东、广西、海南一带陆续前往马来半岛的。1957年马来亚联合邦宣布独立后，华侨华人占其总人口的比重不断下降，从当时的38%下降到2018年的23%（2016年、2017年、2018年马来西亚华侨华人的总人口分别是664万、667万、669万，分别占马来西亚总人口的23.4%、23.2%、23%）。
缅甸	截至2018年，缅甸华侨华人的总人口约300万，约占缅甸总人口的5%，主要来自云南、福建与广东。其中上缅甸的华侨华人主要来自云南，总人数超过200万；下缅甸的华侨华人则主要来自福建、广东。缅甸华侨华人主要从事餐饮、小商品买卖、原材料买卖、服装、建筑等行业。在缅甸居住的华侨华人经历了20世纪60—80年代的排华时期，1988年后随着缅甸的改革开放而逐渐复苏，出现了很多社团，与中国经贸往来十分密切。
菲律宾	2016年，菲律宾人口为1.03亿，华侨华人约有200万人，占全国人口的2%，分布范围广泛，其中大多来自福建（泉州、漳州、厦门等地）。菲律宾侨团历史悠久且数量众多，大小侨团达3 000余个。当地的华商企业人才多能顺应潮流，掌握经济脉动，发展制造业、房地产、金融业，并且能通过操作证券市场、收购企业、结成大集团，增大对菲经济的影响力与贡献。
柬埔寨	截至2018年，柬埔寨的华侨华人数量已经超过百万，约占柬埔寨总人口的7%。近年来，柬埔寨华侨华人在经济领域获得了一定发展，他们注重促进中柬经贸往来，目前在柬中资企业已经覆盖电力、基础设施、金融、纺织、航空物流等诸多领域。

续前表

国家	华侨华人情况
越南	1999年，越南人口普查数据显示，在越华侨华人有862 371人，占越南总人口的1.1%；2009年，越南的华侨华人有823 071人，占越南总人口的0.96%；2013年，越南华侨华人的数量接近100万人。20世纪70年代，越南曾出现过排华运动。1987年，越南成立与华人相关的组织机构加强对华人的管理。越南的华侨华人群体主要来自广东、福建和海南三地，在越华侨华人以会馆、商会等丰富形式积极参与当地的文化交流、扶贫济困等社会公益活动和经贸活动，积极融入越南国民经济体系，注重加强中国与越南的交流合作。
老挝	老挝现有华侨华人约30万人，占老挝总人口的4.4%，以广东、湖南、云南的移民为主。其中，21世纪初的移民主要来自广东；近年来，来自湖南的移民人数迅速增长，湘商在老挝经济领域的发展成为老挝华侨华人最突出的特点。自20世纪90年代起，湘商在老挝的经营范围从服装、小五金拓展至手机、商贸业、基础设施建设、制造业、新型农业等广泛领域，并且占据相当大的比重，成为老挝经济的重要组成部分。此外，以万象中华理事会为代表，老挝的华侨华人成立了大量社团，其中包括全国性的商业侨团中华总商会，建立起老挝政府和华侨华人企业之间沟通的桥梁。
文莱	2017年文莱总人口为42.13万人，华侨华人约有4万人，占9.5%。

（表格为作者自制，资料主要来源于《世界侨情蓝皮书（2019）》中的《2018年世界侨情总况》（胡修雷，第1-64页）、《新马泰菲文侨情分析（2018）》（乔印伟，第75-95页）、《越老柬缅印尼侨情分析（2019）》（罗杨，第96-134页）三篇报告以及中国侨网中的华侨华人概况介绍，http：//www.chinaqw.com/hqhr/。）

通过上述梳理可以看出：首先，中国对东南亚的公共外交实践虽在中华人民共和国初期便已开始，但都比较零散且规模较小，中国真正意义上有目的和有针对性的对东南亚的公共外交实践到21世纪后才逐渐形成；其次，中国与东南亚地区地理位置毗邻，交往历史悠久，还存在十分庞大的东南亚华侨华人团体，这些为中国发展对东南亚公共外交提供了民意基础和便利条件。就不利条件而言，中国与部分东南亚国家之间因历史、领土、海洋纠纷等存在摩擦，这些摩擦既是中国对东南亚公共外交目前需要应对和希望解决的问题，同时也给中国在东南亚国家公共外交的展开带来了挑战。

中国对东南亚公共外交之道

公共外交之道即公共外交的基本目标和开展公共外交的基本理念。马克·雷纳德（Mark Leonard）曾指出，在21世纪一个主权国家推行公共外交有四个层次的目标：第一层次是增进了解，使别国民众认识自己，更新对本国的印象；第二层次是增进理解，塑造对自己的积极认知，并促使对象国民众从本国立场出发看问题，增进理解；第三层次是接触民众，通过与民众的接触使得他们将本国视为旅游、学习、购物等的理想之地，并认同本国的价值观；第四层次是影响别国民众的行为，最终改变对象国对本国的政策甚至使之成为自己的盟友[1]。中国在东南亚的公共外交的开展也服务于一定的目标，并遵循特定的理念。

中国对东南亚的公共外交有两大主要目标：一是澄清相关误解，提升中国在当地的国家形象，即直接之道；二是促进中国和东南亚国家之间的民心相通，建设中国-东盟命运共同体，即根本之道。

首先，改善国家形象是中国对东南亚的基本目标之一。尽管东南亚与中国交往的历史基础深厚，中国始终坚持睦邻友好的周边外交政策和理念，但是近年来中国与东南亚国家之间频繁出现各种摩擦，有关中国崛起的负面评价和反华排华声音此起彼伏。这些负面因素不论是给中国国际形象还是给中国海外利益都造成了一定的不利影响。在东南亚国家与中国的关系中，这种不和谐声音的出现有

---

[1] 余惠芬，唐翀. 论中国对东南亚的文化外交. 暨南学报（哲学社会科学版），2010，32（3）：252-253.

多重原因，包括历史恩怨、领土纠纷、部分国家和媒体恶意煽动舆论、认知错位、中国企业与当地社会的分歧处理不当等，都对中国在东南亚国家的形象造成负面影响。因此，在新时期，中国需要加强在东南亚国家的公共外交，通过更积极主动地发出自己的声音，解释中国的政策，加强互联互通等基础设施建设和人文交流合作等，扭转负面印象，构建更加积极合作的形象。十九大报告提出"推进国际传播能力建设，讲好中国故事，展现真实、立体、全面的中国，提高国家文化软实力"，讲好中国故事成为中国公共外交的重要部分。东南亚地区是"一带一路"倡议推进的核心地带，改善中国国家形象对中国与东南亚国家的合作至关重要。此外，对东南亚国家的公共外交也是提升中国国际形象整体战略的一部分。

其次，民心相通是中国对东南亚公共外交的重要内容和目标。一方面，进入新时代，中国在传统公共外交的基础上提出民心相通的新层面。习近平强调"国之交在于民相亲"，国家之间的关系需要以民相亲，即以民心相通、人文交流为基础，我国领导人反复强调将人文交流作为中国与东南亚国家关系的三大支柱之一。另一方面，"国之交在于民相亲"可以理解为国家关系的最终归宿为民相亲，国家间加强合作、发展好关系，为两国民众交流和民心相通搭建平台和桥梁。因此，我国公共外交不追求单方面控制或改变、塑造其他国家民众的舆论，而是坚持不同文化的相互包容、交流互鉴，求同存异，彼此理解和认同，最终实现命运与共[①]。在中国与东南亚国家的关系定位中，中国始终强调中国与东南亚国家的邻居、朋友、伙伴关系，坚持平等和相互尊重的原则。交流是民心相通的基础，因此中国对东南亚的公

---

① 王义桅. 国之交如何民相亲：新时代中国公共外交之道. 北京：中国人民大学出版社，2020.

共外交十分注重双方的各个层次、各个领域的交流合作，人文交流被确定为中国和东盟国家关系的三大支柱之一。

最后，中国对东南亚的公共外交事件不局限于传统公共外交的信息传播交流和文化交流项目，而是与一系列基础设施建设等民生项目配合进行，注重"说"和"做"两个层面共同推进，实现国家形象的改善和民心相通。中国公共外交始终坚持"把一个真实的中国告诉世界"，不寻求通过公共外交操控别国舆论或左右别国政局，更不会捏造事实传播谣言，煽动别国民众推翻政府[①]。

有别于传统公共外交，中国对东南亚的公共外交追求民心相通。公共外交不应止于国家形象改善和增加好感，更要寻求建立在求同存异和相互理解认同基础上的命运共同体。公共外交既要服务于国内的政治经济发展布局，为双方政治经济合作和发展创造条件，也要超越本国国家利益的束缚，努力实现民心相通。中国与东南亚国家之间的政治经济关系和战略也需要朝向民心相通的最终目标。

中国对东南亚公共外交之术

公共外交之术即开展公共外交的方式。尼古拉斯·卡尔（Nicholas Cull）认为，公共外交包括 listening、advocacy、cultural diplomacy、exchange diplomacy、international broadcasting、psychological warfare 6 个核心内容[②]。约瑟夫·奈（Joseph S. Nye Jr.）把公共外交分为三个层次：其一是日常沟通，即政府对内政外交政策和相关行

---

① 曲星. 公共外交的经典含义与中国特色. 国际问题研究，2010（6）：4-9，70-71.
② CULL N J. Public diplomacy: foundation for global engagement in the digital age. Cambridge: Polity Press, 2019.

动的解释;其二是战略沟通,即对战略的宣传;其三是通过奖学金、交流、培训、研讨会、会议和媒体等渠道与重要人物或人群发展维持持久关系等①。王义桅提出中国公共外交的三个层次,即外交层次、战略层次和文明层次②,其中对周边国家的公共外交侧重于文明层次。传统公共外交下,政府是主体,公共外交仍属于政府外交范畴,偏重于依靠传媒等手段进行信息的传递和收集等,辅之以人文交流活动。

首先,公共外交的主体呈现"政府搭台、民间唱戏"趋势,地方政府、企业、媒体、民间团体等众多主体活跃。在中国对东南亚的公共外交中,一方面,政府和国家领导人通过官方交往阐释中国政策、传递中国声音等。例如,2017年11月9日,习近平主席在访问越南前夕,在越南《人民报》上发表题为《开创中越友好新局面》的署名文章;11月13日在访问老挝前夕在老挝《人民报》《巴特寮报》《万象时报》上发表题为《携手打造中老具有战略意义的命运共同体》的署名文章等。又如,李克强总理通过中国-东盟领导人会议等国际会议发出更多中国声音,传递中国信息。另一方面,政府逐渐由主导者转为统筹引导者,为各类民间交往和人文交流活动提供支持并搭建桥梁。"一带一路"倡议是目前中国与东南亚关系中最重要的框架。"一带一路"倡议的提出和推进、对人文交流和民心相通的强调和支持,为中国与东南亚的公共外交提供了政策支持和动力,地方政府、企业、媒体等众多团体在这一环境中积极参与且日益活跃,成为中国对

---

① 唐翀. 中国对东南亚公共外交的问题与建议. 东南亚南亚研究,2011(1):28-31.

② 外交层次主要是解释内政和外交政策,着眼于外国普通民众;战略层次主要是取得战略理解、塑造战略共识,着眼于外国精英;文明层次主要指文明的对话与交流,双向沟通、分享观念,最终形成社会共识。王义桅. 国之交如何民相亲:新时代中国公共外交之道. 北京:中国人民大学出版社,2020:238-239.

东南亚公共外交的重要主体。以云南、广西、广东、福建等地缘上和亲缘上临近东南亚地区的省份为代表,地方政府在推动中国地方与东南亚国家之间的友好交流、传播中国文化方面更加积极主动且日益重要。例如,云南不断推进与邻国的民间文化交流,内容有歌舞、杂技、文物、美术、书法、摄影、民族民间服饰等,涵盖舞台艺术、文化旅游、民族工艺、文化教育、学术交流、人员培训、文物博物、节庆会展等各个方面[①]。截至 2016 年 12 月 20 日,根据中国友好城市联合会的统计数据,中国与东盟 10 国共建立友好城市 166 对,其中广西 48 对、云南 22 对、广东 13 对、福建 9 对[②]。各类企业也抓住机会积极参与促进中国和东南亚国家的人文交流的活动和宣传。例如,云南出版集团承建的"中华乡愁书院",在缅甸、泰国、老挝、马来西亚等"一带一路"沿线国家已经或即将落地生根,以图书为媒介,加强中国同东南亚国家的交流交往。此外,媒体、智库、海外华人宗教团体、中国人民对外友好协会等也活跃于各类传播交流活动。如 2019 年 11 月 17 日,在北京举行了由中国和印度尼西亚 20 余所智库、高校、科研机构参与的中印尼青年高端论坛[③]。2019 年 2 月 22 日,在新加坡南洋理工大学举行了"一带一路"与国际化人才培养高端论坛,南洋理工大学和中国 20 所高校的代表出席论坛,共商国际化人才培养战略[④]。

其次,公共外交的机制建设不断推进,形成了政府文件和政策框架、各类结构和论坛等较为完善的从官方到民间的多层机制构架。第

---

① https://www.yidaiyilu.gov.cn/xwzx/dfdt/75667.htm.
② 李靖. 中国与东南亚国家友好城市关系缔结现状分析. 东南亚纵横,2017(4):42.
③ https://www.yidaiyilu.gov.cn/xwzx/gnxw/110077.htm.
④ https://www.yidaiyilu.gov.cn/xwzx/hwxw/80353.htm.

,中国在东南亚的公共外交具有相对完善和成熟的政策体系和机制支持。就中国与东盟关系层面而言,中国与东盟建立起了中国-东盟文化部长会议、中国-东盟教育部长会议、中国-东盟青年事务部长会议、中国-东盟博览会、中国-东盟教育交流周、中国-东盟文化论坛、中国-东盟文化交流年(2014年)、中国-东盟教育交流年(2016年)、中国-东盟旅游合作年(2017年)、中国-东盟创新年(2018年)、"10+3旅游部长会议"、中国-东盟教育培训/旅游教育/职教合作/工科大学联盟等机制和中国-东盟中心等机构,中国还与东盟签署了《中国-东盟文化合作谅解备忘录》(2005年)、《中国-东盟文化合作行动计划(2014—2018)》(2014年)、《中国-东盟教育合作计划(2017—2020)》(2017年)、《中国-东南亚民间交流合作倡议书》(2015年)等框架协议,为中国与东南亚国家之间各个主体层次的交流搭建平台和提供动力[1]。就次区域合作层面而言,中国倡导成立了澜沧江-湄公河次区域合作机制,中国在澜湄合作机制内积极展开人文交流活动,在青年交流、职业教育等方面积极进行交流合作[2]。就中国与东南亚国家关系层面而言,中国与印度尼西亚于2015年建立涵盖教育、科技、卫生、文化、青年、媒体等八个领域的副总理级人文交流机制,2017年中国国务院新闻办分别与柬埔寨和文莱新闻机构签署媒体交流合作备忘录,成立中新人文交流论坛等机制平台。此外,中国还与东南亚国家在旅游、教育、文化、媒体、科技、体育等方面签署许多合作协议并设立双边合作机制。例如,中国与新加坡、马来西亚、越南、文莱、缅甸、老挝、柬埔寨、菲律宾分别签署了教育交流协议,与泰国、马

---

[1] 陆建人,蔡琦. 中国-东盟人文交流:成果、问题与建议. 创新,2019,13(2):45-54.

[2] 澜沧江-湄公河合作官网. www.lmcchina.org/hzdt/default_3.htm.

来西亚签订了学历学位互认协定。第二，在各类机构建设上，中国在东南亚设立了孔子学院、文化中心等文化机构。中国在东南亚设立了40所孔子学院和19个孔子课堂[①]。中国还在新加坡、泰国、柬埔寨、老挝等国设立文化中心。第三，在传统公共外交的主要手段——媒体机制建设上，中国对东南亚公共外交的媒体机制建设不断完善。中国国际广播电台相继开办了越南语、老挝语、柬埔寨语、泰语、马来西亚语、菲律宾语、印尼语、缅甸语广播；2004年，云南电视台和广西电视台分别设立东盟相关栏目；2010年，广西还设立专门面向东盟的国际频道；云南与广西电视台还与东南亚各国展开合作，开辟中国剧场栏目。而新加坡、菲律宾、马来西亚、泰国、印度尼西亚等国也逐步开设中国普通话频道、栏目与节目。在"一带一路"框架下，中国媒体通过"一带一路"媒体合作论坛、中国-东盟媒体高峰论坛等机制加强与东盟媒体之间的合作互动和相互交流，融合传统媒体和新媒体的发展。

最后，公共外交的领域不断拓展和均衡发展。中国对东南亚的公共外交以人文交流为主。2016年，中国与东盟将人文交流合作确定为双方关系的三大支柱之一，提出加强中国与东南亚国家之间的教育、文化、旅游、青年等领域的交流合作，应以教育和旅游合作为优先方向[②]。中国对东南亚的公共外交在民心相通和人文交流的基本框架内如火如荼地展开。第一，各类青年教育项目和合作交流成为特色。中国推出各类政府奖学金项目和名额，鼓励东盟国家留学生来华留学。来华留学生大多在中国接受的是高等教育，这些学生由于所受教育程

[①] 国家汉办官网．http://www.hanban.org/confuciousinstitutes/.
[②] 李克强．在第19次中国-东盟（10＋1）领导人会议上的讲话（全文）．www.gov.cn/premier/2016-09/08/content_5106318.htm.

度较高,回国后参与社会活动的能力也较强,能够发挥一定的社会名流效应,对于开展中国-东盟之间的交流也具有较强的责任感和影响力。因此,规模庞大的东南亚国家来华留学生群体以及日益发展的留学生教育,能为我国开展对东南亚国家公共外交提供有效资源和重要平台,是中国对东南亚国家公共外交的基础[1]。第二,各类文化类合作交流活动和项目相继开展。例如,丝绸之路国际电影节、丝绸之路国际艺术节联盟的成立,促进了中国与包括东南亚国家在内的沿线国家在电影、文化艺术方面的交流合作。第三,中国还积极推动与东南亚国家之间在旅游、科技、医疗卫生、减贫、环保等领域的合作交流。由中国侨联倡导、中国华侨公益基金会和爱尔眼科医院集团联合举办的公益慈善项目"一带一路·侨爱心光明行",携手全球华侨华人,为"一带一路"沿线国家贫困眼病患者实施爱心手术,帮助他们重见光明,该活动在缅甸展开并计划在菲律宾、柬埔寨、马来西亚等多个东南亚国家开展。第四,以海外华侨华人为主体推动宗教信仰交流是中国对东南亚公共外交的特色之一。东南亚素来有"世界宗教博物馆"之称,是当今世界上宗教种类最多、宗教关系最错综复杂的区域,东南亚各国普遍认同宗教因素有利于种族和睦、社会安定,宗教力量也经常会影响到政府决策。有专家曾指出:"东南亚各国的政治发展史,在很大程度上取决于他们的宗教发展史。"[2]

由此可以看出,中国对东南亚的公共外交具有以下特点:(1)规模大,机制健全,涉及领域广,政府仍然发挥主要作用,但是参与主

---

[1] 李涛.中国对东南亚国家来华留学生的公共外交刍议.云南社会科学,2013(5):30-34.

[2] 蔡明宏.宗教外交中的中国图像与建设——以福建民间信仰与东南亚国家的文化互动为例.南洋问题研究,2018(3):90-100.

体越来越多且越来越活跃；（2）主要集中在人文交流与合作领域；（3）在对象上，以对东盟的公共外交为最主要的形式，与东南亚国家的公共外交也主要在与东盟的合作框架下展开，对具体国家开展的公共外交稍显不足且缺乏针对性。中国政府提出的中国-东盟教育合作和交流的计划或项目见表7-2。东南亚孔子学院和孔子课堂分布情况见表7-3。中国与东南亚国家缔结的友好城市数量见表7-4。

表7-2 中国政府提出的中国-东盟教育合作和交流的计划或项目

年份	中国政府提出的中国-东盟教育合作和交流的计划或项目
2010	"双十万计划"，即到2020年中国与东盟双向留学生都达到10万人
2013	提出未来3到5年中方将向东盟国家提供1.5万个政府奖学金名额
2014	提出未来3年支持100名东盟青年科学家来华开展短期科研
2015	提出在现有的向东盟十国提供政府奖学金名额的基础上，未来3年内新增1 000个新生名额
2016	设立"中国-东盟海上丝绸之路奖学金"，2017年向东盟10国提供1 000个奖学金名额。双方互派留学人数已超过20万人，因此中方建议打造"中国-东盟双十万学生流动计划升级版"，设立预计到2025年实现双方学生流动总规模达到30万人次的目标
2017	倡议实施"中国-东盟人才发展计划"，于2018年为东盟提供3 000个研修名额，在未来5年内安排500人次东盟青年科学家赴华从事短期科研工作
2018	提出将设立中国-东盟菁英奖学金，开展"未来之桥"中国-东盟青年领导人千人研修计划，未来5年邀请1 000名东盟优秀青年来华培训
2019	提出将实施"中国-东盟健康丝绸之路人才培养项目（2020-2022）"，未来3年为东盟培养1 000名卫生行政人员和专业技术人员

资料来源：作者根据李克强总理在2013年至2019年间的各届中国-东盟领导人会议上的讲话内容整理制成。

表 7-3 东南亚孔子学院和孔子课堂分布情况

国家	孔子学院数量	孔子课堂数量
菲律宾	5	0
马来西亚	5	1
泰国	16	11
新加坡	1	2
印度尼西亚	8	0
柬埔寨	2	0
老挝	2	1
缅甸	0	3
越南	1	0
文莱	0	0
东帝汶	0	1

截至目前,全球已有162个国家和地区设立了545所孔子学院和1 170个孔子课堂。其中,亚洲39个国家和地区共设立孔子学院135所、孔子课堂115个。

资料来源:作者根据国家汉办网站数据整理制成。

表 7-4 中国与东南亚国家缔结的友好城市数量

国家	数量
菲律宾	28
马来西亚	11
泰国	33
新加坡	1
印度尼西亚	21
柬埔寨	16
老挝	14
缅甸	7

续前表

国家	数量
越南	34
文莱	1
东帝汶	0

截至2016年12月6日,中国有31个省(自治区、直辖市)和468个城市与五大洲135个国家的505个省(州、县、大区、道等)和1 558个城市建立了2 371对友好城市(省、州)关系。截至2016年12月20日,根据中国国际友好城市联合会的统计数据,中国与东盟10国已建立友好城市166对。

资料来源:作者根据中国国际友好城市联合会网站数据整理制成。

中国对东南亚公共外交的效果评析

总体而言,中国对东南亚的公共外交改善了中国在东南亚民众心目中的国家形象,为中国"一带一路"的开展营造了良好的氛围。

通过各类公共外交活动的开展,中国在东南亚地区的国家形象得到了改善。皮尤中心的一份调查显示,在对于中国经济发展的态度方面,泰国(75%)、马来西亚(69%)和印度尼西亚(55%)均持比较正面的看法①。2019年1月,新加坡政府下属的一个研究机构公布的一项对东盟十国受访者的调查结果显示,73%的受访者认为中国在东南亚地区的经济、政治和战略上的影响力均已超过美国,并且在增长②。同时,东南亚媒体对中国关注度和正面报道量的提高也是中国

---

① 皮尤中心. https://www.pewresearch.org/global/2019/12/05/chinas-economic-growth-mostly-welcomed-in-emerging-markets-but-neighbors-wary-of-its-influence/pg_2019-12-05_balance-of-power_2-07/.

② 东盟73%的人认为:中国在东南亚影响力全面超美. https://baijiahao.baidu.com/s?id=1622106365793165456&wfr=spider&for=pc.

第七章　中国东盟民心相通：澄清相关误解，推动民众交流

国家形象在东南亚地区得到改善的一个重要证据。2018年"两会"期间，新加坡《联合早报》《海峡时报》、印度尼西亚《雅加达邮报》、菲律宾《马尼拉时报》等东南亚媒体积极关注"两会"并进行充分报道，对中国经济发展成果及其潜能表达积极看法。这将有助于中国"一带一路"的推进与发展。

但中国公共外交中存在的一些问题却在一定程度上削弱了公共外交的效果。首先，针对性不强，受经济和政治关系影响大。中国对东南亚的公共外交旨在通过强化不同人群、不同行业、不同领域之间的交流，实现民心相通，从而能够最大限度地增进理解和认同，减少和避免误解，为中国与东南亚国家之间的相处创造条件。但人文交流的特点之一是周期长——见效的时间长，并且其间易受到政治、经济关系的波动影响。中国对东南亚的公共外交需要在现实政治问题上有更多的应对措施。东南亚国家对中国的担心主要来源于领土和海洋纠纷，这其中有历史性因素，也有中国与东南亚国家之间的力量的不对称性所导致的小国恐惧心理因素，同时也存在西方国家和东南亚国家亲西方的相关力量的煽动影响，此外还存在宗教信仰方面的冲突，以及中国企业在当地的作业与当地社会、环境等方面的矛盾等因素。以上因素决定了中国对东南亚的公共外交需要具备更有针对性的应对措施。东南亚国家对中国态度的改善较大程度上取决于中国为其带来的效益，这暂时掩盖了其对中国的负面看法。从这一点看，中国和东南亚国家的关系依赖或受制于经济发展，真正基于价值认同等基础的关系还没有实质性地建立起来。并且东南亚不同国家对中国的态度差异较大，例如越南、印度尼西亚、菲律宾等国家对中国的态度变化较大，经常出现较负面的态度。因此，中国针对不同的东南亚国家应该制定更加具体的公共外交战略。其次，参与主体庞杂，缺少有效的、

系统的联系。中国对东南亚的公共外交虽然规模庞大，并已建立起一系列机制，但没有形成专门的机构负责统筹管理。总体来看，中国-东盟中心属于比较大、比较正式的机构，很多机制和活动在其框架下进行。但是，中国对东南亚的人文交流涉及从地方到国家，从媒体、智库到各种民间团体。这些交流团体分属不同的机构或者独立运行，各活动和机制之间没有建立起比较强的联系，容易造成资源的重复分配和浪费。最后，没有建立起比较有效的追踪调查和评估体系。国内针对中国对东南亚公共外交效果如何的研究和报告不多，反映了我国相关评估体系的缺失。在查找中国对东南亚公共外交效果的资料过程中不难发现，国内可参考的资料不多，并且分散在各期刊论文和媒体报道之中。

第八章　中澳民心相通：
超越美国因素，寻求价值认同

由于澳方原因，澳大利亚这个自古与中国无冤无仇且相距甚远的国家被中国网民评为2017年对华"最不友好"国家[①]。2017年6月开始，澳大利亚媒体大肆渲染中国对澳大利亚的政治干预与渗透，从中国留学生到商人、从华侨华人到对华友好的澳大利亚政客，无不成为其攻击的目标。12月，"内外交困"的澳大利亚总理特恩布尔在内政焦头烂额之际，推动修订反间谍法，将民众视线引向中国，公开宣称"澳大利亚人民站起来了"。2018年，澳大利亚安全情报组织（ASIO）又将中国列为所谓的"极端威胁"国家[②]。2018年4月，澳大利亚未出席博鳌亚洲论坛，与往年形成鲜明对比。8月23日，即将担任国库部长的斯科特·莫里森与通信部长米奇·费菲尔德联合发布新闻稿，以"国家安全"为由，疯狂暗示将禁止华为和中兴为澳大利

[①] 2017谁对中国最不友好？网友票选第一果然是它!. 环球网. http://world.huanqiu.com/exclusive/2017-12/11479404.html.

[②] China an "Extreme" Threat to Australia：ASIO, MSN News. https://www.msn.com/en-au/news/australia/china-an-extreme-threat-to-australia-asio/ar-BBIuKS3.

亚提供 5G 服务。这股反华逆流被西方媒体大肆渲染，澳大利亚被《经济学人》封为"第一个向中国影响力亮出红牌警告"的西方民主国家[①]。中国外交部发言人在例行记者会上评论："澳大利亚个别媒体已经到了歇斯底里、草木皆兵的程度。"

为什么在中澳经贸关系日益密切之际，澳方却掀起反华高潮？为什么在中澳全面战略伙伴关系向纵深推进之际，澳国内却掀起一股声势不小的反华逆流？中澳关系能回归正轨吗？这股反华逆流给中国对澳公共外交的正常开展带来了困难，新时代对澳公共外交急需新的理论支撑。

公共外交最早起源于美国，其狭义定义是一国政府通过信息和语言手段做外国民众的工作。对于中国而言，中国特色的公共外交强调国内公众和国外公众。新时代中国公共外交解决的是崛起的中国实力如何为外交所接受的问题，承载了鸦片战争以来中国与世界如何良性互动建构的历史使命。

目前，中国对澳公共外交因面临西方话语霸权，陷入了中国特色的公共外交悖论[②]。首先是他者化悖论。用西方的概念和意识形态框架来表达的新闻使中国形象经常被他者解读，例如"和平崛起"，我们强调"和平"，外媒侧重"崛起"，致使我们的措辞在效果上被"他者化"甚至被"妖魔化"了。其次是异化悖论。中国概念太中国化，不了解中国特殊文化背景的外国人很难理解，很难把中国的政治语言翻译成他国语言。到底是迁就西方的理解还是让西方迁就中国的理

---

① What to Do about China's "Sharp Power". The Economist. https://www.economist.com/news/leaders/21732524-china-manipula-ting-decision-makers-western-democracies-best-defence.

② 王义桅. 如何克服中国公共外交悖论？. 东北亚论坛，2014 (3).

解，成为中国公共外交的异化悖论。最后是实力与形象的悖论。西方常见的思维是"我搞不定你，所以你是威胁；你自己都搞不定自己，你更是威胁"。所以中国崛起的硬实力往往导致软实力受损。

基于以上问题，中国公共外交需要做何努力去超越传统的公共外交，跳出悖论，平息澳反华浪潮，使中澳人民民心相通？本章将尝试对上述问题进行回答。

澳对华歇斯底里从何而来

澳大利亚是一个特殊的国家，地处亚太却一心向西，坐拥最古老的土地却是年轻的移民国家，四面环海却终年缺水少雨，是世界上人口密度最低的国家之一却又是全球城市化程度最高的国家之一，身为最大的岛国却是世界上最小的洲。历史、文化、地理上的因素使澳大利亚拥有既自卑又自负的矛盾心理，这种自卑与自负的矛盾心理明显地反映在其对华关系上。

民族出身所引起的自卑与自负

1770年4月20日，英国海军上尉詹姆斯·库克（James Cook）带领的探险队发现了澳大利亚东部海岸。他们发现此地土地肥沃、草木茂盛，适合人类居住，随即称此地为南威尔士（New South Wales）。库克由此沿东岸向北推进，直到发现澳大利亚东北岸的顶角为止。库克正式宣布：凡以上发现者，均为大英帝国所占有的领土。

1776年，美国宣布独立，英国原来在北美的犯人流放地不能继续使用，只得另谋他处，最后决定把那些囚禁在伦敦监狱和泰晤士河畔狱船上的一部分犯人押送至澳大利亚东南部，以解决当时的困难。于是，英国政府决定任命阿瑟·菲利普（Arthur Phillip）为澳大利亚的第一任总督，令其带领一部分犯人移民澳大利亚。菲利普总督率领犯人及军官1030人（其中犯人736名），于1787年5月13日离开伦敦，途经好望角，于1788年1月26日抵达澳大利亚。他们选定了悉尼这片优美的土地作为永久居留地，并宣布1月26日为澳大利亚日。此后，从1788年1月至1868年12月，从英国流放至澳大利亚的犯人近16万。到了1819年，澳大利亚人口中犯人及其后裔占总人口的四分之三以上，这部分人构成了现代澳大利亚白人最早的祖先。

历史学家约翰·科布利在1970年出版的《第一舰队犯人的罪行》一书中记载了流放到澳大利亚的第一批犯人的罪状，并列举了一个有代表性的例子：某人偷了"一件价值3先令的绸缎背心和一件价值5先令的凸花斜纹背心"，被判流放至澳大利亚。这些长于偷鸡摸狗的不法之徒，在新的土地上被迫学会劳动和重新做人。澳大利亚殖民当局把这些犯人有效地组织起来从事各种各样的劳动，这些犯人刑满释放后成为与其他人一样的"自由人"。

这群被流放至澳大利亚的犯人有一种共同的心态，即被主流社会所遗弃，心灵受到创伤，深感社会价值和自我价值的失落，从而产生精神上巨大的自卑情绪[1]。这段历史使多数澳大利亚人产生了一种怀疑态度，不轻易接受简单的乐观主义，而多数自豪的民族主义是建立在乐观主义的基础之上的。"先辈是犯人"这种历史遗留心理无疑是造成这种人生观的一个原因，毕竟被发配到地球边缘的犯人不可能是乐观主义者。所以当中国崛起的不确定性来临时，澳大利亚人的第一反应趋向于"威胁"，紧接着感到恐慌，而不是"机遇"。

---

[1] 张安德. 澳大利亚民族文化心理的自卑与优越. 湖北大学学报（哲学社会科学版），1997（5）.

第八章　中澳民心相通：超越美国因素，寻求价值认同

民族出身在导致澳大利亚人内心自卑的同时也形成了其西方价值观与意识形态。他们的自卑所潜藏的精神压力迫使他们追求优越感，以寻求心理平衡。极端的自卑导致自负，而自负导致偏见。传统西方社会对中国有着根深蒂固的偏见和误解，这种误解源于四个方面：第一是无神论，美元上印有"我们信仰上帝"（In God We Trust），认为无神论国家没有信仰，思想是邪恶的；第二是私有制，资本主义的立国之本的价值观为私有财产神圣不可侵犯，而中国经济体制以公有制为主体，西方认为中国破坏市场规则；第三是苏联记忆，由于冷战记忆，西方国家一直把中国视为苏联式的共产主义国家，在民主、人权等方面对中国多有误解和偏见；第四是种族主义，澳大利亚白人对有色人种的态度直接继承了他们的白人祖先，认为自己是"优等民族"，这种白人优越感直接导致了长达70多年的"白澳政策"。

作为一个习惯以西方社会、白人世界、欧洲正统文明传承者自居的国家，澳大利亚面对有色人种和共产党领导的中国，始终怀有种族优越感和制度自豪感。随着中国公民出境旅游、出国留学以及对外交流力度的加大，中国的国际影响力越来越强，有越来越多"黄面孔"的人出现在澳大利亚各城市街头，有越来越多的中国元素进入澳主流社会圈，此种固有偏见决定了澳大利亚整个社会在直面中国发展带来的观感体验和内心深处的冲击震撼时，受自尊心、嫉妒心的刺激和驱使，自然会滋生强烈的失落感和抵触、排斥情绪[①]。

特殊地理位置所导致的自卑与自负

由拓荒者和殖民者开拓的澳大利亚虽然在文化、语言和思想上与

---

① 丁工. 澳大利亚对华态度转变的原因及中国的应对之策. 国际论坛，2018（5）.

英美同宗同源，地理上却位于亚洲的南端，因此对夹杂在澳大利亚本土与欧洲"母国"之间的"亚洲近邻"长期抱有"焦虑感"①。首先，在心理上，澳大利亚对亚太地区的国家持排斥态度，这种不信任使其不愿意与中国进行安全合作；其次，澳大利亚四面环海、孤立无援，一旦爆发世界大战，澳大利亚的地理位置将切断其在防卫、装备和援助上的来源②。而北靠印尼群岛、南中国海，又夹在印度洋和太平洋之间的地理位置，又决定了澳大利亚在地缘政治上的重要性。两者相加，必然加剧澳大利亚的不安全感，这种不安全感随着二战时日本轰炸达尔文港被放大到了极致。

澳大利亚的建国史表明，澳大利亚有依赖世界上最强大的国家保护其国家安全的传统，先是依靠英国，而后依靠美国。

1900年，澳大利亚联邦宪法由英国议会通过。1901年1月1日，澳大利亚完成了形式上的独立。但是，从严格意义上来讲，直到二战全面爆发，澳大利亚都还不是一个具有完全独立主权的国家，因为它并没有独立自主的外交政策。澳大利亚前总理基廷认为，"到1991年时，澳大利亚外交政策的历史还不到50年"③。格林伍德教授认为"外交政策从来就不是澳大利亚政府的一个主要先决问题"④。

从国际形势和地理位置来看，澳大利亚也有依赖英国保护的理由。一战前，欧洲各殖民帝国在世界范围内瓜分殖民地，德国、法国等相继在南太平洋占领岛屿，直接威胁澳大利亚的国土安全，使澳大利亚深感必须与大英帝国保持密切的国防上的联系。一般认为，在

---

① 马必胜. 澳大利亚如何应对中国崛起. 外交评论，2014（1）.
② SPENDER P C. Exercises in diplomacy: the Anzus Treaty and the Colombo Plan. Sydney: Sydney University Press, 1969: 15.
③ 基廷. 牵手亚太——我的总理生涯. 北京：世界知识出版社，2002: 8.
④ 格林伍德. 澳大利亚政治社会史. 北京：商务印书馆，1960: 472.

第八章 中澳民心相通：超越美国因素，寻求价值认同

1918年以前，澳大利亚同其他国家的关系都要由英国来处理。自1900年到二战之前，澳大利亚的国家利益诉求并不明显。二战后，亚太地区的国际格局发生了剧变，美国势力迅速扩张，日本战败，英国势力遭到重创，美澳开始走向同盟。1951年，澳、新、美三国签订条约，美澳同盟关系正式确立。

美澳同盟确立后，澳大利亚在防务和外交方面大大加强了对美国的依附，在制定外交防务政策时处处考虑美国的立场，时刻追随美国的全球战略，将自己紧紧地捆在了美国的战车上。进入21世纪，和平崛起的中国成为美国全球霸权的最大"绊脚石"。随着中国在亚太影响力的提升，澳大利亚虽然与中国在经济上相互依赖，但也感到深深的不安。澳大利亚一方面坚信亚太地区的未来取决于中美大国关系的博弈，另一方面又认为维持美国在亚太的主导地位有利于地区和平与稳定[1]。可以这么认为，中国国际影响力的攀升在一定程度上催化了澳大利亚对中国的戒心和敌意。出于历史记忆，尤其是中国近年来在南海的动作以及与太平洋岛国关系的发展，澳大利亚不由自主地联想起二战前的日本。

这种需要被保护的自卑使澳大利亚在奉行"美国优先"的特朗普政府面前感到极为不安。特朗普总统上任伊始就怒摔澳大利亚总理电话，在驻澳美军开支等问题上对澳屡屡刁难。用学者休·怀特（Hugh White）的话说，今天的澳大利亚似乎陡然意识到自己首次置身于一个"没有盎格鲁-撒克逊主要盟友提供支持和保护的亚洲"[2]。

---

[1] Australian Government. 2017 Foreign Policy White Paper. https：//www.fpwhitepaper.gov.au/foreign-policy-white-paper.

[2] WHITE H. Without America：Australia in the New Asia. Quarterly Essay，No. 68，2017.

在没有强大盟友提供可靠的安全承诺的"恐惧"驱使下,澳大利亚不得不采取更多的自主性政策和更强硬的姿态①。妖魔化中国是平息特朗普领导的不可预测的美澳同盟所产生的焦虑感的最佳手段。于是,我们就看到了一个通过"反华"来拼命向美国表忠心的澳大利亚、一个通过"反华"怒刷"存在感"的澳大利亚。

澳大利亚特殊的地理位置在为其带来自卑与不安全感的同时,也导致了它的自负。作为世界第六大国家,独占一个大陆的澳大利亚在太平洋地区面对斐济、基里巴斯、汤加等迷你岛国,自认为是南太平洋的"超级大国",习惯把南太平洋地区视为自己的势力范围和"后花园"。澳方认为,中国与所罗门群岛、基里巴斯的复交影响了它的势力范围,于是就出现了针对中国在南太平洋正常活动的无端指责。例如,2018年1月,就有澳大利亚政府部长称"中国给予南太岛国的贷款包含对岛国不利的条款,让岛国人民背上了沉重债务负担"②。

澳大利亚这种地理上的优越感随着美国的战略转移被进一步放大。2010年,奥巴马政府推出"亚太再平衡"战略,增加在亚太地区的存在感以应对中国崛起。澳大利亚的地理优势使其在美国战略布局中的地位日益凸显,澳大利亚成为美国亚太再平衡的跳板和美国监控东南亚地区与美国出入印度洋和太平洋的战略制高点。2017年11月,特朗普在其亚洲之行中首次提出"印太"概念,2019年6月正式推出"印太战略",强调"印太"是美国国防部的"优先战区",美国对印太负有维护自由而开放的持久承诺,以确保地区国家不分大小,在可

---

① 张国玺,谢韬. 澳大利亚近期反华风波及影响探析,现代国际关系,2018(3).
② China's Pacific investments:Australia's attacks ring hollow. The Australian. January 10,2018.

第八章　中澳民心相通：超越美国因素，寻求价值认同

接受的国际规则、标准和公平竞争原则下确保主权安全和经济增长。从"印太"概念提出之时起，澳大利亚一直是"印太"概念最积极的鼓吹者和倡导者，因为在其看来，"印太"是"亚太"地缘概念的逻辑延伸，它将使本国的战略关注重点迁移到从东北亚经南海到印度洋的弧状条带区域[①]。"印太战略"的形成更是能够极大地提升其在本地区的地位，增加了其参与国际事务的底气，客观上鼓舞了其在对华问题上的自负和随意轻率的强硬。

对澳公共外交的道、势、术[②]

对澳公共外交作为中国对澳整体外交的重要组成部分，需在道、势、术三个层面上更新传统理念，超越传统公共外交，在新时代下推动中澳关系正常发展。

对澳公共外交之道

"道"即路径。道不同，不相为谋。中国对澳公共外交之道的关键在于找到彼此的道路的交汇点，为此需要在以下几个方面做出努力。

首先，中国对澳公共外交之道在于说服澳大利亚。中国的崛起给澳大利亚带来三个方面的冲击：（1）普世价值观。中国是唯一以非西方所谓民主体制独立自主地实现现代化的国家。澳大利亚认为，中国

[①] MEDCALF R, MOHAN C R. Responding to Indo‑Pacific Rivalry: Australia and Middle Power Coalitions. Lowy Institute Analyses, August 2014.
[②] 王义桅在《国之交如何民相亲：新时代中国公共外交之道》一书中首次阐释了新时代中国公共外交的艺术性在于把握道、势、术，并对道、势、术的含义进行了深刻的解读。王义桅. 国之交如何民相亲：新时代中国公共外交之道. 北京：中国人民大学出版社，2020：36-43.

崛起不仅会挑战亚太安全结构，还会从根本上动摇西方价值体系，对澳大利亚生存安全构成严重威胁①。（2）权力转移。美澳同盟是澳大利亚外交的根基，美国的霸权主导地位被视为澳大利亚的生存保障，而澳方认为中国崛起和"美国优先"会导致亚太地区的权力转移，由此产生极大的不安全感。（3）现实利益。中国崛起冲击西方竞争力、生活水准。中国成为澳大利亚在全球化竞争中失败的替罪羊，澳大利亚对中国产生焦虑心态和不适应症。中华民族伟大复兴的中国梦自提出以来，引起了澳大利亚方面的高度关注，这在 2017 年 11 月澳方发布的《外交白皮书》中有更明确的表达。《外交白皮书》开篇宣称中国"正在挑战二战以来美国作为印太地区支配性力量的地位"，并将中国定位为"有能力影响基本上澳所有国际利益的地缘政治大国"②。为此，中国公共外交要淡化中国梦的物质内涵，强调其文明内涵。全球化时代实现中华文明的伟大复兴、转型与创新。

其次，中国对澳公共外交之道在于表达自己。由于深陷西方话语体系霸权的陷阱，所以深化中澳人文交流不能停留在展示中华文明层面，必须着眼于当代中国核心价值观建设，加强中澳文明对话，以人类社会发展的殊途同归观求大同、存小异。我们要提出一整套"源于中国、属于世界"的核心价值观，让澳大利亚人摆脱民族自卑心理，实现属于自己的文化自信。

再次，中国对澳公共外交之道在于启发澳大利亚。人文外交一直是中国对澳公共外交的重要组成。就人文外交的战略资源而言，其大

---

① 杨小辉. "中等强国"澳大利亚的海军政策与实力及其对中国的影响. 上海交通大学学报（哲学社会科学版），2013（4）.

② Australian Government. 2017 Foreign Policy White Paper. https：//www.fpwhitepaper.gov.au/foreign‐policy‐white‐paper.

体有三种来源：中国传统文化资源、中国科学社会文化资源、可供借鉴的西方现代文明资源。把这些资源有机结合在一起，便可形成我国丰富而独特的人文资源。中澳人文交流的意义就在于培育中国与澳大利亚关系可持续良性发展的深厚社会基础。

最后，中国对澳公共外交之道在于制度建设。我们要深化中澳人文交流机制建设。人文交流是人与人、心与心的交流，是不同文明相互借鉴的重要桥梁，是推动不同国家、不同文化背景的人民通过教育、文化、人文等活动交流思想和经验，以达到彼此增进了解和友谊目的的一项长期性、基础性工作。2018年8月4日，中澳之夜音乐会在著名的悉尼歌剧院隆重举办，来自中澳两国的优秀的艺术团队以合唱、舞蹈、器乐、中国传统曲艺等丰富的文化艺术表演形式展现了本国的艺术精髓。2019年6月，"中国旅游文化周——多彩文化·魅力贵州"主题展于19日至27日在澳大利亚悉尼举办，展览期间通过多种形式的旅游推介和人文交流活动等展现中国文化魅力。两国人文交流的常态化标志着中澳两国的人文交流机制初步建立，两国民心相通工程正在启动。

对澳公共外交之势

国际形势，即所谓的"势"，影响具体的外交实践。新时代对澳公共外交更要顺势而为，不可逆势而上。习近平主席指出，当今世界处于百年未有之大变局，这是当今世界最大的势。百年未有之大变局最显著的特征为：第一，国际格局由西方主导转为东西方平衡[①]。新兴国家的崛起带来国际力量对比的巨变。博鳌亚洲论坛所界定的新兴

---

① 金灿荣. 如何深入理解"世界正面临百年未有之大变局". 领导科学论坛, 2019(14).

11 国，2017 年的经济增量已达到世界经济增量的 53.1%，高于 G7 （21.8%）和欧盟（12.8%）的增量占比，已经成为影响全球经济增长举足轻重的力量[①]。第二，处于全球经济新旧动能转换的变革时期。当前，新技术革命带来的产业革命尚处于发展阶段，新经济动能完全替代旧经济动能的时机仍未成熟。但从新技术应用中谋求经济新动能的发展道路已经在大多数国家中形成共识。第三，制度优势变化。西方治理机制与规范应对全球问题捉襟见肘，甚至"以退为进"地破坏现有国际机制，而以中国特色社会主义道路为代表的新现代化模式打破了西方模式一统天下的局面。我们应抓住百年未有之大变局带来的机遇，抓住澳大利亚的合作需求，积极开展合作。

澳大利亚一直以"中等强国"自居。中国要注意到澳大利亚实行中等强国外交的独立性和自主性，加强探索两国在全球治理领域的合作。在全球经济治理体制改革、反对贸易保护主义、构建开放型世界经济和多边自由贸易体制等领域，中国与作为中等强国的澳大利亚具有一定的利益趋同性和立场相近性，两国存在挖掘合作潜能、创新协调机制的运筹空间[②]。我们应充分把握住澳大利亚试图推行中等强国外交的雄心抱负，抓住机遇、赢得主动，利用 G20、APEC、东亚峰会等新兴国家主导的多边平台与澳大利亚展开合作，以扭转现实政治中的不利局面。

对澳公共外交之术

"术"即方法与手段。中国对澳公共外交之术要做到有目标、有

[①] 博鳌亚洲论坛.新兴经济体发展：2018 年度报告.北京：对外经济贸易大学出版社，2018：11.

[②] 丁工.从战略高度思考中国同中等强国的全球治理合作.印度洋经济体研究，2018（1）.

手段、有重点、有机构①。根据我国国情和现实需要,笔者认为应做到以下四个方面:

(1) 目标:中国对澳公共外交的目标不是简单塑造历史上的中国威望,不是把澳大利亚对中国的态度简单归结为敬畏或心悦诚服,而是将其思想纳入国家发展目标②,即"富强、民主、文明、美丽的负责任大国",循序渐进地使中国在澳的形象循着"负面→中性→正面→亲近"转换,为中国发展塑造和平、稳定、友善的外部环境。

(2) 手段:对内向公众宣传澳大利亚风土人情,对外通过开展文化广播的国际交流形式,利用当地电台、电视台渠道播放中国新闻娱乐节目,利用在澳华侨、留学生和对华投资跨国公司、孔子学院开展针对母国的形象宣传活动,如"创意中国"、文化营销国家活动,塑造充满活力、文明、开放和具有魅力的东方大国形象。

(3) 重点:中国对澳公共外交的重点还在于树立良好的中国国家形象。虽然今天中国的国家形象基本上被澳大利亚媒体给"妖魔化"了,但我们也应该看到还是有很大一部分澳大利亚人普遍对中国有好感,他们只是对中国军事影响力感到担忧。罗伊研究所 2016 年的民意调查显示,分别有 85%、79% 和 75% 的民众认为"与中国人接触""中国文化""中国的经济发展"让他们对中国产生积极看法。这些结果恰恰为中国对澳开展精准传播,塑造国家形象,增进相互认知、理解进而实现中澳民心相通指明了方向③。

---

① 王义桅在《公共外交:塑造中国国际形象》一文中从目标、手段、重点和机构四个方面简要论述了中国特色公共外交战略体系的内容。王义桅. 公共外交:塑造中国国际形象. 解放日报,2003 - 09 - 25.
② 王义桅. 超越国家关系——国际关系理论的文化解读. 北京:世界知识出版社,2008:207.
③ 江璐. 精英的合谋——澳大利亚对华民意研究(2014—2018). 国际论坛,2019 (5).

（4）机构：整合文化和旅游部、外交部、教育部，集中三个部门的优势力量成立中央公共外交领导小组，统一领导驻外文化机构、外交部门以及教育机构的工作。事实上，澳大利亚方面也在为中澳关系发展进行机构上的调整。澳大利亚驻华大使馆 2019 年 3 月 29 日发布消息称，为进一步强化澳大利亚最重要的双边关系之一，莫里森政府将建立一个新的、具有革新意义的"澳中关系国家基金会"，它将集合私营企业、行业机构、非政府组织、文化组织、州和联邦机构以及澳大利亚华人社区的共同努力，为澳大利亚的对华往来助力。

结　语

在西方国家普遍对中国崛起感到焦虑和不安的大背景下，澳大利亚不仅以实际行动起到了反华的"示范作用"，其反华的经验也成为西方国家的"行动指南"。在此背景下，对澳成功的公共外交经验无疑也会对其他西方国家产生示范效应。新时代中国对澳公共外交要让澳大利亚认识、认可和认同中国。我们要讲好中国故事，以让澳大利亚认识中国；阐释好中国与全球化的逻辑，以让澳大利亚理解中国；汲取中西传统文化智慧并进行创造性转化和创新性发展，寻求价值观最大公约数，以让澳大利亚认同中国。

可以预见，在以后相当长的一段时期内，以澳大利亚为代表的西方反对中国崛起的现象无法改变，所以公共外交坚持"三认原则"也是一项长期工作。只要中国继续以中国特色大国外交推动构建新型国际关系和人类命运共同体，不断用自身发展和改革的红利为全球政治经济做出贡献，更好地满足世界各国对新时代中国外交的期盼，那么以澳大利亚为代表的西方国家对中国进行舆论和政治打压的企图必然会遭到历史无情的驳斥。

第九章　中非民心相通：
　　　　破解"二元"难题，培育民众基础

习近平主席在中非合作论坛第八届部长级会议开幕式主旨演讲中表示，中非双方缔造了历久弥坚的中非友好合作精神。2022年1月6日，王毅国务委员兼外长启程前往非洲，这是中国外长连续32年新年首访非洲。中国外交布局遵循"大国是关键、周边是首要、发展中国家是基础、多边是舞台"的原则，而非洲是当今世界发展中国家最多的大洲，因其巨大的发展潜力成为中国外交的重点地区。虽然传统政府间外交是中非交往的最主要的构成，但是公共外交因其对象和手段的多元优势成为对传统外交的有效补充和发展。尤其是在全球化和信息化时代，公共外交已成为提高中国在非洲的认同度的重要手段。

然而，由于非洲特殊的历史，非洲各国普遍存在二元性，这成为中国在当地开展公共外交的最大障碍。本章将分析如何借公共外交的道、势、术破解"二元"非洲难题，使中非关系更上层楼。

非洲的二元性

非洲是一块历史悠久的大陆，很早就有了人类的踪迹，有着辉煌的历史文化。但 14 世纪以来，随着欧洲出现资本主义的萌芽并进入资本原始积累时期，新兴资产阶级开始向海外殖民扩张，抢占殖民地，掠夺一切可以掠夺的金银财富，与欧洲隔地中海相望的非洲就成为其殖民侵略的最早目标，葡萄牙、荷兰、英国和法国殖民者纷至沓来，对非洲领土进行无情占领和掠夺。新航路开辟之后，从沿海地区到内陆领土，非洲逐渐被欧洲列强瓜分殖民。之后，非洲持续被欧洲国家殖民，直到二战后非洲民族解放运动展开，30 多个非洲国家纷纷开始摆脱宗主国统治，走向独立。1990 年，纳米比亚从南非独立，殖民统治在非洲才彻底走向终结。尽管如今非洲国家都已经成为独立的主权国家，但是殖民主义给非洲各国留下了不可磨灭的烙印。在政治制度、军事体制、语言文化等方面，宗主国都深深地影响着非洲各国，这就造成了非洲显著的"二元"性。

非洲的"二元"性体现在其既非洲化又欧洲化、既原始又现代。原宗主国在非洲的殖民统治带来了欧洲先进的上层建筑，但这种现代的上层建筑却建立在非洲式的落后的经济基础之上。

以北非国家突尼斯为例。突尼斯位于非洲大陆最北端，毗邻阿尔及利亚。1830 年，法国开始侵占阿尔及利亚之后，又开始从阿尔及利亚侵入突尼斯，占领一些绿洲。尽管由于英国的压力，法军又撤退了，但是欧洲列强已然叩开了突尼斯大门，欧洲因素潜移默化地席卷突尼斯。出于对外国侵略和威胁的担忧，当时突尼斯的统治者艾哈迈德·贝伊（1806—1855，从 1837 年开始统治突尼斯，直到 1855 年逝世）开始在国内实行改革。为加强军事力量，他建立了由步兵团、骑兵团和炮兵团组成的正规军，创办了现代化舰队。当时，突尼斯的军队编制就完全与欧洲军队一致。除了建立欧洲式的正规军队，突尼斯还于1840年创办了军事学校，教师来自欧洲，主要是法国。在学校中，学生们除了学习军事课程，还系统地学习了来自欧洲的现代思想和概念，这使他们形成了一个富有凝聚力和与欧洲联系密切的精英群体。在后期，这群熟悉欧洲语言和文化的精英成为欧洲逐渐控制突尼斯的理想中间人。此外，当时的统治者为维持军队修建了一批现代工厂，这些工厂的建厂工程和管理工作也由法国工程师全权负责。然而由于改革开支巨大，加上欧洲"包工头"的舞弊和突尼斯统治阶层与官员的贪污挥霍，突尼斯财政恶化，这给了法国机会，迫使突尼斯接受法国条件苛刻的贷款。1869年，突尼斯的财政开始完全由欧洲国家监督，丧失了经济自主性。在政治制度层面，突尼斯为了缓解来自列强的压力，博取欧洲列强的欢心，同时也出于自身利益的考虑，于1861年颁布了伊斯兰世界的第一部宪法，基本确立了君主立宪制这种欧洲政治制度。在教育文化层面，突尼斯建立了双文化教育的学校，即用阿拉伯语教授传统学科，向法国学习现代语言、数学、科学等课程。这种双文化教育使毕业生与欧洲产生了更紧密的联系，从而有能力在政府内担任职位。可想而知，接受西式文化教育的毕业生在突尼斯政府内形成一支西化的骨干队伍，这对突尼斯这个非洲国家的欧洲化产生了潜移默化的影响，而那时突尼斯还尚未正式成为法国的保护领地。

1881年，法国借口突尼斯入侵其领地阿尔及利亚，派兵占领了突尼斯，强迫当时的突尼斯侯赛因王朝接受其"保护"，双方最终签订了《巴尔杜条约》，突尼斯正式成为法国的保护领地。之后，突尼斯在政治、文化、社会各个层面都更深刻地印上了法国的烙印。突尼斯的现代化程度和对法国的依赖性同时加深。直至今日，这从突尼斯的语言使用依然可见一斑。尽管不是突尼斯的官方语言，法语也依旧是当地具有特权地位和活力的一门外语，也是一门"精英语言"。这体现在，法语是突尼斯学生从小学三年级开始的必修语言，是突尼斯多数高等教育部门主要的教学语言，也是突尼斯人进入关键领域工作的必修课①。突尼斯只是非洲众多被殖民国家的缩影，但从这一小小缩影便可窥见非洲的被殖民国家吸收了来自欧洲的上层建筑；但是在经济层面，畸形殖民经济严重破坏了原有的经济发展模式，但又没有建立起新的经济发展模式，因此殖民地经济十分脆弱，对宗主国的依赖程度极高，人民饱受剥削。

农业是突尼斯最主要的产业。法国在突尼斯开始殖民统治后，占有了大量土地，尤其是最肥沃的土地。投机商哄抬土地价格，突尼斯人无力购买，只能作为租户或佃户继续耕种土地。法国殖民者在突尼斯主要发展殖民农业，种植葡萄和油橄榄以满足国内需求。因为法国人掌握酿造葡萄酒的技术，所以葡萄栽培的利润几乎全归殖民者所有，当地农业工人仅仅作为一种生产工具存在，突尼斯本来的经济模式被殖民者完全破坏。"欧洲人控制土地，提高地价以及必需品的价格，每年把更多的土地控制在手中，圈起来，守卫它，保护它不被放牧和擅自进入，他们引进新的种植方法，打乱了穆斯林劳动者的耕种管理。"② 除了农业以外，突尼斯还是法国磷酸盐和石油的来源地之

---

① CAROLINE V. Le français en Tunisie：une langue vivante ou une langue morte?，Le français aujourd'hui，2006/3（n° 154）：83 - 92. DOI：10.3917/lfa.154.0083. URL：https：//www. cairn. info/revue - le - francais - aujourd - hui - 2006 - 3 - page - 83. htm.

② DELLAGI M. une campagne sur l'insécurité des colons de Tunisie en 1898. Revue d'Histoire Maghrébine，1977（7 - 8）：101.

第九章 中非民心相通：破解"二元"难题，培育民众基础

一。尽管为了发展采矿业，法国致力于改善突尼斯的交通运输条件，修建了港口、铁路和公路，客观上有利于当地经济发展，但这完全是出于宗主国自身的利益考虑。在殖民时期，突尼斯矿业的发展纯粹依赖于法国垄断资本，利润也几乎完全为宗主国所攫取，财政则完全被宗主国掌控。在非洲的其他国家，情况也类似，殖民者只是因为非洲广阔的领土、丰富的资源和充足的劳动力而将其视作重要的原料产地、劳动力来源地和商品市场。在非洲，主要的殖民经济形式是采矿业和种植园农业，每个被殖民国家经济形式单一，只是宗主国经济的附属体。直到今天，殖民经济的后遗症还未消除，法国仍是突尼斯最大的出口地，突尼斯经济的波动几乎与法国捆绑在一起。不合理的经济结构导致非洲前殖民国家经济的脆弱，使其经济对于前宗主国市场的依赖性强。

总而言之，非洲的上层建筑并不是其经济基础发展到一定程度时自然产生的，而是"外源性"的，是被宗主国强加的或者是在宗主国的潜移默化中形成的，这造就了"二元"非洲。一方面，前宗主国象征着进步和富裕，是非洲殖民国家心目中灯塔般的存在；另一方面，前宗主国为这些国家带来了无尽的痛苦和难以愈合的创伤，非洲国家对其欧洲"养父"的复杂情绪和殖民历史造成的上层建筑与经济基础不匹配的状况造成了中国对非洲开展公共外交的障碍。

为何公共外交要重点把握非洲

非洲和中国渊源颇深，不论是从未来、现在还是过去看，中国都有必要重点把握非洲，因此要对非洲进行更有效的公共外交，建立中非之间深厚的友谊，以加强未来各方面的合作。

未来：非洲是希望之洲

在全球经济增长普遍放缓的今天，非洲还维持着其较为强劲的增长势头，并拥有巨大的发展潜力。向未来看，非洲是希望之洲。非洲大陆拥有世界上最大的自由贸易区和超过 12 亿人口的市场。如果在未来非洲可以妥善利用其资源和人才的潜力开辟一条全新的发展道路，那么非洲将充满希望、发展前景可期。

第一，非洲是一个劳动力充足且年轻的大洲。虽然如今年龄在 15 岁至 64 岁之间的非洲人的数量只是亚洲同年龄段人口的四分之一，但随着亚洲出生率降低，人口老龄化严重，到 2100 年，非洲劳动人口数量将超过亚洲[①]。劳动力是经济发展不可或缺的要素。随着中国人口增长率的下降和经济的发展，老龄化将成为经济进一步繁荣的阻碍，所以中国将会对来自其他地区的年轻劳动力有更大的需求，非洲可作为重要选择之一，因此发展好和非洲的关系非常关键。

第二，非洲市场广阔。截至 2016 年，非洲已经拥有超过 12 亿人口，并且人口仍在持续增长中。随着技术的发展，世界各国的生产力普遍提高，尤其是中国，这就需要开拓更大的市场。非洲人口众多且人口增长率维持在 2.5% 以上，对各种生产生活用品的需求大，是未来理想的市场之一。

第三，非洲经济发展潜力大。2019 年，世界上增长最快的四个经济体在非洲：科特迪瓦、埃塞俄比亚、加纳和卢旺达。非洲幅员辽阔，拥有面积为 30 221 532 平方千米的广阔土地，占全球总陆地面积

---

① TANZI A，Wei Lu. Africa's Working‐Age Population to Top Asia's by 2100. Bloomberg，2019‐07‐20. https：//www.bloomberg.com/news/articles/2019‐07‐20/africa‐s‐working‐age‐population‐to‐surpass‐china‐s‐by‐2100.

第九章 中非民心相通：破解"二元"难题，培育民众基础

的20.4%；资源丰富，石油储量占世界的12%，金属矿产种类多、储量大，但非洲大多数国家的经济结构比较原始单一，经济依赖于出口初级产品和中间产品，国民经济受国际市场上初级产品价格波动影响大；进出口目的地比较单一，大多为欧洲国家或非洲内部其他国家[①]，一旦欧洲出现经济危机，对非洲国家出口商品需求下降，那么非洲经济也将随之受到重大打击，如2009年欧洲发生主权债务危机之后，突尼斯的经济增长率从2008年的4.238%跌至3.043%，到了2010年更是跳水式下跌至-1.917%。因此，非洲国家为了增强其经济的可持续发展性和韧劲，需要进行产业转型升级，同时要避免对前宗主国的过度依赖，开发更多元的市场，这就要求它们寻找新的贸易合作伙伴。中国作为最重要的新兴国家，与非洲存在经济上的互补性，中非在经济上的合作大有可为，而发展良好的中非外交关系是经济合作的基石，因此我们需要在公共外交上重点把握非洲。

现在：中非交往存在问题

虽然未来中非友好合作大有可为，但是正视现在，中非交往还存在很多问题。首先是双方存在误解。虽然中国与非洲的交往源远流长，但是真正开始对非洲的研究始于中华人民共和国成立之后。70多年间，中国对非洲的研究曲折发展，得到了更多的关注，但是相较于欧洲、东北亚和美洲，对于非洲的研究在区域研究中的基础仍较为薄弱。在民间，关于非洲的知识及其真实情况的普及率也较低，加之国内媒体关于非洲的报道负面信息居多，因此中国普通大众对非洲了解少且对非洲的认知以负面刻板印象为主。

---

① Resources for Importing from & Exporting to Africa. http://www.afrst.illinois.edu/outreach/business/imports/.

而非洲人对中国同样存在误解，例如：中国产品的质量普遍比较差；中国人没有信仰约束，诡计多端，不可靠；中国人善于利用"关系"，却不遵守法律法规；中国人对黑色人种有种族歧视，瞧不起非洲人等等。

现在存在的双向误解，中国和非洲双方都负有责任。从中国找误解产生的原因，主要有：第一，中国社会的确还存在对非洲人的轻视，尚存在"嫌贫爱富"的思想。第二，中国媒体推波助澜。中国真正去过非洲的人相对较少，因此对非洲的了解主要依靠国内媒体。有学者基于对《人民日报》《新华每日电讯》等媒体的定量分析，认为在国内媒体对非报道中，军事报道（主要为战乱、军事政变等）占有较大比例，在非洲社会、文化等领域的报道明显具有猎奇倾向[①]。这使没有亲身到达非洲的大多数中国民众先入为主地形成了对非洲的负面印象，从而更加不愿意直接和深入地了解非洲。第三，在非洲的华侨华人的确存在损害中国形象的不良行为，西方话语体系倾向于将所有在非洲活动的中国行为体归于一个所谓的"中国集团"。中国所包含的行为体众多，难免良莠不齐，个别主体不恰当的行为很容易被非洲当地公众认为是中国和所有中国人的行为，如一些在非洲的中国投资者存在投机行为、在非洲只考虑自己的经济利益而缺乏责任意识。第四，中国的外交手段没有跟上经济影响力。中国对非洲的外交仍主要采用传统的"宣传"（propaganda）手段，主体和形式都比较单一，参与者主要是政府，形式也比较呆板，难以真正自我表达。第五，语言隔阂、沟通不畅。中国的汉字与非洲各国语言完全属于不同语系，汉字甚至根本不属于字母文字，因此非洲人民就算感兴趣，学习起来

---

① 明亮.国内媒体塑造的非洲形象：基于对《人民日报》等媒体的定量分析.新闻爱好者，2010（9）.

也十分困难。相比之下，英语和法语在非洲的使用率就高得多，因此语言在中非之间筑起了一堵高墙。

从非洲找误解产生的原因，主要有：第一，非洲和原宗主国关系密切，从原来的"父子关系"到"兄弟关系"再到现在的"伙伴关系"①，不论是在政治体制上还是社会文化上受其影响都深远持久，非洲精英大多接受过西式教育，非洲的媒体被欧洲控制——舆论界欧化严重，长期视其原宗主国模式为典范。因此，非洲对中非关系的解读也深受其害。第二，非洲工业化发展基础差、起步晚，因此人民失业率比较高，撒哈拉以南的非洲近年来失业率均在6%以上，很多年轻人找不到工作，给中国民众留下了负面印象。加之非洲很多国家气候对于农业生产来说得天独厚，因此非洲农民不必像中国人一样勤勤恳恳与天斗，这也是勤劳的中国人觉得非洲人懒惰的原因之一。第三，在中国，不论是新闻媒体还是民众，常常只重视作为整体的非洲而忽视非洲内部多样的国家，因此常常把个别国家局势的不稳定视为非洲整个大陆的不稳定，而关于战乱的新闻又极容易引起公众的关注，中国国内民众由此对非洲形成了局势危险的印象。

过去：中非拥有共同历史记忆

尽管存在问题，但这些问题不是没有解决的可能性，尤其是通过公共外交的手段。因为中国和非洲国家拥有共同的历史记忆，也有希望创造共同的光明未来。中国和非洲各国都曾有过被西方发达国家侵略殖民的记忆，之后又相互支持、携手反对外来殖民统治，寻求民族独立。独立后，中国是世界上最大的发展中国家，非洲是世界上发展

---

① 李安山. 浅析法国对非洲援助的历史与现状：兼谈对中国援助非洲工作的几点思考. 西亚非洲，2009（11）：13-21.

中国家最集中的大洲。中华人民共和国成立初期，自身经济基础薄弱时就开始大量援助非洲国家，例如援建坦赞铁路，打通了南部非洲大陆的交通大动脉；非洲国家则大力支持中华人民共和国恢复在联合国的合法席位，将中华人民共和国"抬"进了联合国。这种历史上相濡以沫、同舟共济的经历是中国和非洲友好合作的重要情感源泉。

公共外交道、势、术如何破解外交难题

怀着相似的历史记忆，"中非早已结成休戚与共的命运共同体"，正视并努力解决现存的矛盾。展望未来，非洲将是中国构建人类命运共同体的可靠伙伴。正如中国国家主席习近平在2018年中非合作论坛北京峰会开幕式上发表主旨讲话所说的："'海不辞水，故能成其大。'中国是世界上最大的发展中国家，非洲是发展中国家最集中的大陆，中非早已结成休戚与共的命运共同体。我们愿同非洲人民心往一处想、劲往一处使，共筑更加紧密的中非命运共同体，为推动构建人类命运共同体树立典范。"[1] 而要想使中非命运共同体更紧密地联系在一起，就需要用公共外交的道、势、术破解现存的外交难题，实现民心相通。

对非公共外交之道

中国对非公共外交之道在于说服非洲。中国的崛起打乱了现有世界秩序中的国家排位，让适应了旧秩序的世界产生了不适应、警惕的情绪甚至备感威胁，尤其是西方发达国家。而非洲因为其与西方发达

---

[1] 习近平. 携手共命运　同心促发展：在2018年中非合作论坛北京峰会开幕式上的主旨讲话. 新华网. http://www.xinhuanet.com/politics/2018-09/03/c_1123373881.htm.

第九章 中非民心相通：破解"二元"难题，培育民众基础

国家的千丝万缕的联系，其对中国的认知也深受西方世界的影响。目前，国际上对中国对非战略的误解和指责可以概括为以下几种："扩张论""新殖民主义论""掠夺能源论""漠视人权论""援助方式危害论""破坏环境论"[①]。这些西方论调也随着欧洲国家媒体在非洲大陆的发行而广泛传播。对非公共外交之道就在于让非洲认清西方抹黑下的中国究竟是何样子。

中国对非公共外交之道在于表达中国。在中国，"少说话、多做事"常常被认为是一种美德。在外交上，中国人也遵循此道。在开展对非公共外交时，中国人就存在弱于自我表达的问题，往往是为非洲人民做了很多，却说得很少，导致外交效果欠佳。在公共外交中，如果我们自己不会说，那么我们就只能听别人说，或者让别人替自己说。而因为非洲的二元性，如今在非洲声音最大的不是非洲人而是西方国家，警惕于中国崛起的西方国家恐怕只会说出"中国威胁论"之类的话语。因此，公共外交的重要事情就是表达真正的中国：我们从哪里来？我们是什么样的？我们要到哪里去？

中国对非公共外交之道在于启示世界。中国历史悠久、传统文化资源丰富，中华文明有其特有的哲学。同时，中国作为当今世界最重要的国家之一和负责任的大国，其公共外交不仅是为了实现本国的外交目标，还有责任利用本国独特的外交哲学和文化启示世界，贡献一种独特的外交思路。

中国对非公共外交之道在于机制建设。稳定的机制是中非交流的保障，机制建设是中非增进友谊和互信的一项长期性、基础性工作。中国和非洲的交流机制主要是中非合作论坛。论坛成立于 2000 年，

[①] 李安山. 为中国正名：中国的非洲战略与国家形象. 世界经济与政治，2008（4）：3，6-15.

成员包括中国、与中国建交的 53 个非洲国家以及非洲联盟委员会。在这个平台下，中国和非洲各国在政治、经贸、人文和安全领域开展了诸多合作，大大推动了中非关系的发展。在四大领域的合作中，人文交流是公共外交能有效发挥作用的最重要的领域。公共外交的最高境界是民心相通，人文交流则搭建了不同民族、不同国家之间文明交流互鉴的桥梁。2012 年，中国和非洲国家首次举办了"中非合作论坛——文化部长论坛"。这是中非文化高层战略对话机制建立的标志。在这个框架下，中非逐渐落实了多项人文交流活动，包括文化人士互访、人力资源培训等。除了中非合作论坛，孔子学院和孔子课堂也是中非人文交流的重要平台。非洲 46 国中共设置孔子学院 61 所、孔子课堂 48 个[①]。除此之外，双方还建立了中非智库、民间、媒体等多个人文领域的机制性分论坛活动。中国和非洲国家之间的人文交流机制是双方增进了解、减少误解、相互理解的重要渠道。

对非公共外交之势

中国古代先贤老子强调"顺势而为"，开展公共外交之势是不断变化的国际大背景。当今适逢百年未有之大变局，中国公共外交更需因势利导、灵活变通。目前，世界格局发生变化，国际地位出现"东升西降、南升北降"的变化趋势。随着中国崛起，守成国必会先发制人地打击，反映在公共外交上就是不断地颠倒黑白，质疑和抹黑中国。例如，西方媒体和社交网络将中国香港警察依法逮捕暴力示威者丑化成主动攻击无辜平民；又如，将中国为了提升新疆少数民族群众职业技能而设立的职业技能教育培训机构说成"拘禁营"或"再教育

---

① 孔子学院官网. http://www.hanban.org/confuciousinstitutes/node_10961.htm.

营",指责中国政府在营内羁押和虐待少数民族人民。面对这样的不利之势,中国应该把握住主动权而不是仅仅被动反击,跟在负面新闻后不断解释。例如,中国国际电视台(CGTN)就向全世界发布了《中国新疆 反恐前沿》纪录片,派记者走进新疆,探访新疆少数民族人民的真实生活,并制作了一系列影片展示西方镜头之外的真实新疆。在对非公共外交中,中国也应该采取更积极的做法,主动展现中国在非洲的真正作为,阐释非洲国家和中国究竟能从"一带一路"倡议中得到什么、人类命运共同体是怎样的共同体,使中国在非洲进行"新殖民主义"等无稽之谈不攻自破。此外,在全球化时代,中国还应该在整体上加强自己在国际事务中的议程设置能力和话语权,这样才能掌握国际话语体系中的主动权,更好地说服非洲、表达中国、启示世界。

当今世界最新的大势是数字化。在数字时代,公共外交有了大显身手的新舞台。当今最大的社交网络用户数量甚至比人口最多的国家的人口数量还多。因此,公共外交需要把握住新时代的新工具,掌握"制信息权"。在非洲,随着网络技术的普及,网民数量大增。据统计,非洲拥有网民52 500万[①],其中网民数量最多的尼日利亚已有超过1 234万网民[②]。2018年脸书在非洲拥有超过13 900万用户(脸书是2019年世界范围内以及非洲最普及的社交网络[③])。由此可见,在数字时代,社交网络应该成为中国对非公共外交的新阵地。

---

① https://www.cfr.org/blog/last-month-over-half-billion-africans-accessed-internet.

② https://www.statista.com/statistics/505883/number-of-internet-users-in-african-countries/.

③ https://www.statista.com/statistics/272014/global-social-networks-ranked-by-number-of-users/.

对非中国外交之术

公共外交之术是道和势的具体表现形式,是真正落实公共外交的具体操作,包括中国进行公共外交要实现的目标、开展公共外交的手段、公共外交的重点领域和对象以及操作的主体。

开展公共外交首先要明确目标。自信、务实、开放、负责的中国,是我国公共外交的基本目标定位[①]。对非公共外交也不例外,我们在非洲开展公共外交是为了在当地树立良好的形象,是非洲各国亲近中国、服务于培养中非之间更强的政治互信和"一带一路"倡议框架下中非更广泛的经济合作的具体实践。

公共外交真正发挥作用必须通过多样化的手段。南加州大学教授尼古拉斯·J. 卡尔(Nicholas J. Cull)在其作品 *Public Diplomacy: Foundation for Global Engagement in the Digital Age* 中总结公共外交有五大手段:倾听、说服、文化外交、交换外交和国际广播[②],同样可以运用到对非公共外交中。

第一,倾听。不论是因为既现代又原始的"二元"性,还是因为构成国家众多的多重性,非洲都注定是一个复杂的综合体。因此,对非开展公共外交首先要倾听,了解公共外交的对象从哪里来、想获得什么和要到哪去。《孙子兵法》有言"知己知彼,百战不殆",只有通过倾听,才能对对方有更深入的了解。

第二,说服。即中国需要进行自我表达,讲清我们是谁、我们从

---

① 王义桅. 国之交如何民相亲:新时代中国公共外交之道. 北京:中国人民大学出版社,2020:59.

② CULL N J. Public diplomacy: foundation for global engagement in the digital age. Cambridge: Polity Press, 2019: 4.

第九章 中非民心相通：破解"二元"难题，培育民众基础

哪里来、我们要到哪里去或者说我们在非洲的目标是什么。我们是谁：中国是最大的发展中国家、国际和平坚定的维护者和发展中国家进步的推动者，我们的崛起是和平崛起，不称霸，也坚定反对其他国家称霸，因此完全不存在在非洲实行"新殖民主义"的可能性。我们从哪里来：中国对非外交哲学的源头是其独特的传统文化和与非洲相似的历史遭遇。中国"以和为贵"，从来都是爱好和平的国家，强调"双赢"，曾经都被西方列强欺凌的经历让中非站在了一起。中华人民共和国成立以来，中国重视发展与非洲的关系，平等真诚对待非洲各国，竭尽所能帮助非洲兄弟发展。"我们（中国和非洲）之间的关系是兄弟关系，而不是父子关系"[①]。现在，中国对非公共外交沿袭了中非传统外交的基调，因而非洲大可不必过分警惕。我们要到哪里去：阐明我们的目标是什么。过去，我们的公共外交常在这个问题上做得不够，总是在阐明目的时含糊其辞，顾左右而言他，试图努力淡化和隐藏公共外交的真实目的而使公共外交行动更容易被对方接受，然而效果却总是适得其反。委婉务虚反而使对象国或者域外关注中国一举一动的其他国家以最大的恶意揣测中国在非洲进行公共外交的真实意图。例如"一带一路"框架下的各种经济合作项目，中国时常强调其对非洲对象国的好处，却较少提及中国能从中获取什么利益，在商却不言商，很容易就招致负面揣测。因此，中国需要妥善地表达自己，包括孔子所言的小人所喻的"利"，处理好义利之间的平衡关系。

第三，文化外交。文化外交是指一个行为体通过对外传播其生活方式、信仰或者艺术等文化因素影响国际环境，并使国际环境朝对其

[①] 中华人民共和国外交部，中共中央文献研究室. 毛泽东外交文选. 北京：中央文献出版社，1994：490-492；黎家松. 中华人民共和国外交大事记：第2卷. 北京：世界知识出版社，2001：432-433，438.

有利的方向转变[①]。中国是四大文明古国之一，而且是唯一一个文明没有中断的国家，因此中华文化是中国公共外交最宝贵的财富。传统文化元素中的武术就极具代表性。塞内加尔奥委会主席马马杜·恩迪亚耶2020年1月9日在瑞士洛桑接受新华社记者专访时表示："非洲所有地区、所有人民都对武术感兴趣。在非洲有300万武术爱好者，39个非洲国家的人经常练习武术，可见武术在非洲受欢迎的程度。"除了在非洲推广中国传统文化，中国也越来越注重开发当代文化要素，如电视剧、电影、音乐、文创产品等。2013年中国电视剧《媳妇的美好时代》在坦桑尼亚热播，使坦桑尼亚观众了解到中国老百姓真实的家庭生活，引起了当地人的共鸣，使非洲人民对中国人更加亲切，这就是成功的公共外交。今后中国对非洲，公共外交应该在传播中国优秀传统文化的同时注重挖掘当代最新的文化，予以开发和传播，通过文化共鸣拉近双方的距离。

第四，交换外交。顾名思义，就是通过互派公民到对方国家进行一段时间的学习或者交流来促进双方的相互了解。近年来，中国为非洲学生提供了更多政府奖学金，鼓励他们来华学习。据教育部统计数据，2018年来华留学非洲学生总数为81 562人，占16.57%，非洲成为继亚洲之后第二大来华留学生来源洲[②]。除了来华留学，中华人民共和国商务部还设立了国际商务官员研修学院，负责承办商务部委托的援外培训项目执行任务，接待了很多来自非洲的官员来华学习。同样，目前非洲华侨华人总数在100万左右，在非洲从事各领域的工作

[①] CULL N J. Public diplomacy：foundation for global engagement in the digital age. Cambridge：Polity Press，2019：5.

[②] 中华人民共和国教育部.2018来华留学统计.http：//www.moe.gov.cn/jyb_xwfb/gzdt_gzdt/s5987/201904/t20190412_377692.html.

或学习。人是传递信息最灵活的信鸽。毛主席有言：没有调查就没有发言权。开展对非公共外交就要给予更多非洲人机会，让他们真正到中国，接触中国人，感受中国的生活。只有这样，他们才会形成自己对于中国的真实认识，而不是听信一些西方媒体的虚假报道。当然，中国人也需要主动走出去，走入非洲，打破原有的对非洲的刻板印象，了解真实的非洲。

第五，国际广播。建设对非洲的国际广播是向非洲传递真实中国形象的关键。由于非洲的"二元"性，很多西方广播在非洲散布关于中国的虚假消息和新闻，因此构建中国在非洲的发声渠道极为重要。2003年中非合作论坛召开第二届部长级会议后，中国加快推进中国国际广播电台在非洲落实的计划。自2004年11月起，中国通过摩林通讯公司在南非的短波发射台向撒哈拉以南非洲国家转播英语和汉语普通话节目。2005年5月，中国开始借助南非米拉德国际控股集团公司的卫星广播平台，用法语、英语、斯瓦希里语等6种语言向非洲50个国家开展国际广播。仅在"十一五"规划期间（2006—2010年），中国国际广播电台便计划在刚果、坦桑尼亚、加纳、乌干达、埃塞俄比亚、利比里亚、加纳、马里、南非、赞比亚等非洲国家和地区实施整频率落地项目[①]。在今后的对非公共外交中，应继续在扩大对非洲国际广播规模的同时提高质量，因地制宜地推动对非广播的本土化，使当地人更感兴趣，从而提高国际广播所承载的公共外交效果。

对非公共外交的领域广泛，全盘摊开后见效慢，因此需要抓一些关键领域的重点项目。例如，同样是对非援助，中国大多援助的是大型的基建工程，对对象国的国计民生有重大意义，如非盟总部会议中

---

① 张哲. 中国对非洲广播宣传的理念与策略. 西亚非洲，2008（6）：54.

心和各种高速公路，但是这些项目距离普通民众的生活比较遥远，民众难以直接从中获得可见的帮助。反观日本对非洲的援助，很多是通过志愿者和小型团队完成的，操作精细化，项目虽小但可以切实帮助非洲民众解决生活实际需求，在完成项目的过程中还可以与民众深度互动交流，融入当地社会，在潜移默化中传播日本文化、建构日本形象。因此，在未来对非公共外交中，我们在发展中国特色公共外交的同时可以学习日本外交的长处，更加关注民生领域的小型项目，抓住实际目标，如减贫发展等现实关切、联合国千年发展目标，使民众切实从中获益，从而获得普通民众直接的好感。非洲对华形象的形成建立在每个普通民众的看法之上，因此民众的好感可以推动在非洲良好中国形象的形成。

为了使对非公共外交更有效果，公共外交需要有多样化的参与主体。公共外交和传统外交应该是相辅相成的，而传统外交的操作主体一般是政府，那么，作为补充，公共外交应该有除政府以外的多样主体的参与，以覆盖到对象国对应的广泛客体。非洲因为其"二元"性，有较为完善的市民社会，企业、媒体、非政府组织（NGO）、智库和非政府组织受欧洲国家影响深，发育比较成熟。相应地，中国在开展对非公共外交时也要加强主体的多样化。根据中华人民共和国商务部的数据，中国自2009年起已连续10年成为非洲最大贸易伙伴，对非累计投资超过1 100亿美元；截至2018年底，中国在非洲设立的各类企业超过3 700家，对非全行业直接投资存量超过460亿美元。公共外交需要企业的参与，因此，在非企业除了关注自身获得的经济利益之外，还需要承担相应的公共外交责任。具体而言就是，首先做好品牌，根据非洲市场的需求生产符合需求的高质量产品，扭转中国商品质量差的负面印象；不留把柄，即尊重当地的风俗习惯，遵守法律法规，扭转中国企业给非洲人留下的负面印象；主动亲近，即加强

第九章　中非民心相通：破解"二元"难题，培育民众基础

和当地社区与居民的联系，为当地居民提供更多就业岗位和基础设施，更有社会责任感，扭转中国企业落地非洲只是为了经济利益的负面印象。目前，中国企业已经开始慢慢做到以上几点，例如传音公司就聚焦非洲市场的需求，逐渐摸索出在非洲销售的产品独特的定位，针对经常断电、停电等用电困难的地区推出超长续航的手机，针对非洲用户肤色较深推出有美白相机功能的手机，还在保证质量的基础上降低手机价格，这种精准定位赢得了非洲消费者的广泛青睐。2018年，传音手机在非洲市场的占有率达到48.71%①，获得很高的经济收益，与此同时还提供了大量就业岗位：在埃塞俄比亚的传音工厂中，90%以上的员工来自当地。除了在非洲进行生产活动创造就业、提高当地居民收入外，传音公司还发挥了自己的企业社会责任，积极融入本地社区，捐赠奖学金、铺设路灯、捐献物资等；中国员工还自发组建志愿者群，每月前往非洲当地贫民窟、孤儿院为孩子们提供所需，真正与非洲当地社群做到民心相通。传音公司在非洲坚持"义利相兼、以义为先"的做法，为树立正面的中国形象做出了很大贡献。

除了在非洲的中国企业，华侨华人也是极其重要的公共外交主体。公共外交的艺术是将他者（others）变成我者（ego），使双方加强同质性。在非洲的华侨华人对于非洲而言曾是"他者"，现正渐渐转变或已经成为"我者"。因此，华侨华人是中非交往重要的桥梁。保守估计，目前非洲华侨华人总数在100万左右。其中，华侨华人超过10万以上的非洲国家为南非、安哥拉和尼日利亚，分别为28万、26万和18万左右②。每一个在非华人都可以成为中华文化和中国国情的传

---

① 国际数据公司. https：//www.idc.com/getdoc.jsp?containerId=prCEMA44905119.
② 赵俊. 论非洲华侨华人与中国对非公共外交. 非洲研究, 2013（1）：11, 206-218.

播者。而且以老带新，对非洲有一定了解的老华人可以指导和帮助新移民融入，减少移民与当地民众的矛盾。此外，一些在非洲的华人依靠自己的智慧和勤勉劳动拥有了较为雄厚的经济实力和较高的社会地位，借助他们自身的影响力和号召力，中国对非公共外交将会事半功倍。2001年，华人胡介国由于其对尼日利亚经济的重要贡献被推选为酋长，2004年又被尼日利亚总统任命为总统顾问。他依靠自己的努力促进了中尼两国人民的友好关系。华人主办的媒体可以发挥信息沟通、展现中国形象等功能。2009年创刊的博茨瓦纳《非洲华侨周报》的内容涵盖报纸发行国的当地新闻、非洲新闻、国际新闻、中国新闻（含港澳台），促进当地华人和非洲人民的相互了解。由此可见，华人是培育非洲国家对华友好舆论和民众基础的主力军。

总而言之，在公共外交中，让对方来宣传比自我宣传有效，让对方自己来看比我们说有效，用事实和案例比宣传说教有效。因此，中国对非公共外交需要借助多元主体，综合运用各种手段。

结　语

非洲国家是中国重要的外交伙伴，也是未来世界发展的重要区域，战略地位非凡。然而，非洲因为其历史遭遇和现实因素具有其独特的"二元"性。因此，对"二元"非洲的外交要秉承公共外交之道、乘世界大潮流之势，综合运用具体的公共外交之术，在非洲树立良好的中国形象，加强中非双方各方面的联系与合作，携手打造责任共担、合作共赢、幸福共享、文化共兴、安全共筑、和谐共生的中非命运共同体。

第十章　中拉民心相通：
超越传统悖论，提升希望引力

"大时代需要大格局，大格局需要大智慧。"当今世界，正面临百年未有之大变局，公共外交再次成为显学，中国公共外交更是成为显学中的显学。在这一时代背景下，中国与发展中国家的关系，尤其是中国与拉美地区的公共外交事业，更是乘着新时代的快车进入了快速发展的历史最佳时期，吸引了来自中国乃至全世界学者的关注目光。

据不完全统计，目前中国有140多所院校开设了西葡语专业，拉美与加勒比研究机构也超过了60家①，足见学界对拉美历史发展的重视。然而，中国对拉美公共外交的发展历程，并非从诞生之时即得到广泛关注。在20世纪70年代，受中苏关系破裂等多种不利因素的影响，在很长一段时间内，中国对拉美国家公共外交事业的开展空间是十分有限的。事实上，拉美作为距离中国最遥远的一块大陆，中国开展对拉美公共外交受物理距离因素的制约，面临着系列挑战。

近年来，中国对拉美关系不断升温，经贸往来、政治互信、文化

---

① 新华社. 中国国际问题研究院成立拉美与加勒比研究所. http：//www.china.com.cn/opinion/think/2018-10/31/content_69232122.htm.

交流持续深化，中国对拉美国家外交正在全面开展，吸引了越来越多的社会精英、研究学者以及普通民众参与到中国对拉美国家公共外交的实践中来。距离虽远，但"吸引力"似乎越来越大，这背后是何种逻辑？在公共外交领域，距离究竟产生美，还是滋生困惑？心理距离和空间物理的距离之间究竟成反比还是成正比？两者之间呈现出何种关系？

为了给予这些问题合理解释，本章基于中国对拉美国家的公共外交的历史与现状进行比较分析，提出公共外交的"万有引力"假说；在认识中国对拉美公共外交三大传统悖论的基础上，考量空间距离与心理距离两个变量对公共外交政策的影响，探寻中国对拉美国家公共外交背后的学理逻辑，并用"万有引力"做出合理解释，希望能够"以小见大、以近知远、以所见知所不见"，探寻中国公共外交具有"普适性"的一般规律，克服中国对拉美公共外交的悖论与挑战，实现中国公共外交事业的创造性转化和创新性发展。

中国对拉美公共外交的传统悖论

中国对拉美国家公共外交的悖论主要表现为拉美国家对中国的认知悖论，具体包括三个方面，分别是怀疑-担忧悖论、二元属性悖论、精英-民粹悖论。

首先是怀疑-担忧悖论。一方面，拉美国家对中国抱有期待，希望中国成为拉美地区发展强有力的加速器，实现合作共赢、共同发展。这种期待体现在两个方面：在自身发展方面，拉美地区希望通过外资投入带动国内基础设施建设和新兴产业发展，实现拉美地区的经济复苏；中国则凭借强大的经济实力成为对拉投资和贸易不可或缺的主力；在对外关系方面，拉美希望借鉴中国的发展模式，实现发展中国家的超越，彻底摆脱对美经济依赖以及美国"后花园式"的政治干预，以更加独立自主的形象出现在世界舞台上。

另一方面，拉美国家对中国存在担忧心理。此外，拉美地区的众多国家对中国抱有较高期望，希望借助中国力量，减少美国干预，提升新兴国家地位，壮大发展中国家力量。如果中国的政策未能完全满足要求，反而可能引起拉美地区国家的抱怨。

从经贸关系的视角，即两国联系最为紧密的视角来看，拉美国家的恐惧主要来自经济依附的"伤痛"历史记忆。拉美一些国家的经济靠大宗商品拉动，其中拉美国家对中国的初级产品出口和中国企业在拉美能源与矿产方面的投资起了重要的作用。这就让拉美人回忆起进口替代工业化之前的经济模式，形成一定的担忧心态[1]。

其次是二元属性悖论。拉美自身属性存在二元性和双重性，这种二元性主要体现在三个方面。从国家属性来看，拉美国家多是南方国家与西方文化的融合体，政治上多是西方社会的民主制度，经济上则相对滞后，经济与政治的二元不平衡成为近年来智利、厄瓜多尔、玻利维亚等国动乱的动因之一。

"左右不是"的政治处境与"左右两难"的媒体处境相伴相生。从拉美地区媒体偏好来看，中国与拉美之间缺乏信息的直接沟通，拉美民众更多地从西方媒体了解中国，容易受西方观点左右。中国企业做得不好，受到当地媒体指责；中国企业做得太好了，以至于挑战欧美企业，又遭到西方舆论的指责。这就是中国的两难处境[2]。

---

[1] 王义桅. 拉美对华态度复杂 背后有十大根源. https://www.guancha.cn/WangYi-Wei/2015_01_09_305785.shtml.

[2] 王义桅. 拉美对华的认知悖论. https://mil.huanqiu.com/article/9CaKrnJGuqx.

最后是拉美地区对华认知存在精英-民粹悖论。就目前拉美社会的阶层分布来看,精英阶级在向拉美社会各界解释中国社会、解读中国形象方面起到主导作用。受时间、空间等限制,多数精英对中国的了解局限于美国等西方国家勾勒的世界,因此在向普通民众传递信息时可能存在偏差。此外,国际社会近年黑天鹅事件频发,民粹主义思想向拉美蔓延,增加了中拉关系发展中的不稳定因素。

综上所述,拉美地区对中国抱有较高期待,同时又充斥着怀疑和担忧,再结合拉美自身的二元悖论属性和自身政治经济发展的不平衡,使拉美地区内部的矛盾突出,对华政策的不确定因素增加,加之西方对拉美的长期干预与话语体系构建,进一步导致了拉美地区精英对华认知偏差。

虽然悖论仍然存在,但中国对拉外交成果斐然,拉美地区吸引了社会各界人士的参与和关注,这背后离不开百年未有之大变局下中国公共外交事业的新发展,需要符合时代发展新需求的理论加以解释,这也正是我们希望阐释的核心问题。

超越悖论:公共外交的"万有引力"假说

1687年,著名物理学家艾萨克·牛顿在其专著《自然哲学的数学原理》中提出了万有引力定律,解释任意两个质点通过连心线方向上的力相互吸引,用公式可以表示为:$F=Gm_1m_2/r^2$,即"引力大小与它们质量的乘积成正比,与它们距离的平方成反比"。

"万有引力"假说可以为新时代的公共外交事业提供全新的理解视角,即:在全球化($G=$Global)、信息化的新时代下,甲国和乙国在公共外交方面的互相吸引力(F)与两国的发展水平、综合实力

(m_1 与 m_2) 密切相关，成正比；与两国之间的距离 (r) 成反比。需要注意的是，这种距离既可以指两国间实际的物理距离，也可以指两国间的民心距离；由于物理距离很难发生改变，所以公共外交的重点在于拉近民众间的心理距离。由此可见，想要发展公共外交，抓住数字时代机遇、理性认识本国实力、拉近民众心理距离，是三个必须关注的重点方向。

发展公共外交需要抓住数字时代的新机遇。当今世界正面临"百年未有之大变局"，具体表现为：力量对比变化，非西方力量在经济全球化中持续上升，改变了由西方国家完全主导的国际力量对比格局；经济动能变化，新工业革命将为经济发展提供新动能，战略新兴产业成为国家间竞争的关键领域；制度优势变化，西方治理机制与规范应对全球问题捉襟见肘，甚至"以退为进"地破坏现有国际机制[①]。

技术创新是全球化的重要驱动力。在新时代，大数据、区块链、5G等数字化业务成为人们关注的焦点，科学技术的快速发展与应用不仅提升了国家治理的现代化水平，也将各国公共外交事业带入万物互联的新时代，超越了一般经济规律的适用范围，例如传统的边际效用递减的经济学规律。

根据《西方经济学》，"边际效用递减规律"的内容表述如下："随着消费者对某种物品消费量的增加，他从该物品连续增加的消费单位中所得到的边际效用是递减的。这种现象普遍存在。"[②]

然而，这一经济学规律并不能对数字经济的发展，如大数据、人

[①] 王义桅. 国之交如何民相亲：新时代中国公共外交之道. 北京：中国人民大学出版社，2020：87.

[②] 汪金锋，祁雄. 西方经济学. 北京：北京理工大学出版社，2018：48.

工智能等新技术的应用做出全面合理的解释。在复杂性上升、可预测性降低的国际环境下，新变量不断涌入，以大数据时代下的核心技术人工智能为例，用户使用次数越多，数据生产量越大，机器学习训练越充足，越能够了解用户的所想和需求，从而给用户带来更优越的体验。因此，我们必须认识到这一变化规律，看到第四次工业革命浪潮下新技术的发展，认识到人工智能产业已成为经济增长的全新动力，成为第四次工业革命浪潮的"排头兵"，从而更好地理解当今"去西方化""去中心化"的全球化趋势。

各国需要认识到，在大数据时代下，公共外交需要新超越。随着大数据、人工智能的来临，区块链使"去中心化"的思想开始发酵，大数据激发了全球范围内对于数据的争夺，"智能时代"下的国家间竞争与合作不再仅仅局限于传统领域，维度层面的升级和迭代必然带来前所未有的机遇与挑战。新时代呼吁我们超越主客体二分法，超越因果论，超越公共外交，聚焦人类[①]。

在这一时代背景下，公共外交事业的发展需要立足全球化的时代背景，要加快产业发展，发挥好市场优势，进一步打通创新链、应用链、价值链。要构建区块链产业生态，加快区块链和人工智能、大数据、物联网等前沿信息技术的深度融合，推动集成创新和融合应用[②]，并将大数据等数字概念融入经济发展、社会治理以及公共外交事业之中，从而更好地帮助中国乃至世界各国在新技术中谋求新动力、在新动力中谋求新机遇，迎接大变局时代下的全新挑战，更大限度地释放

---

① 王义桅.国之交如何民相亲：新时代中国公关外交之道.北京：中国人民大学出版社，2020：73.
② 区块链将迎来五大发展利好.人民网.http://gz.people.com.cn/n2/2019/1120/c394737-33560257.html.

公共外交的引力。

对中国来说,互联网不仅是推动世界发展的关键技术性力量,也是一种文明的承载者,体现了全球治理思想[①]。世界各国都在期待一条普惠包容的技术、制度、观念、文明道路,中国有实力和意愿为此贡献中国智慧和中国方案。在第四次工业革命的浪潮中,中国正在打破与以往西方国家主导工业革命的局面,在电商、移动支付等领域抢占先机,促使世界生产力的布局朝着更加公平、合理的方向发展。

"万有引力"公式中的 m_1 和 m_2 可以分别看作中国和拉美地区国家的发展水平或综合实力,"$m_1 \times m_2$"的数值则可以看作双方合作水平的深化程度。在双方实力提升(m_1、m_2 数值的增长)的基础上,"$m_1 \times m_2$"的乘法已经超越了"$m_1 + m_2$"的一般性加法合作,而形成"你中有我,我中有你"的合作新局面,需要双方进一步加强战略对接,推进互联互通,发展全面的中拉关系,加强中国对拉美公共外交的吸引力。

从中国实力(m_1)的角度来看,中国已经是世界第二大经济体,经济增长态势良好,在经济战略和地缘政治战略上总体趋向于奋发有为,国内产业迅速发展,海外业务积极拓展。根据商务部公布的 2018 年中国对外直接投资统计数据,中国在海外投资方面具有很强的竞争力。2018 年,中国对外投资呈现出三个特点:一是对外直接投资流量和存量稳居全球前三,占比皆创新高;二是投资覆盖全球 188 个国家和地区,投资存量相对集中;三是投资行业分布广泛,门类齐全,六

---

① 王义桅. 互联网不能让发展中国家愈加边缘化. https://new.qq.com/omn/20181109/20181109A0VPLC.html.

大行业存量规模超千亿美元[①]。这充分表明了中国对外投资的现存实力和未来潜力，说明中国有能力成为拉美的重要融资方。

从拉美地区的发展现状（m_2）来看，由于其自身存在二元对立属性，即经济滞后与政治超前的不平衡发展，拉美地区存在系列困局乃至危机。近年来，拉美地区经济发展形势并不乐观，拉丁美洲两大经济体墨西哥和巴西经济增长乏力、委内瑞拉危机加剧阻碍该地区发展。

正如《世界经济展望报告》中所提到的，除经济疲软带来的问题外，拉美地区在政治社会领域同样面临复杂局面，如收入分配不均、失业率居高不下等。首先，拉美国家基础设施建设质量堪忧。全球竞争力指数显示：阿根廷、巴西、哥伦比亚和秘鲁的运输基础设施质量偏低，特别是，道路质量是上述各国的致命弱点；在巴西，有时将一种产品运往国外比运往国内的另一个州还要便宜。其次，南美一些国家虽然拥有丰富的水利资源与风能、热能，但这里尚有2 000万人口在电力覆盖之外[②]。美国对委内瑞拉的制裁措施不断升级，加剧了局势动荡。上述提到的拉美地区经济政治的双重动荡，既不利于拉美地区国家内部的持续稳定发展，也不利于拉美各国对外合作的延伸与拓展，无疑是在给拉美国家的综合实力"减分"。

从中拉双方合作的一体化程度（$m_1 \times m_2$）来看，虽然拉美地区的局势并不乐观，但双方利益的相关性正不断加强，拉美对中国的合作诉求也在上升，双方合作的深度和广度正在不断加深。由于地区政治生态发生了变化，拉美多数国家处于内政外交政策调整的新周期。

---

① 中国商务部.2018年中国对外直接投资统计数据正式发布.http://www.mofcom.gov.cn/article/i/jyjl/e/201909/20190902899692.shtml.

② 赵忆宁.独家："一带一路"与拉美十国调研报告.21世纪经济报道，2019-10-19.

第十章 中拉民心相通：超越传统悖论，提升希望引力

其中，调整思路多聚焦于市场开放、经济结构调整、产业升级、融入全球价值链、强化跨区域合作等核心议题。很明显，在中拉双方的经济、外交方面，政策导向存在着较强的一致性和吻合度，这为中拉关系延续过去十余年的"战略机遇期"提供了充分的政策支撑①。与此同时，我们还需认清中拉关系中存在的不稳定因素。

中国与拉美地区国家想要进一步深化双方合作（$m_1 \times m_2$）、实现互利共赢，需要一定的平台和空间，"一带一路"倡议则是引领新时期中拉合作的重要平台，正在推动中拉合作的深化。正所谓"民心先沟通，天堑变通途"，"一带一路"政策中的政策沟通、贸易畅通、资金融通等相关政策，为中国企业对拉美地区国家投资逐步建立了完善的服务网络，拓展了融资渠道与空间，让更多企业将目光拓宽到拉美地区的发展中国家。

拉美地区对"一带一路"倡议的态度如何？智利总统曾在首届"一带一路"国际合作高峰论坛上提到，"一带一路"是缩短距离、建立现代化互联互通的途径②。"一带一路"不但能够放大 $m_1 \times m_2$ 的合作效应，还能够缩短距离（万有引力定律中的 r），进一步增强公共外交的吸引力。截至 2019 年 5 月，已有 19 个拉美和加勒比国家签署了共建"一带一路"合作文件。拉美六大基础设施市场（巴西、墨西哥、哥伦比亚、阿根廷、秘鲁、智利）中的秘鲁和智利已正式加入"一带一路"倡议，其他国家在没有正式加入"一带一路"倡议的情

---

① 袁东振，刘维广．拉美黄皮书：拉丁美洲和加勒比发展报告（2017—2018）．北京：社会科学文献出版社，2018：144.
② 拉美将成中企"走出去"投资热土．南美侨报网．http://www.br-cn.com/home/mainnews/20180819/114185.html.

况下也接受了大量的中国投资①。

为何"一带一路"倡议的魅力如此之大？主要原因有两个：对中国善意的信任和对西方殖民的觉醒。一方面，拉美国家愿意加入"一带一路"，这背后是拉美国家对中国善意的相信、对搭乘"一带一路"发展快车的自信。在现实面前，拉美地区国家正逐步意识到，"一带一路"是伟大的倡议，与伟大的实践紧密相连，能够为世界人民带来实实在在的福祉，越早参与，就能越早受惠，因此，拉美国家自然也想抓住这一重要机遇，实现发展和超越。

另一方面，拉美地区国家逐渐认识到，西方国家将其定位为"后花园"，这已表明，西方国家不会随意分享自己成功的真正秘诀，所谓民主制度、普世价值，只是表面功夫，无法切实带动拉美地区国家的发展。这也是拉美国家在西方政治体制下经济始终无法实现高速发展的重要原因。而中国真真切切的发展经验和实实在在的援助方式，则为希望在实现发展的同时保持独立性的国家提供了全新选择。

"一带一路"是分享中国经验最重要的平台，正在不断推行人类新型工业化道路，纠偏西方殖民体系，是国家间合作深化（$m_1 \times m_2$）的最佳范例。痛则不通，通则不痛，"一带一路"以互联互通消除拉美"切开的血管"之痛，② 主张共商共建共享，通过发展大联动、经济大融合、成果大分享，努力消除和平赤字、发展赤字、治理赤字，大家共同规划、共同建设，以"一带一路"为合作平台，高举人类命运共同体旗帜，最终将实现中拉天堑变通途、天涯若比邻，超越物理意义上的距离，实现心灵距离的互联互通，释放中国对拉美公共外交

---

① 中国对外承包工程商会. 中国"一带一路"走进来. http：//www.chinca.org/CICA/info/19071014551311.

② 爱德华多·加莱亚诺. 拉丁美洲被切开的血管. 南京：南京大学出版社，2018.

的希望引力。

中国对拉美公共外交的挑战与前景

以小见大、以近知远、以所见知所不见。超越中国和拉美国家两者之上，从全球化、全球产业链、价值链和供应链的角度来看，拉美国家的选择实际上是对当今全球化发展的折射。拉美国家拥有得天独厚的自然环境，但缺少对环境的把握和利用，未能合理规划本地区的发展和产业布局。与此同时，拉美国家长期面临对欧美国家的依附问题，难以摆脱"后花园"的影子，陷入"经济靠中国，安全靠美国"的世界性悖论。一些拉美国家，如巴拿马，已经敏锐地察觉到中美脱钩的局势，认识到自己需要做出判断和选择。因此，拉美的选择也可以看作世界全球化发展的一个检验与挑战。

中拉之间的关系难以用简单的"好"或"坏"来概括，双方虽然有发展合作的共同利益支撑点，但在政治体制、社会文化等方面存在较大差异，两种不尽相同的文化碰撞难免会产生悖论和误读。中国对拉美国家的公共外交虽有"乘风破浪之势"，但仍面临着重重挑战。

中国公共外交的关键在于国内民众和国外民众，以信奉天主教为主的拉美民众在理解中国世俗社会时难免存在障碍。中国对拉美国家的公共外交面临的首要挑战就是如何消除拉美国家民众对华误解和成见，减少中拉双方合作（$m_1 \times m_2$）中的不利因素。阿根廷科尔多瓦国立大学历史系古斯塔沃·桑迪兰（Gustavo Santillán）教授总结出拉美人受美西方妖魔化中国的影响，容易对中国形成五大成见：帝国主义倾向；中国的"侵略"；"威权主义"体制；资本主义的"复辟"/新自由主义的掠夺；文化不了解，异国情调，认知冷漠①。

拉美国家对华认知五大成见的产生原因可以从三个方面来看。首先，在历史记忆方面，拉美地区先是欧洲的殖民地，随后又成为美国的"后花园"。16世纪末开始，拉美地区就进入殖民统治时期，生存家园和社会文明遭到严重摧毁和破坏。19世纪后，拉美地区又进入长期的民族独立斗争时期，防范心理和怀疑心理较重。其次，从现实考虑的层面来看，不少拉美国家对中国存在一定程度的防范心理。其一，拉美国家担心对华的资源出口不利于其经济结构的转型和升级，走上依靠初级产品创造财富的老路；其二，拉美国家认为中拉合作的主要受益方是中国，拉美国家希望能够获得更多的"合作红利"；最后，从未来担忧的层面来看，中拉距离遥远，在很长一段时间内，双方关系进展缓慢，互相了解的程度十分有限。此外，中国在拉美大量进口原材料，出口工业品。

这一挑战也在提醒我们，中国在考虑中拉双方的贸易关系时，除海外投资、进出口之外，还需要多加一层考虑，重视双方在贸易结构上的不平衡，关注拉美国家在双方经贸结构上的抱怨"痛点"。

挑战之二在于美国因素的干扰。在当今百年未有之大变局的时代背景下，中美关系成为世界舞台上最重要的关系之一，两国的互动和政策牵一发而动全身、彼此相互影响，再加上美国在拉美地区的影响时间长、范围广，因此中国开展对拉美国家的公共外交时必须考虑到美国因素的影响。

从公共外交的视角来看，美国的公共外交以自我为中心，强调先入为主的自我意识，重点在于让对方接受自己的思想观点，而不是考

---

① 桑迪兰. 在第三届中拉高层学术论坛上的发言.

虑对方的实际情况和需求,这在美国"门罗主义"的思想中体现得淋漓尽致。美国率先承认拉美独立,却将其视为自己的"后花园",这体现了美国公共外交的自我中心悖论、单向度悖论和言行不一悖论。这些悖论带来的负面影响是长期的,美国在拉美地区公共外交的竞争性不容低估,当前拉美国家人民获取中国信息的主要渠道仍然是以美国为首的西方媒体,其戴着有色眼镜的报道必然会导致拉美人民对中国的感知错觉[①]。

这也正是中国公共外交与美国公共外交的一个关键差别,中国公共外交已经超越传统主客体的二元理论,强调从对方的角度出发,实现对"讲好中国故事"的超越,让听众不再是"听",也成为"讲述"的主体,加强国内外民众双向或多向的沟通和联系,这种沟通不是"以我为主"地把自己的文化强加给他人,而是在不同的文化中相互学习、相互包容、将心比心,站在他国人民的立场上,顺应各国的实际发展情况与不同需求,"因地制宜"地提供力所能及的帮助,自然而然地赢得外国民众的好感,获得当地民众的认同与支持。

在上述挑战的影响下,拉美地区民众对华好感度究竟如何?皮尤中心2018年全球好感度调查报告显示,2018年世界各国对中国好感度持积极态度的比重为45%,持消极态度的比重为43%。在25个国家中,有12个国家的多数民众对中国予以积极评价,这些国家多数位于亚洲、中东、非洲等地[②]。通过分析拉美地区主要国家对中国的好感度可以发现,2018年,拉美地区对中国持积极肯定态度的比例普遍较低,巴西

---

① 黄忠. 新形势下中国对拉美国家的公共外交. 拉丁美洲研究,2015,37(2):64.
② Pew center Spring 2018 global attitudes survey (October 26, 2018). Pew research website. http://www.pewresearch.org/fact-tank/2018/10/19/5-charts-on-global-views-of-china/.

对中国的好感度位居拉美国家第一，比例为 49％，相比 2017 年对中国持积极态度的比例 52％有所下降；阿根廷对中国的好感度为 41％。

相比之下，2019 年发布的《中国企业海外形象调查报告 2019·拉美版》显示，拉美有 73％的受访者对中国企业印象良好，高于美国企业（71％）和法国企业（62％），低于日本企业（84％）和德国企业（80％）。从国家来看，巴西受访者对中国企业总体印象最好，认可比例达 81％；其次是墨西哥受访者，为 73％；排在第三位的是智利和秘鲁受访者，认可比例均为 71％[①]。由此可见，随着更多的拉美国家与中国签署"一带一路"合作文件，拉美民众对"一带一路"建设的认可度也在逐步提升。平均 33％的受访者认为，"一带一路"建设使得国与国之间的发展空间更加广阔。32％的受访者认为"一带一路"建设使相互合作更加深入。30％的受访者认为，"一带一路"建设有助于沿线国家和地区的投资贸易合作[②]。此外，在"一带一路"的战略方向，即"五通"之中，拉美民众对"道路联通"的重视程度较高，超过一半的拉美民众希望"一带一路"能够推动本国的基础设施建设，尤其是在交通领域。

据上述分析可发现，相比 2018 年的数据，2019 年所呈现的拉美民众对中国企业好感度的数据较为乐观，这与 2018 年至 2019 年间中国与拉美国家互动增多密不可分。正是在交往中，中拉之间遥远的地理距离得以跨越，中拉民众的心灵距离得以缩小，"万有引力"假说中的 r 值不断缩小，双方吸引力增强，进一步促进了中拉双方共享互利共赢成果。由此，我们可以看出研究中国对拉美国家的公共外交悖论及超越之道的必要性，只有减少对华认知的误解误读、加强双方的

---

① 中国企业海外形象调查报告 2019·拉美版. 北京：当代中国与世界研究院，2019.
② 同②.

认知认同，才能够进一步推动中拉双方合作，促进 $m_1 \times m_2$ 释放更大的能量，增强中国对拉美公共外交的吸引力。

为了更好地应对复杂挑战，中国开展对拉美国家公共外交可以从以下几个方向进行调整。回到中国对拉美国家公共外交的"万有引力"假说，即 $F=Gm_1m_2/r^2$。首先，中国对拉美公共外交应顺势而为，考虑全球化的背景（G=Global），重视数字化时代的特征，进一步把中国对拉美地区的经济影响力转化为对民众情感、社会的影响，尤其是中国在拉美地区的企业家、留学生等在很大程度上代表着中国的国家形象，影响着拉美民众的对华认知。

其次，从 $m_1 \times m_2$ 的整体视角来看，中国和拉美国家都需要继续加强自身发展，而这种发展离不开双方的交流互动。从政府层面来看，中拉高层之间有必要进一步加强战略互信；从企业层面来看，中国对拉美国家的投资过去多集中在水电基础设施、矿产等掌握国家经济发展命脉的关键行业，近年已优化投资结构，将资本更多地转向新兴产业，如清洁能源、消费服务业等，平衡投资结构；从社会文化层面来看，中国与拉美国家应进行充分交流沟通，推动智库学者之间的沟通，减少信息不对称，通过完善双边合作机制增进共识，加强双边的文明对话机制建设，不断开拓民间交流、学术交流的新渠道。

最后，对于中国来说，经贸关系虽是中国对拉美公共外交的重中之重，但中国对拉美公共外交应超越这一局限，在经济、社会、人文等多领域开展。中方致力于构建政治上真诚互信、经贸上合作共赢、人文上互学互鉴、国际事务中密切协作、整体合作和双边关系相互促进的中拉关系"五位一体"新格局，推动中拉全面合作伙伴关系再上新台阶,成为携手发展的命运共同体①。

新时代呼唤超越公共外交、超越传统意义上的中国学、西学、全球学,打造人类命运共同体学,开创文明对话的新时代。"万有引力"假说旨在探究影响中国公共外交的三大重要因素,分别是抓住数字时代机遇、合理认识本国实力、拉近民众心理距离,实现传统公共外交文化的创造性转化和创新性发展,进一步开拓中国公共外交事业的宽广前景。

从西方到遥远的东方,中国已成为拉美未来的重要组成部分,越来越多的拉美国家把希望寄托于中国,中国对拉美公共外交的万有引力定律所体现的是"希望引力"。在未来,中国对拉美公共外交的"希望引力"还将不断提升,超越双方地理距离上的隔阂,朝着更亲近的方向发展。此外,这种引力也将由拉美地区向全世界延展,将全世界、全人类紧密地联系在一起,成为世界范围内的"希望引力",从而进一步开创中国公共外交的全新格局。

---

① 拉美对华态度复杂 背后有十大根源. 新华网. http://www.xinhuanet.com/world/2016-11/24/c_1119980472.htm.

第十一章　侨务公共外交[①]：
突破主客之分，做好"国家营销"

2011年，"侨务公共外交"一词由时任国务委员戴秉国在全国侨务会议上首次提出，国务院印发的《国家侨务工作发展纲要（2011—2015年）》和《国家侨务工作发展纲要（2016—2020年）》也都分别强调了开展侨务公共外交的重要性。近年来，中国对侨务公共外交的关注度和投入不断提高。中国涉侨部门通过举办丰富多彩的文化交流活动、开展更大规模和更高水平的华文教育、设立相关法律法规关切侨胞的经济政治文化利益等方式，形成了五侨联动，以侨为桥，以影响海外侨胞和世界人民、维护中国国际形象和国家利益为目标的中国侨务公共外交。新时代下，随着中国综合国力的日益提升和国际地位的提高，也随着海外华侨华人国际影响力的提高和利益诉求的变化，中国的侨务公共外交面临着诸多机遇与挑战。中国要更好地利用自身的现有优势，应对内外的严峻挑战，借鉴他国的成功经验，切实地开展新时代中国侨务公共外交，最终实现超越公共外交，形成海外侨胞

[①] 2011年首次提出后，官方已逐渐不用此概念，本章使用这一术语仅限学术讨论。

和世界人民对中国的认识、认可、认同，在国际社会树立良好的国际形象，更好地维护自身的国家利益。

新时代中国侨务公共外交的定义

自 2011 年"侨务公共外交"这一概念首次正式提出，国内许多学者对它的概念、特征、要素及其相关理论进行了深入的探讨和研究。金正昆等认为，"侨务公共外交"本质上是一种"国家营销"，具有引导性、双向性、公共性、公关性、长期性、文化性等特征[①]。隆德新等从符号学的视角探讨侨务公共外交，关注作为信息载体的符号的具体形成过程，尤其是研究信息符号的编码与解码规则及其背后的权力、身份和意识形成因素，认为这可以为深入开展侨务公共外交提供重要的理论基础与实践指南[②]。林逢春等提出建构主义视角下的侨务公共外交，寻找两者在行为主体、实施手段和过程、实施结果上的共通性，在认同、观念等文化因素中发现两者的契合点[③]。朱东芹借助"社会分层方法"对侨务公共外交的对象进行了"精英"与"草根"的二元划分，探讨了分群的依据及意义，认为侨务公共外交要细分群体，以精英工作为主，发挥其导向作用；以草根工作为辅，达到稳定基本面的目的[④]。

要对新时代的中国侨务公共外交下定义，就要对侨务公共外交的

---

① 金正昆，臧红岩. 当代中国侨务公共外交探析. 广西社会科学，2012 (5)：1-6.
② 隆德新，林逢春. 侨务公共外交：理论内核、本体特征与效用函数. 东南亚研究，2013 (5)：85-92.
③ 林逢春，隆德新. 建构主义视角下的侨务公共外交：理论沟通与发现. 广西社会科学，2014 (4)：131-136.
④ 朱东芹. 中国侨务公共外交：对象与目标探析. 国际论坛，2016，18 (3)：38-43，82.

主体与客体、基本目标和实施途径有深刻的了解。笔者在这里将侨务公共外交定义为：由本国政府主导的，以侨为桥，在影响海外侨胞对本国的认识、认可、认同的同时，鼓励和引导海外侨胞向住在国政府和社会民众宣传本国的基本国情、历史文化、价值观念、方针政策，以维护本国的国际形象和国家利益为目标的新型外交。不同于一般意义上的传统公共外交，海外华侨华人的"桥梁"作用十分特殊，也是侨务公共外交的关键所在。中国侨务公共外交不仅要对海外华侨华人起到塑造和引导作用，也要通过海外华侨华人对住在国政府和社会民众施加相应的影响。海外华侨华人是中国走向世界的通道，也是中国与世界的联结点。同时，在新时代，因应万物互联互通和中国国际形象改善的迫切需求，中国公共外交要实现数字化和双向化，这两个新特征也要在侨务公共外交中有所体现。为了更好地阐释海外华侨华人的"桥梁"作用和新时代公共外交的数字化与双向化，笔者将新时代的中国侨务公共外交分为两个主要部分：第一，以中国涉侨部门为主体，海外华侨华人为客体，通过华文教育、文化交流、网络互动等方式，旨在影响海外华侨华人对中国的认识、认可、认同，构建良好的国际形象，维护中国的国家利益；第二，以海外华侨华人为主体，住在国政府和社会公众为客体，通过行为示范、举办活动、政治参与等方式，旨在影响住在国政府和社会公众对中国的认识、认可、认同，构建良好的国际形象，维护中国的国家利益。

中国为什么要开展侨务公共外交

近年来，中国政府对侨务公共外交的重视程度显著提高，全国性和地方性的侨务工作会议都屡次强调开展侨务公共外交的重要性，国务院也下达相关文件加大在侨务公共外交方面的人力物力投入。中国为何如此重视侨务公共外交？笔者将从海外侨胞的桥梁作用、中国改善国际形象和维护国家利益的需求、海外侨胞政治经济文化的利益诉求三个方面来解释其原因。

海外侨胞是"桥梁"和"译员"

传统的公共外交形式多样、渠道丰富。比较为人熟知的有由政府直接出面组织的公关外交，如国家首脑之间的非正式会议和政府主办的大型体育盛事；有由政府委托大众传媒开展的媒体外交，如开展国际广播和媒体合作论坛；还有由政府支持并由教育文化部门出面实施的人文外交，如开展学术交流活动和文化联谊活动①。而侨务公共外交不同于这些传统的公共外交，其最显著的特点便是由作为"桥梁"和"译员"的海外侨胞开展外交。海外侨胞既对本国国情、文化等有一定程度的理解，又基于海外生活的经历融入住在国的经济、政治、文化之中，因此他们在翻译文化、翻译价值观念、翻译本国形势状况等方面有着得天独厚的优势。而中国在这一点上也有着独到之处，能够更好地开展侨务公共外交。

第一，中国海外侨胞的数量大、海外华侨华人总数逾6 000万，分布在世界近200个国家和地区。除东南亚等传统聚集地外，北美、西欧、大洋洲、拉美和非洲是海外华侨华人新的聚居区。② 海外华侨华人的数量越多、分布范围越广，也就意味着沟通中国与世界的桥梁

---

① 韩方明．公共外交概论．北京：北京大学出版社，2011．

② 赵淑芳．海外华侨华人参与"一带一路"建设路径研究//中共北京市委统战部，北京社会主义学院．统一战线与"一带一路"：2019统一战线前沿问题研究文集．北京：学苑出版社，2019．

越多、译员越多。借助如此规模的海外侨胞,中国的传统文化、价值观念、方针政策等也就能得到更为广泛的宣传。海外的华侨华人好比中国在一片片土地上的广播站,无时无刻不在向世界展示着中国、分享着中国。

第二,中国海外侨胞对中国和中华文化有着高度的认同感和归属感。这种认同感和归属感体现为海外侨胞对中国的积极投资、对中文的高度学习热情以及对中华文化的积极宣传。身在海外的侨胞时刻关注着中国经济的快速发展,这不仅缘于他们的民族自豪感,更与其自身利益息息相关。"据统计,改革开放以来,港澳侨商投资占中国引进外资的60%以上,海外侨胞和港澳同胞支持、捐助国内公益事业总额超过900亿元人民币。"① 同时,语言和文字作为最重要的沟通、交际工具,是文化的标志,是民族的灵魂,也是国家、社会凝聚力的体现。全世界的华侨华人都积极学习中文。"华文教育是海外华侨华人的'留根工程',目前全球从事华文教育的华文学校近2万所,海外华文学校教师数十万人,在校学生数百万。"② 对华文学习的热忱体现了海外侨胞寻根溯源,维系同民族、同国家、同社会的精神纽带的美好愿望。除此之外,海外的许多华侨华人也作为传播中华文化的使者,积极向世界宣传孔孟之道,向世界诉说炎黄五帝。2018年春节期间,全球25个国家的42家华星艺术团在当地组织开展"华星闪耀"新春系列活动,海外侨社自主开展春节文化活动,并连续第四年与湖南卫视合作录制"全球华侨华人春节大联欢"电视晚会。③ 在春节这一世界瞩目的中国节日里,海外华侨华人自发地举办各类活动,是其

---

① 陈奕平. 海外侨胞与中国命运息息相关. 人民日报海外版,2019-03-05(007).
② 发展海外华文教育 推动共建"一带一路". 人民政协报,2019-08-29(003).
③ 鲍雨. 中国侨务公共外交:成就与经验. 公共外交季刊,2018(4).

对中华民族认同感和归属感的重要体现。随着中国综合实力的不断提高，许多国家因担心中国的崛起会对世界造成"威胁"而对中国有偏见、有不满。海外侨胞恰恰是中国最有效的、最广泛的、最有渗透力的形象代言人。各国政府和民众都亲眼见证了在本地的华侨华人向中国投资，与中国企业展开合作，努力学习华文和中华文化，在各类中国传统节日里举办重大活动，对中国国际形象的改观也就指日可待。海外侨胞是中国公共外交的重要资源，他们作为"桥梁"，作为"纽带"，作为"译员"，可以让今日之中国更好地融入世界的发展中。

中国需要改善国际形象，维护国家利益

侨务公共外交，实质上就是一种非传统的新型外交。它将侨务工作与公共外交结合起来，究其根本都是为改善中国的国际形象、维护中国的国家利益而服务。自冷战以来，有关"中国威胁论"的论调在国际社会层出不穷。中国作为一个新兴的崛起大国，自改革开放以来，经济、军事、文化、社会都实现了长足有效的发展。在经济上，中国经济自 20 世纪 90 年代以来长期保持高速稳定增长，2010 年中国 GDP 超过日本跃居世界第二；在军事上，中国致力于自主科技研发，以和平国防为准则，在新型导弹、航母、核潜艇等领域都实现了重大突破；在文化上，中国作为"文明型国家"，在弘扬中华传统文化的同时，坚定地走中国特色社会主义道路，坚定地以马克思主义为信仰，这种"异质文化"让许多西方国家感到恐慌；在社会上，中国承诺到 2020 年全面建成小康社会，在教育、养老、贫富差距控制等方面都卓有成效。许多国家开始质疑中国的崛起是否为"和平的崛起"，是否为"有利于世界的崛起"，在这种思想的指导下，出现了诸如"'一带一路'威胁论""中美战略冲突论""中国军事威胁论""中国

经济威胁论""中国政治威胁论""中国文化威胁论"和"中国网络威胁论"等论调①，同时许多国家也付诸实践，采取了一系列措施遏制中国的发展，例如美国构建印太战略围堵中国、东南亚各国利用南海问题等领土争端针对中国、印度在联合国恶意中伤中国等。面对世界各国对中国崛起的疑虑、误解和不满，中国在坚定地稳固自身发展、推进"一带一路"等国际公共产品、增强自身国际话语权的同时，也要推动新时代的中国公共外交，塑造良好的国际形象，让各国的社会公众不被关于中国恶意的、扭曲的言论所诱导，更好地认识中国、认可中国和认同中国。中国的公共外交要"坚持以维护世界和平、促进共同发展为宗旨推动构建人类命运共同体，坚持以共商共建共享为原则推动'一带一路'建设，坚持以相互尊重、合作共赢为基础走和平发展道路，让中国威胁论不攻自破"②。

对海外侨胞利益诉求的回应

在新时代的中国侨务公共外交中，海外侨胞既是主体，又是客体。作为贯通中外的"桥梁"，海外侨胞也有其自身在政治、经济和文化方面的利益诉求，中国要积极地开展双向性的侨务公共外交，理解、关切并尽可能地满足海外侨胞的相关诉求，从而更好地维护中国的国际形象，维护中国的国家利益。

在政治层面，许多海外侨胞一方面寻求通过中国良好的国际形象提高自己在住在国的政治地位，另一方面也寻求从中国的行政体制、法规和政策方面获得更多便利，例如签证办理、子女教育和法律保

---

① 苏珊珊. 冷战后"中国威胁论"的历史演变. 社会主义研究, 2019 (2): 140-147.
② 谈东晨, 钮维敢. 公共外交原理：基于建构主义视角的阐释. 战略决策研究, 2019, 10 (4): 65-92, 103-104.

护。"在政治利益方面,中国的行政改革和良好的国家形象能够给正在争取政治平等地位的新移民以安全感和政治参与的动力。"① 不同于以色列给予其海外移民自由移居以色列和具有双重国籍的权利,基于我国的基本国情,我国的侨务公共外交应从本身的政治形象和行政改革出发,回应海外侨胞的相关诉求。一方面要树立负责任的、开放的、爱好和平的大国形象,为海外侨胞在住在国的政治平等和政治参与奠定基础;另一方面要推进涉侨行政改革、涉侨法规改革和涉侨政策改革,给予海外侨胞更多的自由、便利和平等,增强他们对祖国的认同感和自豪感。

在经济利益层面,许多海外侨胞在积极对华投资、援助中国公益事业的同时,也期望能够分享中国快速崛起的福利。这体现在中国"引进来"的同时,海外侨胞能在对华投资、合作、贸易等层面获得一定便利和相关合法权益的保护;在中国"走出去"的同时,海外侨胞能够贡献自己的一分力量,在跨国企业的构建和国际公共产品的提供中扮演重要角色。相应地,我国的侨务公共外交应当把海外侨胞的利益诉求融入我国的经济发展之中,一方面便利侨胞对华投资、合作,另一方面重视海外侨胞所独具的国际视野、语言能力和跨文化沟通能力,让其在中国"走出去"中发挥更大的作用。"做好'为侨服务',才有'为国服务',必须加强对海外侨胞住在国内权益及海外合法权益的维护。"②

在文化利益层面,不论是新一代还是老一代的华侨华人,中华传

---

① 林逢春,隆德新.崛起中的中国与海外高端新移民的趋同利益探析——兼论中国侨务公共外交的因应策略.青海社会科学,2014(2):30-36.

② 冯颖红.海外华侨华人在建设"一带一路"民心相通中的作用研究//中共北京市委统战部,北京社会主义学院.统一战线与"一带一路":2019统一战线前沿问题研究文集.北京:学苑出版社,2019:157-165.

统文化都是他们的根、他们的魂。许多华侨华人不仅积极参与中华文化相关的各类活动，也对其子女进行华文教育，培育他们对中国、对有着五千年历史的中华文明的归属感和自豪感。2014年，海外学习汉语的人数已超过1亿。而海外汉语学习者中华裔和非华裔的比例为7∶3。可以说，"汉语热"在相当大的程度上是"华语热""华文热"[①]。面对学习汉语和弘扬中华文化的热潮，我国的侨务公共外交应当充分考虑海外侨胞的文化利益诉求，提高全球华文教育的数量和质量，与海外侨胞携手举办各类文化交流活动。

新时代中国开展侨务公共外交的机遇

2017年10月18日，中国共产党第十九次全国代表大会在北京开幕。十九大报告提出了中国发展新的历史方位——中国特色社会主义进入新时代。"新时代"一词意味着什么呢？它意味着百年未有之大变局下中国的崛起，意味着万物互联互通的数字时代的来临，也意味着海外侨胞的角色身份发生了巨大转变，这些都为中国更好地、有效地开展侨务公共外交提供了机遇。

百年未有之大变局下的中国侨务公共外交

回顾历史，中华民族自1840年以来一百多年的遭遇着实令人痛心。清王朝没落之际在经济、军事等方面的衰败，使列强将爪牙伸向中国，大片的中国领土被列强瓜分，中国被迫与列强签订一系列不平等条约；中华民国建立后，又受困于种种内乱，在内部不得安宁的同

[①] 陈鹏勇．华文教育的侨务公共外交功能论析．东南亚研究，2015（6）：79-85．

时，中国在国际上也不被承认、不被重视，仍然受到众帝国主义国家的压迫和欺辱；在抗战和内战之时，民众死伤无数，尽管最终取得了战争的胜利，但民众面临的是一个百废待兴、满目疮痍的国家；中华人民共和国成立之后，在中国共产党的带领之下，中国不断地发展、进步，但受制于综合实力与各大国的差距，仍没办法实现完全的独立自主，仍没办法作为一个大国在国际上被重视、被关注、被尊重。受苏联威胁、受美国挑衅、受联合国排斥，中国的这些屈辱经历深深地印刻在了每一个中国人的心中。而如今，世界局势发生了深刻变化，中国在国际社会上的角色、地位和身份也发生了巨大变化。习近平总书记指出，当今世界正面临百年未有之大变局。对广大新兴市场国家和发展中国家而言，这个世界既充满机遇，也存在挑战。未来 10 年将是世界经济新旧动能转换的关键 10 年，将是国际格局和力量对比加速演变的 10 年，将是全球治理体系深刻重塑的 10 年。在这样的变局之下，中国作为新兴的崛起大国，正处于发展的重要战略机遇期，世界渴望听到中国声音，中国也应为全球治理提出中国方案，体现中国担当。百年来的屈辱历史让我们更加珍惜和平，珍惜发展，珍惜中国今日在全球之地位。"面对百年未有之大变局，中国积极承担国际责任，始终做世界和平的建设者、全球发展的贡献者、国际秩序的维护者。"① 这体现在中国侨务公共外交上，也就是中国作为一个在经济、军事、文化等各个层面都取得卓越进步的大国，作为一个在国际上更有号召力、影响力和领导力的大国，一方面有能力开展更大规模和更高水平的侨务公共外交，更好地维护海外侨胞的政治、经济、文化利益，更好地维护中国的国际形象和国家利益，另一方面也能提升

---

① 金灿荣. 百年未有之大变局与中国担当. 解放军报，2019 - 12 - 11（004）.

海外侨胞对中国的认同度、认可度，使之愿意为中国的发展贡献出自己的力量。这都是中国侨务公共外交在百年未有之大变局下的机遇所在。

数字时代的侨务公共外交

数字时代也叫工业 4.0 时代，这是一个利用信息化技术促进产业变革的时代，也就是智能化时代。当前，数字时代的最显著特征就是万物互联互通。在这样一个时代，信息传输的即时性、普遍性、双向性和"去中心化"将各种人、数据、流程、事物通过网络连接有效地结合在一起，为世界发展带来新体验、新机遇。在未来，万物互联互通的时代将为我们带来"优质的 VR 实时直播、无人驾驶、无人机自动化农业、自助商店、实时翻译、远程医疗服务、3D 成像'真人'远程视频聊天等各种新技术的广泛应用"[1]。在这样的时代背景下，中国的侨务公共外交也迎来了新的机遇。第一，数字时代信息传播的即时性和普遍性可以使中国的侨务公共外交以更多更有效的方式开展。与中国遥远的距离和海外信息的闭塞往往对海外华侨华人更深刻地关注中国、了解中国形成阻碍，而网络不仅成为中国向海外华侨华人传播中华文化、举行系列活动的最佳渠道，也成为海外侨胞了解中国国情、基本政策和向住在国社会公众传播中国与中华文化的重要窗口。国侨办、地方侨办和其他涉侨部门的官网都会定期推送有关华侨华人活动的消息，也通过网络举行如"庆祝祖国 70 华诞华侨征文大赛"这样的活动为海外侨胞更好地联系中国提供便利。同时，海外侨胞创办的华文网络媒体发展快速。"据统计，华侨华人创办的包括出版社、

---

[1] 艾渤. 5G：开启万物互联新篇章. 人民交通，2019（11）：22-23.

电台、电视台、报纸杂志在内的中文媒体达1 000多家,并呈大发展趋势"①。第二,数字时代信息传播的双向性使中国侨务公共外交更能与海外侨胞实现双向沟通,了解他们的想法和诉求。第三,数字时代的"去中心化"使各种行为体都能在中国的侨务公共外交中发挥更有效的作用。其他政府部门和企业可以在网络上向涉侨部门提出侨务工作的相关建议,广大网民可以在网络上与海外侨胞直接沟通,以让他们更好地了解中国的社会状况,各大媒体也可以通过建立相关平台为海外侨胞与中国民众的沟通提供便利。主体的多样化将更有利于开展侨务公共外交。

海外侨胞角色地位的变化与中国侨务公共外交

除数量多、分布广这两个特点之外,海外侨胞在新时代的角色地位也发生了重大变化,为中国侨务公共外交提供了新的机遇。历史上,因为中国综合国力的微弱、国际地位的低下、西方许多发达国家对华工的歧视和欺辱、侨胞本身的知识水平和素质涵养的限制等一系列问题,老一代的华侨虽然对祖国的认可度和联系程度相对较高,但是总体来说社会地位低、团结程度差、积累财富的能力也相对较弱,因此其向住在国政府传播中华文化和中国基本情况的能力也就相对低下。进入新时代,新一代的华侨华人以留学生、投资移民和技术移民为主,其综合素质和知识素养本身就为侨务公共外交奠定了一定的基础。又因为中国的崛起,海外各国在政治、经济、文化等方面对外来人员的放宽,经济全球化带来种种机遇等因素,新一代华侨的社会地位和经济水平都有了显著提高,能够逐渐融入住在国的主流社会。

---

① 赵可金,刘思如. 中国侨务公共外交的兴起. 东北亚论坛,2013 (5): 15 - 25, 130.

"近年来，海外侨胞在住在国的社会地位不断提升，实力不断增强。经济领域、科技领域、政治领域、文化领域都涌现出一批精英，他们逐渐为住在国主流社会所关注，有不少人已经融入主流并有较大的号召力和影响力。"① 因此，新时代的华侨华人更有能力、更有机会作为中国侨务公共外交的"桥梁"和"译员"，作为中国国际形象的代言人，向住在国政府和社会公众弘扬中华传统文化，传播中国的基本国情和方针政策。

新时代中国侨务公共外交面临的挑战

在新时代，中国侨务公共外交面临的不仅仅是机遇，更有诸多挑战。作为侨务公共外交最重要的一环，海外侨胞的归属感和自豪感是对中华文化还是今日之中国？海外侨胞作为客体、作为他者，在侨务公共外交中的利益诉求能否得到有效维护？海外侨胞长期浸染在西方文化中，是否会偏离中华传统文化并对之产生偏见？不同代际的海外侨胞对中华文化和中国的接受程度、认可程度不一，能否因人而异、因地制宜，更有针对性地开展侨务公共外交？这些都是中国侨务公共外交亟须解决的问题。

海外侨胞的认同感和归属感指向谁

在各类政策性文件、学术论文、采访视频、调查研究中，我们总会得出这样的结论：海外的华侨华人对中国有高度的认同感和归属感，他们献身于中国的建设和发展，在千里之外也心系中国。这样的

---

① 朱奕龙. 加强研究，拓展侨务公共外交. 公共外交季刊, 2012 (1)：51-53.

说法忽略了一个重要的问题：海外侨胞的认同感、归属感、自豪感是对中华传统文化，还是对今日之中国？有学者认为，中国身份有三重：传统中国是指传统农耕文化、内陆文明孕育的文化共同体；现代中国即近代以来随着天下观破灭被迫融入西方国际体系而塑造的现代民族国家身份；全球中国是指既坚持传统文化，又包容价值普世性，而处于形成之初级阶段的全新国家身份①。海外侨胞是认可"传统中国"还是"现代中国"值得我们深思。以海外华侨华人为主体的活动多以弘扬中华传统文化为主，包括学习中文，尊重各类节日和传统习俗，维持佛教、道教等信仰，培养戏曲、书画、武术等爱好，收藏瓷器，举办各类文化交流活动等。"世界各地华人在保留、传承和创新中华文化方面作出了诸多努力，并取得显著效果。这种对故乡和原乡的追寻和认同，表现出海外华人在文化和情感上的共同乡愁情愫。"②尽管不同地区、代际之间存在差异，但总体而言，海外侨胞在海外积极培育、传播中华传统文化是显而易见的。然而，不仅研究中鲜有提及，海外侨胞的各类活动也缺乏对中国特色社会主义、中国在维和与环境治理中的贡献、中国治国理政的新思想等一系列正在今日之中国发生着、进步着的事物的传播。如何将传统中国和现代中国更好地融合，如何让海外侨胞在弘扬传统文化的同时也对现代中国的新气象、新作为有更多的认同感和自豪感，是中国侨务公共外交面临的一项重大挑战。

---

① 王义桅. 国之交如何民相亲：新时代中国公共外交之道. 北京：中国人民大学出版社，2020：21.
② 张晶盈. 不断增进海外华人文化认同. 中国社会科学报，2019-06-04（008）.

第十一章 侨务公共外交：突破主客之分，做好"国家营销"

海外侨胞作为客体和他者，如何由被动变主动

中国的侨务公共外交，是以身处世界各地的海外侨胞为"桥梁"的，是既要将海外侨胞作为客体，又要将其作为主体的公共外交。然而，如今的中国侨务公共外交仍然无法超越传统公共外交的局限性，即以政府为主体、以民众为客体，只顾维护自身形象和利益，却忽略了人民的真实感受和需要。这一局限性在侨务公共外交中尤为突出。作为最重要的一环，只有海外侨胞的相关利益诉求得到维护，他们才会有积极性、有主动性向住在国政府和社会公众传播中华文化，塑造中国形象。"桥梁的断裂"将使中国的侨务公共外交无法继续进行。因此，如何抛弃"主体-客体"和"自我-他者"的区分，有效地维护海外侨胞的政治经济文化诉求，基于相互尊重和平等互利的原则与海外侨胞展开对话和交流，提升他们对中华文化和中国的认可度与信任度，使这座"桥梁"坚固而稳定，使海外侨胞由被动变为主动，是中国侨务公共外交面临的重大挑战之一。

如何面对海外侨胞长期接受的西方文化冲击

海外的华侨华人之所以能成为中国公共外交的重要桥梁，一方面是因为中西方文化的碰撞、交流融合使海外侨胞更能实现两国价值观、世界观的解读和翻译，以及跨文化的交际；但在另一方面，这种碰撞交流与融合也为中国侨务公共外交带来了挑战。在西方文化的长期浸染之下，海外侨胞是更认同中华传统文化，还是更认同住在国文化，这一点也值得深思。中西方文化是存在异质性的，这不仅体现在传统文化的不一致上，更体现在现代民族国家发展道路的不一致上。"由于我们坚持走中国特色社会主义道路，在意识形态、价值理念、

政治制度等方面不同于在当代国际体系中仍占主导地位的西方国家，许多海外侨胞由于长期受到西方意识形态、价值理念尤其是媒体宣传的影响，对祖国大陆难免存在不同程度的误解或偏见。"① 这一点针对不同代际的华侨差距尤其明显。老华侨是在中国生活了较长一段时间才移民国外，因而对中华文化和中国社会的认同感和契合度都相对较高。而二代、三代华人大多在住在国出生并长大，缺乏中华传统文化和中国社会潜移默化的影响，对中国的概念往往来源于父母、课堂和网络，对中国的不理解和偏见也就相对较多。如何更好地面对西方文化的冲击，让中华传统文化根植于海外华侨华人的心中，是中国侨务公共外交面临的巨大挑战之一。

如何更有针对性地开展侨务公共外交

正如上文提到的，海外侨胞这一群体内部的差异性对中国侨务公共外交的开展具有重要影响。这一差异性主要体现为代际差异、国家和地区之间的差异、移居时间长短的差异、知识水平和综合素质的差异等方面。这些差异会导致其对中华传统文化的认可程度、接受程度不一样，对现代中国的自豪感、归属感不一样，对他们自身的身份认同也不一样，因而在开展中国侨务公共外交事务上的积极性和主动性也就有所差异。有学者以代际差异为标准，将海外华侨分为老华侨、二代华人和三代华人。有学者以地区差异为标准，将海外华侨分为东南亚华侨、拉美华侨、欧洲华侨等并展开了更为细致的研究。有学者以经济实力和社会地位的差异为标准，将海外华侨分为高端移民和老华侨华人。该研究发现，在对中国的印象认知、同中国的互动程度和

---

① 王伟男. 侨务公共外交：理论建构的尝试. 国际展望，2012（5）：29-39.

路径选择及文化认同等层面,高端移民和老华侨华人有所差异,前者更适合扮演中国海外利益的维护者[①]。有学者通过对智利华侨华人的研究发现,性别、年龄、在智利居住时间长短、是否获得智利永居权等因素都会对智利华侨华人的民族身份认同(更认同自己是中国人还是智利人)产生深远的影响[②]。也有学者通过大范围的问卷调查发现,受教育程度、旅外目的和现居地等因素会对华侨华人的身份认同产生影响[③]。如何做到"因地制宜""因人而异",根据华侨华人的不同特性有针对性地开展工作,是中国侨务公共外交面临的巨大挑战之一。

如何更好地开展新时代侨务公共外交

中国特色社会主义进入新时代,中国的侨务公共外交也应与时俱进地适应这一新时代的要求。要更好地开展新时代中国侨务公共外交,应从以下几个方面努力:在数字时代实现网络互联互通;因地制宜、因人而异地开展侨务公共外交;摆脱"中国本位"的桎梏,实现双向互动;对其他国家侨务公共外交成功经验的借鉴。只有更好地适应新时代,中国侨务公共外交才能不断焕发生机,在实践中维护中国的国际形象和国家利益。

---

① 林逢春,隆德新. 崛起中的中国与海外高端新移民的趋同利益探析——兼论中国侨务公共外交的因应策略. 青海社会科学, 2014 (2): 30-36.
② 陈咏媛. 智利华人的民族身份认同及双重世代差异——基于圣地亚哥市的个案研究. 青年研究, 2018 (5): 86-97, 100.
③ 李沁,王雨馨. 华人华侨身份认同程度与中华文化传播行为研究. 当代传播, 2019 (2): 57-62, 66.

数字时代的网络互联互通

数字时代,万物互联互通,信息传输具有即时性、普遍性、双向性、"去中心化"等特点,中国侨务公共外交应充分利用数字时代的种种优势,在传播速度、传播范围、主体多样化等方面实现突破。网络独具的即时信息传输和广泛联结、任意联结的特点可以使中国侨务公共外交更快速地、更广泛地影响海外侨胞和其他国家的社会公众。"在'互联网+'时代,以移动互联网、云计算、物联网、大数据为代表的新一代信息技术不断涌现并被广泛应用,各种传统精华有望通过'互联网+X'模式推陈出新,丰富中国公共外交的新内涵。"[①] 中国涉侨部门作为主体,应当利用社交媒体渠道与海外侨胞直接联系,实现有效沟通,了解他们的想法需求,以将相关措施落到实处;应当在网络上开展各类文化交流活动,如网络征文等,更好地调动海外侨胞的积极性,使其更深入地了解中华传统文化;应当充分利用大数据的宝贵资源,精准选取目标受众,及时实现信息反馈,提升侨务公共外交的整体质量。海外华侨华人作为主体,应当利用海外的网络平台更有效、更广泛地向住在国政府和社会公众传播、弘扬中华传统文化;应当通过网络更深入地了解中国的基本国情、方针政策,对现代中国有更为全面的理解。国内媒体、企业和社会公众作为在互联网时代崛起的各类行为体,都能在侨务公共外交中发挥应有的作用,要利用网络为侨务公共外交建言献策,为海外侨胞提供有效反馈和支持,为中华传统文化和中国国情政策的传播出一分力。

---

① 檀有志. 借助网络平台开展公共外交. 公共外交季刊, 2017 (1): 28-34, 138.

第十一章 侨务公共外交：突破主客之分，做好"国家营销"

因地制宜、因人而异地开展侨务公共外交

在各类研究中，海外侨胞对中国的身份文化认同差异大多归结于以下几类：代际差异、国家地区差异、性别差异、经济实力和社会地位差异。其中最为显著也是最容易"对症下药"的两点差异是代际差异和国家地区差异。第一，代际差异。这里的代际差异是指老华侨华人和二代、三代华人的差异，而非简单的年龄差异。老华侨华人因在中国生活的经历、受中华传统文化影响和年代特殊性的影响，对于中国的印象认知和认可度都相对较高；而二代、三代华人作为老华侨华人的后代，大部分出生并成长于其他国家，对中国的了解停留在父母教育、课堂讲授和网络互动层面，对于中国的印象认知、认可度和接受程度都相对较低。针对这一情况，中国侨务公共外交应做到"因人而异"。对于老华侨华人，要维系他们与祖国的文化、身份联系，深化其对祖国的认同，并引导其对子女加强相关教育；对于二代、三代华人，要开展如交换学习、文化交流、实地考察等活动，在实践中增强他们对祖国的认同感和自豪感，要利用网络媒体等新形式使他们在潜移默化中了解中国、关注中国。第二，国家地区差异。研究表明，不同国家、不同地区的华侨华人在身份文化认同上有明显差别，中国侨务公共外交应做到"因地制宜"。例如，总体而言，东南亚地区的华侨华人基数大、经济实力雄厚、内部较为团结、对于传播中华传统文化的积极性也较高，应当成为中国侨务公共外交的重点关注对象。"华侨华人移居东南亚的历史悠久且人数较多，是连接中国与东南亚东道国的重要桥梁，也是传播中华优秀文化、推动中国企业'走出

去'的重要力量。"① 因此,要充分利用东南亚华侨华人在经济实力、文化凝聚力等方面的丰富资源,积极主动地、全方位地在东南亚地区开展侨务公共外交。而拉美地区的华侨华人尽管总体经济实力无法与东南亚众多华商相提并论,但其华人积极参政的盛况也为中国侨务公共外交提供了新的契机。"在拉美部分国家,有多位华人曾经在其居住国担任过高级行政职务,还有华人通过自己的特殊身份,充当其移居国和中国之间的外交使者。尤其是在巴西和秘鲁,华侨华人的社会地位较高,参政人数更多,影响力也比较大。"② 在这样的背景下,中国侨务公共外交应致力于在拉美鼓励华侨华人参政议政,提高其在住在国的政治社会地位,以更好地发挥其影响力,提升中国的国际形象。

实现双向互动

中国公共外交与美国公共外交最重要的不同点就在于:中国的公共外交寻求突破以自我为中心的、单向的公共外交,力求实现我将无我、双向互动和有效沟通的公共外交。美国的公共外交以"冷战宣传""和平演变"和"9·11事件"后的各类"战胜憎恨"的措施为代表,体现了美国以大国自居、以权力政治为基础、以维护政治经济利益为目的、以单向的"传输"和"释放"为手段的传统外交方式。中国的公共外交以"一带一路""人类命运共同体""中国梦"为突出表现,保持了正确的前进方向,但在实际操作中仍存在"美式思维"的

---

① 刘春锋. 充分发挥东南亚华侨华人在"一带一路"建设中的作用//中共北京市委统战部,北京社会主义学院. 统一战线与"一带一路":2019统一战线前沿问题研究文集. 北京:学苑出版社,2019:192-202.
② 崔守军,徐鹤. 拉美华人华侨在构建"中拉命运共同体"中的作用及路径. 拉丁美洲研究,2018,40(1):36-55,155.

问题,这一点在中国侨务公共外交中的表现尤为突出。如前文所提到的,目前中国侨务公共外交还存在过于依赖政府、不重视海外侨胞的主体性、不关注海外侨胞的利益诉求等问题。要解决这些问题,中国涉侨部门要坚守"为侨服务"的宗旨,关注海外侨胞在经济、政治、文化等方面的诉求,重视与海外侨胞的沟通交流,提高海外侨胞在弘扬中华传统文化等方面的积极性。"2018全球华侨华人年度评选"活动是一个值得借鉴的范例。在这项活动中,"2018全球华侨华人十大新闻""2018全球华侨华人年度人物"以及"'侨'这四十年"征文评选结果都在现场揭晓。该活动表彰华侨华人的贡献,重视华侨华人的自身发展,回顾华侨华人的历史,让全世界的华侨华人感到了中国对其的关心、保护和祝福。我们要时刻牢记,在中国侨务公共外交中,海外侨胞不是"工具",而是"桥梁",是贯通中外的重要渠道。中国涉侨部门要寻求摆脱"中国本位"的桎梏,摆脱"主体-客体"和"自我-他者"的观念,为海外侨胞谋福利、谋发展。

对他国侨务公共外交成功经验的借鉴

在全球化深入发展的今日,不仅是中国,其他各国在全世界各地也都有海外移民,它们也各具特色地开展了侨务公共外交并取得了一定的成就。其中,以色列、印度和韩国三国的成功经验最值得中国借鉴。

首先是以色列。以色列侨务公共外交一是从法律上明确了全球犹太人与以色列的关系,使他们本人及其配偶、子女等与以色列的联系得到了加强,提升了他们对以色列的向心力。二是实施首脑公关和教育培训,提高侨务公共外交人员素质。三是鼓励各国犹太人参政,通过犹太利益集团等影响居住国政府的对以政策制定①。中国可以借鉴以色列侨务公共外交的经验，通过法律规定、政策改革等措施稳固中国与海外华侨华人的联系，保护其经济、政治、文化利益诉求；通过对侨务公共外交人员的教育培训，提高其沟通技巧，加深其对特定国家和地区的侨胞情况的了解；通过鼓励海外侨胞在居住国的参政议政，提高其政治社会地位，更好地为侨务公共外交服务。

其次是印度。印度侨务公共外交最突出的特点是精英培育，"印度政府对海外印度人政策的主旨在于充分发挥其对居住国社会经济的贡献力，如创新思维、人才培养、多元文化因素等，这有助于推动居住国社会经济发展，也是印度公共外交资源软着陆的表现"②。尽管目的仍是服务于印度的政治经济利益，但在其实施过程中，印度侨务公共外交显示出"奉献自我，服务世界"的精神。中国从印度侨务公共外交中可以借鉴的是：重视人才培养，保证以留学生、技术移民、投资移民为主的海外高端新移民在国内受到良好的教育和培训，以推动其在世界各国做出贡献，最终达到改善中国的国际形象、维护中国的国家利益的目的。

最后是韩国。韩国侨务公共外交最突出的特点是"韩流"。尤其是在欧美等国，"韩流"传播的深度和广度都日益增强，已经成为韩国侨务公共外交的重要资源。"当前海外'韩流'粉丝俱乐部有830个，广泛分布在80多个国家，会员超过670万人。'韩流'的核心是韩国的流行音乐、电视剧和电影。"③ 韩国对本国文化宣传的重视也对中国侨务公共外交有一定的启示。在这方面，中国作为五千年的文明

---

① 张梅. 试析以色列侨务公共外交. 现代国际关系，2018（6）.
② 康晓丽. 印度侨务公共外交方式和特点. 公共外交季刊，2015（3）：92-97，128.
③ 康晓丽. 略论韩国的侨务公共外交. 八桂侨刊，2015（1）：59-64.

古国,有着得天独厚的优势,中国在语言、戏曲、诗歌、手工艺品、舞蹈等方面都有着悠久的历史。如何将中华民族的传统文化以容易理解的、新潮的、社会公众喜闻乐见的形式传承下来,再通过开办学校、网络传播、新闻报道等方式向世界传播,是中国可以从韩国侨务公共外交中汲取的宝贵经验。

结　语

新时代中国需要什么样的侨务公共外交?海外华侨华人作为中国侨务公共外交中的枢纽与核心,意见要受到重视,利益要得到保护,贡献要得到表彰。只有突破传统的外交理念,突破主客体之分,将海外侨胞真正地放在心上,与之真诚沟通、坦诚相待,做到民相亲、心相通、情相怡,中国侨务公共外交才能最终超越公共外交,为了中国的国际形象和国家利益,为了"一带一路"和人类命运共同体的美好未来奉献出自己的一分力量。

第三部分
未来的挑战与希望

第十二章　大数据时代的公共外交

在传统意义上，公共外交是指在一国政府的资助下开展旨在向外国公众传播信息并影响外国公众的项目，主要方式包括出版、广播影视、文化交流等[①]。而经历了自20世纪开始的信息技术革命并随着21世纪互联网的普遍推广，社交媒体开始广泛进入公共外交领域并发挥了重大作用。不同于传统，目前公共外交的形式已呈现出多样化的特征，大到国家、小至民间个体都在参与，主体丰富多元。大数据时代的到来更会使公共外交事务发生天翻地覆的变化。一方面，这些变化会给传统的公共外交带来极大的挑战；另一方面，将大数据技术应用于公共外交，也势必将改善公共外交的决策模式并提升公共外交效能。

大数据：推动国际关系变革的新动力

2011年5月，麦肯锡全球研究院（McKinsey Global Institute）发布报告《大数据：创新、竞争和生产力的下一个新前沿》，大数据

---

① U.S. Department of State. Dictionary of International relations, Terms, 1987: 85.

开始备受关注。大数据一般是指"产生于多种来源的巨量电子数据"[①]。它具有容量大、速度快、多样性和价值大等特征[②]。大数据的容量之大超乎想象。2012 年，美国数据专家卡利乌·李塔鲁对社交媒体推特产生的数据量进行考察与统计，发现这一社交媒体一天产生 80 亿个单词的信息量，而过去 50 年《纽约时报》总共才产生 30 亿个单词的信息量[③]。而数据"量"之巨大并不是大数据的主要特点，其主要特点在于数据生态系统相互关联的特征，即数据之间的相互关联。同时，数据之间相互关联也是大数据的价值来源，包括个体不同信息之间的关联、不同个体之间的关联甚至是信息本身的结构关联等。简而言之，大数据处理是一种能力，即用关联的方法从看似没有价值的数据中挖掘出有用信息的能力。

大数据的产生既有技术背景，也有时代背景。从技术层面看，移动设备的普及、廉价储存设备、高速宽带和云计算的发明是大数据时代出现的前提[④]。大数据设计到数据产生、收集、存储以及分析等技术，而各种电子图像自动收集器，数据收集、数据挖掘和数据分析的自动化以及各种提取数据技术、行为分析算法的产生都对大数据走向应用阶段起到了促进作用[⑤]。

用途不断扩展决定了大数据的重要性

维克托·迈尔-舍恩伯格被称为"大数据时代的预言家"。在他看

---

① KIM G, TRIMI S, CHUNG J. Big data applications in the government sector. Communications of the ACM, Vol. 57, No. 3 (March 2014): 78 - 85.
② 索雷斯. 大数据治理. 北京：清华大学出版社，2014：3.
③ 涂子沛. 数据之巅：大数据革命、历史、现实与未来. 北京：中信出版社，2014：265.
④ BOLLIER D. The promise and peril of big data, p. vii.
⑤ 蔡翠红. 国际关系中的大数据变革及其挑战. 世界经济与政治，2014 (5).

来，大数据开启了一次重大的时代转型，它正在改变我们的生活以及理解世界的方式，成为新发明和新服务的源泉，而更多的改变也正蓄势待发①。数据不仅可用来治国，而且"得数据者得天下"②。从用途来看，大数据早已经不仅为科学家所用。大数据最早用于营销、预测、市场分析、公共政策制定等，但随着应用范围的扩大，大数据甚至已经成为一种文化、技术乃至学术现象，社会学、政治学等人文社会科学界也开始运用大数据进行相关研究。对政治家来说，大数据更是有大用途——通过对推特、脸书、谷歌、微信等信息进行分析，可以跟踪大城市的抗议者、发现恐怖主义行径等③。例如，被认为有俄罗斯官方背景的"剑桥分析公司"（Cambridge Analytical）被曝出利用人工智能和大数据分析影响美国大选与英国脱欧，该公司对选举的操纵成为英国最终脱欧和特朗普在美国总统大选中竞选获胜的重要原因。"剑桥分析公司"利用某种程度上非法获取的脸书上有关选民的个人数据，对选民的人格特质进行细致分类，进而准确估计出选民的性格特征、政治倾向等，并分别投放不同的、有针对性的政治广告新闻，最终对选民的投票行为施加影响④。

大数据在国际关系中的含义

与农业时代的人口和土地、工业时代的钢铁和石油一样，大数据作为一种革命性工具，已经成为未来支撑国家安全和可持续发展的重要资源，同时也成为国际关系中新的竞争领域。正如维克托·迈尔-舍恩伯格所说，"得数据者得天下"，掌握更多大数据并能充分利用的国

---

①② 维克托·迈尔-舍恩伯格，库克耶. 大数据时代. 杭州：浙江人民出版社，2014：1.
③ 蔡翠红. 国际关系中的大数据变革及其挑战. 世界经济与政治，2014（5）.
④ 吴雁飞. 人工智能时代的国际关系研究：挑战与机遇. 国际论坛，2018（6）.

际行为体势必在当今世界拥有更大的影响力和更多的话语权。也就是说，大数据将改变现有各行为体在国际上的力量对比，从而成为推动国际权力分配结构变革的新动力。大数据主要从经济、主权、安全等方面给国际关系带来变革性影响。

首先，在经济方面，其商业价值决定了围绕大数据的新国力竞争。一方面，数据很可能成为未来最大的交易商品，而掌握数据的个体、公司甚至是国家会基于数据交易获得更好的效益。进而，成为一种新产业的大数据将如同基础设施建设等产业一样，产生提供者、管理者、监管者等各个岗位，并催生以数据资产为核心的多种商业模式，如大数据外生型、内生型、云计算服务型等模式。这样，云计算-大数据开发-各专业门类应用的倒金字塔形的巨大产业链将形成，推动国际经济的全新发展[1]。国际数据公司（IDC）指出，随着大数据时代的到来，那些能充分利用大数据进行实时决策的机构才能实现繁荣发展，而不能顺应时代转变的机构则会发现自己越来越没有竞争力并终将面临灭亡[2]。另一方面，大数据时代的社会经济竞争方式将发生改变，这一改变包括竞争过程、竞争环境以及更多创新形式的产生。全球知名咨询公司麦肯锡最早提出大数据时代已经到来，其发布的报告指出：数据已经渗透到每一个行业和业务职能领域，逐渐成为重要的生产因素。而数据仓库、数据安全、数据分析等围绕大数据的商业价值利用将逐渐成为利润焦点，也将成为各国国力发展的竞争领域。

其次，在主权领域，大数据将成为国家主权实施的另一项权力基

---

① 蔡翠红. 国际关系中的大数据变革及其挑战. 世界经济与政治，2014（5）.
② VILLARS R L, OLOFSON C W, EASTWOOD M. Big data: what it is and why you should care. White Paper，June 2011：1.

础,各国之间的数据主权博弈将加剧(见表12-1)。数据是信息的载体,而信息就是权力。大数据蕴藏着最新科技、社会动态、国家安全威胁征兆、战场态势、军事行动等各种政治、经济、文化、安全等信息。不难推测,大数据将成为国家基础设施的一部分,而数字主权将成为继边防、海防、空防之后的另一个大国博弈空间。以美国为例,其借助国际互联网以及各大网络数据公司的力量,站到了大数据创新的潮头浪尖,进一步实现美国霸权在全球范围内的迅速扩展。

表12-1 全球网址前50名各国占比

国家	所占比例	部分网址举例及排名
美国	72%	脸书(1),谷歌(2),油管(3),雅虎(4)
中国	16%	百度(5),QQ(8),淘宝(13),新浪(17),163.com(28),搜搜(29),新浪微博(31),搜狐(43)
俄罗斯	6%	Yandex(21),Kontakte(30),Mail.ru(33)
以色列	2%	Babylon(22)
英国	2%	BBC(46)
荷兰	2%	AVG(47)

资料来源:GRUMBACH S, The stakes of big data in the IT industry: China as the next global challenger?

可以预见,各国围绕大数据的权力争夺亦将展开。此外,对大数据的控制是国家主权的合法性需求。随着应用范围的扩展,大数据将成为维护国家主权合法性的重要支柱,各国将通过对国内各种主体和地域的信息与知识的掌握维持其权威与主权。

最后,大数据的功能将从"描述性"向"说明性"乃至"预测性"转变。这一预测功能对于国家的安全意义重大。大数据所蕴藏的最新科技、国家安全威胁征兆、军事行动等重要信息情报,与这些领域相关的大数据的发展和创新必将影响到国家的综合实力与战略能力。不仅如此，对于作为社会行为信息库的大数据进行情报信息处理是加强国家安全的需要。一方面，通过从大量数据中寻找威胁国家安全的蛛丝马迹，从而达到预警的效果；另一方面，通过对别国的网络空间的监控和对大数据的挖掘分析，还可以了解到别国的社会民情甚至军事信息，从而对另一国的国家安全形成制衡[1]。

如何利用好大数据开展公共外交

目前，中国发展为全球第二大经济体，国际地位和影响力不断提高。与此同时，国际上关于中国的负面宣传也不在少数，例如把中国在非洲的商业行为描绘成"新殖民主义"，将南海紧张局势归于中国的强势所为，将中国境内的恐怖主义活动归结为中国政府对少数民族的歧视与打压。对此，中国需开展更加有效的公共外交来改善外部形象。将大数据技术应用于公共外交，进行科学与细致的评估，势必会改善公共外交的决策模式，提升公共外交效能。如何利用好大数据，使公共外交更加富有成效，笔者认为可借鉴以下几点。

加强公共外交的大数据权力

近年来，中国信息化建设的速度不断加快、水平不断提高，但在大数据建设方面的努力仍须加强。例如，有些公共管理部门在管理和决策风格上仍然坚持严格的科层化模式，个人主观判断占据领导地位，而缺乏数据分析与科学依据。因此，我们需尽快树立大数据意

---

[1] 蔡翠红．国际关系中的大数据变革及其挑战．世界经济与政治，2014（5）．

识,尽早建立公共外交大数据。

中国涉外部门应积极引导相关政府部门和社会力量建设并维护公共外交大数据。目前,中国驻外使领馆都已经开设了公共外交的社交平台,这些平台是公共外交大数据的一大来源。在社会数据搜集方面,中央主要新闻网站,包括人民网、新华网、中国网、中国日报网已经成为中国开展网络公共外交的核心平台,这些网站应逐步建立起新闻数据库,搜集和整理海外主流媒体关于中国的报道,以便进行后续的数据整理与分析。

除了国内的大数据建设,我国还需要通过国际合作建设公共外交大数据。目前,国外的各类非政府组织已经建立起涵盖学术、商业、社会事业等各个领域的诸多数据库,成为公共外交的数据源。中国若与它们加强合作,将极大地丰富我国公共外交领域的大数据。2011年9月,美国、英国、挪威、墨西哥、印度尼西亚、菲律宾、南非等发起成立了一个新的国际组织——开放政府联盟(Open Government Partnership)[1],该组织旨在共同努力推动世界各国政府的信息和数据开放。此外,八国集团成员国也曾承诺向公众开放可机读的政府数据。我国可与这类组织加强公共外交领域大数据的国际合作,与之开展非传统安全领域的合作和数据共享,以利用大数据共同应对并有效解决全球治理中的问题。

为了进一步促进公共外交大数据的建设和使用,我国还需要建立超部门或跨部门的决策协调机制,即加强国内数据的开放和共享。在这方面,我国需要通过机制建设来打破数据格局与封锁,对大数据进行整合,尤其是推动主要公共领域的数据库之间的数据共享。目前,

---

[1] 涂子沛. 数据之巅:大数据革命、历史、现实与未来. 北京:中信出版社,2014:246-249.

我国部门之间存在信息分割,各部门的数据库和应用软件是分离的,这阻碍了数据的联通和共享。如果能够有一个超部门或跨部门机构对各个部门或领域的数据进行整合管理,那么我国的数据能力将得到显著提升[①]。

充分发挥大数据在公共外交中的作用

大数据技术可以对社交媒体产生的海量数据集合进行挖掘和分析,从中分析出未来的发展趋势,并对公共外交做出方向性的指引。大数据将与新媒体进行深度融合,突破时间与空间的限制,从更深层次、更广的领域促进本国政府与外国公众的互动,形成本国政府引导、外国公众参与、最终本国政府对于外国公众互动的数据进行挖掘的公共外交新模式。这一模式将远远超越现有的借助社交媒体进行跨国互动的模式,是在现有互动基础上运用大数据技术对数据集合进行深度分析并做出趋势预测,提取出大价值的新模式。要想充分发挥大数据在公共外交中的作用,可以从以下几个方面采取措施。

其一,加强以大数据技术为核心的网络外交。目前,世界主要国家的驻外使领馆都在运用社交媒体来开展公共外交,并且效果颇佳。相比之下,我国在这方面所做的努力还远远不够,我国的驻外使领馆网站几乎没有运用社交媒体进行网络外交,更谈不上利用大数据技术了。尽管国内的许多地方政府已经开始打造"智慧城市",即通过微博、微信等平台为公众提供信息查询、业务办理等服务,但驻外使领馆仍远远落后于这一趋势,缺少与国外公众互动的平台。而仅做到这样的传统网络外交也是不够的,这仅仅是网络外交的起步阶段。在大

---

① 沈本秋. 大数据与公共外交变革. 国际问题研究,2015(1).

数据时代，还应该通过技术人员对社交媒体的数据进行挖掘，以便充分了解国外公众对我国的看法和意见，并将此作为决策者进行决策的参考。此外，还可以根据国外公众的意见有针对性地在社交媒体上设置议程，从而积极引导其对华态度。

其二，运用大数据来改进调查方法，从而更有效地提升国家形象。为提升国家形象，2011年我国在美国纽约时代广场播放了中国的国家形象宣传片，并通过美国有线电视新闻网在全美推出。这一举措不能不说是煞费苦心，但实际上却并没有收到预期的效果，只能说不尽人意。对此，许多学者进行了争论。有人认为，上述国家形象宣传片主要宣传中国的精英人物，但美国社会更重视的其实是草根阶层；也有人说，与其宣传精英人物，树立正面的国家形象，不如直接让领导人多接受外国媒体的采访，这样更能拉近外国公众与中国的距离。无论哪种观点更值得借鉴，这些争论的存在本身就说明了我国在宣传国家形象之前并没有对美国公众的"中国观"进行深入细致的调查。其实，政府在针对国外受众投放政治广告时，最事倍功半的就是囿于自身的价值观和理解，而缺乏对国外受众价值观的理解与参考。大数据则可以实现对其品位和价值观的搜索与分析，在此基础上投放政治广告才能收到事半功倍的效果。自2012年以来，中国外文局对外传播研究中心与察哈尔学会等一直在对中国的国家形象进行调查。目前的调查一般以华通明略的全球样本库为样本源。在大数据时代，如果辅以大数据技术进行挖掘，对国际主流媒体关于中国报道的海量数据进行准确分析并实时更新这些数据，那么调查结果将更具客观性与说服力，也更能为中国对外进行国家形象宣传提供可靠的技术支持[①]。

---

① 沈本秋. 大数据与公共外交变革，国际问题研究. 2015（1）.

关于运用大数据来改进调查方法的一个成功案例，就是美国白宫和国务院将其运用于奥巴马担任总统时期对巴西的访问。2011年3月19日，奥巴马出访巴西首都巴西利亚，目标是寻求建立一个以巴西为盟友的美洲地区新联盟。为了获取巴西民众的支持，必须事先了解巴西各界民众如何看待奥巴马本人及其家庭，以及巴西民众对美国拉美政策调整会做出何种反应。于是，美国国务院下属的"E-外交"办公室指示其数字技术团队挖掘了两年内巴西民众在推持、博客等社交平台上的上千万条社交数据，通过关联运算和人群搜索发现，在涉美政治传播中各方面的关注度差别迥异。在这种情况下，如何制定出一项清晰的公共外交战略，对巴西民众开展富有成效的外交公关活动至关重要。而大数据分析为奥巴马外交团队提供了巴西民众讨论涉美话题的常用平台、传播奥巴马的关键社交平台及达人的信息、巴西民众对奥巴马之行最感兴趣的话题等琐碎但十分关键的信息。奥巴马的外交团队在其未启程的时候就近乎未卜先知地做到了对巴西民众的精准接触与高效政治营销。到目前为止，这一案例都堪称大数据介入公共外交的一次经典实战运用①。

其三，建设基于大数据技术的公共外交预警系统。公共外交预警系统旨在获取国际社会对中国政府行为的评价，并有效运用能为国际社会接受的语言和行为进行解释。此外，预警系统还可以预测国际社会即将发生的事件，这有助于我国政府提前做好准备以进行应对，为国际社会面临的问题提出有效的解决方案。当前，中国的发展面临国际社会的重重压力，这种压力一方面来源于周边以及西方国家的政府，另一方面来源于国外民间。在这种情况下，我国的公共外交战略

---

① 董青岭. 大数据外交：一场即将到来的外交革命. 欧洲研究，2015（2）.

应重视他国民众的对华情绪,通过大数据支撑的预警系统对他国公众的对华情绪进行研判,并及时采取相应措施。

以大数据与人工智能为新契机开展与他国的合作,讲好中国故事

在大数据时代,基于数据的人工智能也在迅速发展。各国都在追求利用大数据与人工智能为本国谋取新的发展机会。而以大数据和人工智能为契机开展国际合作,一方面可以向国外输送中国在大数据与人工智能方面取得的先进成果,另一方面也可以通过合作交流学习对方的长处,从而实现共同进步。目前,我国以"大数据和人工智能"为合作平台,已经与世界上的多个国家建立了友好合作关系。中国也可以此为契机,进一步推进公共外交,抓住机会改善国家形象,在国际舞台上讲好中国故事。

2018年9月17日,由俄罗斯驻华使馆与SELDON集团公司联合主办的"大数据与人工智能推介会"在北京俄罗斯文化中心举办。俄罗斯驻华使馆代表阿诺欣表示,新一代信息技术的发展给俄罗斯国家现代化带来了新机遇。通过使用云计算、大数据、人工智能等新型工具,俄罗斯可以促进传统经济产业的发展,并扩展新的商务贸易合作项目。普京总统在同年5月的圣彼得堡经济论坛上强调,数字化是俄罗斯国家发展的战略目标[①]。可以看出,俄罗斯企业与中国企业在数字化领域拥有共同的目标、利益和广泛的合作空间,这也将会成为我国讲好中国故事的新途径。

中俄在大数据与人工智能上的合作并不是一个偶然现象,而是反

---

① http://www.pdcec.com/bencandy.php?fid=71&id=40429&from=singlemessage.

映了一种国际合作的趋势。2019年9月9日,中波间首个人工智能科学联合实验室——上海-华沙人工智能科学联合实验室揭牌仪式在华沙举行,中国驻波兰大使刘光源出席并致辞。刘大使表示,上海-华沙人工智能科学联合实验室将成为双方深入开展科研和教学、共同整合科技创新资源和培养高水平创新人才的全新合作平台。中国驻波兰大使馆将一如既往地发挥桥梁作用,支持该平台做大做强,共创人工智能发展新篇章,携手用好第四次工业革命,造福两国和两国人民。此外,华沙理工大学出席该仪式的诸位教授均对该联合实验室的成立予以高度评价,表示双方的合作不仅是人工智能领域科研教育和人才培养层面上的优势互补和强强双赢,而且对于促进两国间的文化交流、增进两国人民之间的理解以及助推"一带一路"建设等都具有重要意义,一致祝愿该联合实验室在双方的共同努力下早结硕果[①]。

总之,中国在大数据与人工智能技术方面拥有强大的能力和潜力。除了继续实现本国在该领域的快速发展,中国还应以大数据和人工智能为新的契机,继续积极开展与别国的合作,利用此机会进一步讲好中国故事。

大数据时代公共外交所面临的挑战

除了发展机遇,由于大数据与人工智能的广泛运用而带来的巨变,也无疑会给公共外交的开展带来意想不到的影响甚至是挑战。这些挑战包括公共外交行为主体的变化、应用大数据时的技术与制度障碍以及信息安全问题等。

---

① 中华人民共和国驻波兰共和国大使馆. http://www.chinaembassy.org.pl/chn/tpxw/t1696518.htm.

大数据时代的本体论之问

通常而言,本体论指的是研究构成世界的最基本实体是什么(例如古希腊哲学对构成世界的基本元素的探讨)及世界产生、存在和发展变化的根本原因与根本依据。对于国际关系而言,本体论指的是研究构成国际关系的最基本实体是什么及国际关系产生、存在和发展变化的根本原因与根本依据。传统的国际关系研究将民族国家视为默认的基本研究实体,主流的国际关系理论主要力图探寻民族国家之间冲突与合作的本质和规律。但随着大数据时代人工智能的发展,民族国家能否依旧保持最基本的国际关系研究实体这一地位则越来越被怀疑。民族国家的地位随着大数据与人工智能的高速发展,面临着越来越多的挑战。

从国际关系研究的本体论来说,传统国际关系研究强调的基本研究实体是民族国家,而人工智能的发展会助推"网络国家"的兴起。所谓"网络国家",即民族国家以外的,包括脸书、谷歌、推特在内的这些拥有巨大用户规模和全球范围影响力的网络机构。以脸书为例,其拥有20亿的用户规模,超过了世界上任一国家的人口,而且在民众心中的威信和影响力都远远高于政府。与民族国家相比,"网络国家"似乎更容易得到人们的信任与拥护[①]。

大数据时代的本体论之问也势必会给公共外交带来影响。大数据时代最看重的不是油气等物质资源,而是各种海量的数据资源。而拥有这些资源的,往往是脸书、谷歌等机构,而不是传统意义上的民族国家。传统意义上的公共外交往往需要和东道国事先进行沟通和交

---

① 吴雁飞. 人工智能时代的国际关系研究:挑战与机遇. 国际论坛,2018(6).

流,以便更好地推行公共外交活动。而大数据时代"网络国家"的兴起,对一国公共外交战略的制定将产生巨大的影响。在这种背景下,如何转变开展方式、开展怎样的公共外交等,都成为公共外交领域需要重新思考并亟待解决的问题。

技术与制度障碍

大数据分析是一门融合技术,将大数据运用于公共外交需要两方面人才的知识结合与分工合作,从而基于数据来驱动决策分析和外交执行过程。这一过程包括以下几个步骤:首先,需要专业外交人员拟定定向的数据需求;其次,由专业的数据科技人员设计数据采集和挖掘的方案,勾勒算法模型并进行数据运算;最后,专业的外交人员和相关专家对数据进行解读分析,进而规划公共外交战略、改善外交实践。这一过程看起来简单清晰,但实际上存在极大的技术障碍。一方面,由于外交人员需设计研究问题和数据应用场景,公共外交的业务知识门槛大大提高。另一方面,数据科学专业人员也需要有极高的数据分析水平,只有这样,才能精确采集相关数据并设计算法。总的来说,大数据时代的数据驱动型外交是建立在跨学科、跨领域协同合作、协同创新的基础上的,这一过程要求外交与数据科学两方面的人才跨越知识屏障,以便进行有效的沟通与协作,而这也是推行高质量外交的决定性因素。

除了技术障碍,制度障碍也是大数据介入公共外交所要面临的一个挑战。外交不同于商业以及社会生活领域,其数据收集标准将会遇到更为严格的制度和法律约束。公共外交的相关数据涉及国家安全、国防机密、他国公民的隐私等。虽然当前很多国家都在倡议数据开放(open data)和政府开放(open government),但如果没有任何国际性的条约进行管理和约束,则难保不会发生一国的外交机构对他国基础人口、基本经济和精确的国防开支数据的收集,最终演变成两国间的情报间谍工作。不仅如此,任何精细化的数据收集最终都将触及个人隐私问题。而对于公共外交决策与实践来说,收集到的数据颗粒度越小,其具有的解释力和实现政策洞察的可能性就越大。例如,对一个国家人口数据的采集精确到省显然不如精确到市和县更有价值,对一个恐怖分子的地理定位精确到数十里和数米的价值也显然是不一样的。然而,数据采集该采用何种方式、精确到什么程度才不算侵犯个人隐私,才能为各国的隐私保护法所允许?到底哪些数据可以收集、哪些不可以收集?哪些数据国家间可以自由交换、哪些不可以交换?能与不能之间到底该如何划清界限,而数据之间又真的具有如此清晰的边界吗?这些细碎但又不能不考虑的问题,既触及严肃的国内法律问题,也为跨越主权疆界到另一个主权管辖区域采集数据带来了重重障碍。

国家信息安全面临挑战

大数据对国家安全的影响涉及诸多方面,其中就包括信息安全。提到大数据对国家信息安全的威胁,便不得不提"棱镜门"事件。2013年6月,美国前中央情报局(CIA)雇员爱德华·斯诺登通过英国《卫报》和美国《华盛顿邮报》向外界爆料,美国国家安全局(NSA)自2007年起,开始实施代号为"棱镜"(PRISM)的绝密电子监听计划。在这项计划中,美国国家安全局要求美国电信巨头威瑞森每天必须上交数百万用户的通话记录。美国国家安全局和联邦调查局可以直接进入包括微软、谷歌、苹果、脸书、油管等在内的十大网络巨头的服务器,实时跟踪监控用户的电子邮件、聊天记录、视频、图片等信息。长期以来，美国政府一直通过"棱镜"计划对多个国家进行全天候的监控，并对所获的数据进行分析，从而获取了大量的情报信息。该计划无疑对其他国家的信息安全造成了严重的威胁。

"棱镜"计划的曝光震惊世界，同时也引发了人们对于大数据时代信息安全的审视与思考。实际上，不只是美国，其实许多国家都曾经或者正在打着维护国家安全和反对恐怖主义的旗号实施着监控计划。"棱镜"计划之所以令全世界震惊，是因为人们突然意识到，美国的监控计划已经无孔不入地深入到人们工作生活的各个角落。在大数据时代，其实任何信息都毫无安全可言[①]。

伴随着数据的进一步集中和数据量的增大，现有的信息安全手段已经不能满足大数据时代的信息安全要求，对海量数据进行安全防护变得更加困难，数据的分布式处理也加大了数据泄露的风险。这主要体现在以下四个方面：其一，由于当今时代人们对数据过于依赖，一个领域甚至一个国家的各方面运作过程都可以通过数据来分析还原，所以大数据成为网络攻击的显著目标；其二，由于大数据产生、存储以及传输的特殊性和隐蔽性，大数据加大了信息泄露风险；其三，大数据威胁现有的存储和安防措施；其四，大数据技术可以被应用到攻击手段中。可以说，大数据给信息安全带来了巨大的威胁，信息安全一旦失守，就会给国家安全带来不可估量的危害。

结　语

大数据时代对于国家公共外交战略来说，既是契机也是挑战。不

---

① 赵阳. 大数据时代对国家安全的挑战及对策研究. 硕士学位论文. 济南：山东师范大学，2015.

可否认，大数据介入公共外交给诸多方面都带来了问题，包括公共外交行为主体的变化、应用大数据时的技术与制度障碍，甚至威胁到国家的信息安全，进而给国家安全带来不可估量的危害。但大数据技术的迅速发展与广泛应用已经是不可避免的趋势，而且我们已经可以看到将大数据应用于公共外交领域带来的显著成果。大数据不仅可以推动当今流行的网络公共外交发生变革，还将提升公共外交调查方式的科学化并提升公共外交的预测能力。中国也可以将大数据和人工智能作为新契机，促进与别国的友好合作，在国际上发出更多中国好声音。面对这一风险与机遇并存的新兴技术，我们要做的是充分发挥政府的引导、协调与管理职能，同时发动社会的力量积极推动大数据时代的公共外交，运用大数据技术做好精准分析，从而实现有效的国家形象宣传。

总体而言，将大数据应用于公共外交领域的未来前景十分广阔且政策启示意义重大。对于技术、制度等障碍，中国需要加以克服，真正做到大数据条件下的实时分析、及时决策与精准应对。

第十三章　疫情公共外交

2019年底至2020年初新冠肺炎疫情发生以来，其已演变为全球公共卫生危机。在这场疫情防控斗争中，中国始终秉持人类命运共同体理念，本着公开、透明、负责任的态度，及时同世界卫生组织和国际社会分享信息，积极回应各方关切，加强国际合作，努力防止疫情在世界扩散蔓延，得到了国际社会的广泛赞誉。

与此同时，我们应当看到，与疫情相伴的也有恐惧与歧视。疫情的高度易传播性在各国民众中间直接引起了不同程度的恐慌，更有国家和地区通报了针对中国的粗暴歧视，激起新一轮的保护主义和孤立主义。人大重阳公众号汇总了自新冠肺炎疫情发生以来国际舆论场上八类抹黑中国的论调：（1）"经济骤降"论。例如《纽约时报》2020年2月11日发表的题为《"就像中世纪的欧洲"：新冠疫情重创中国经济》的评论文章就表示，疫情使中国经济基本处于停摆状态。（2）"中美脱钩"论。例如美国商务部长威尔伯·罗斯2020年1月31日对福克斯商业频道表示，新冠肺炎疫情"有助于加速工作岗位回流北美，其中可能部分回流美国，部分则流向墨西哥"。（3）"国设崩塌"论。例如，"德国之声"2020年2月6日以《这不是冠状病毒，是"冠状病毒"》为标题，声称中国治理体系不是现代治理体系，因此才会如此"不堪一击"。还有一些海外社交媒体，网友模仿"人设崩塌"一词，编出"国设崩塌"论，用以污蔑中国负责任大国形象的"崩塌"，鼓吹中国无法按期实现全面小康。(4) 重提"东亚病夫"论。典型代表为《华尔街日报》2020年2月3日刊登的题为《中国是真正的东亚病夫》的文章。(5) 新"黄祸论"。2020年2月1日，德国发行量最大的严肃时政类周刊《明镜》在其出版的最新一期封面上写着"新型冠状病毒"，并用一行黄色大字写着"中国制造"，还用副标题"当全球化成为致命危险"标明其对全球的危害。(6) "新1984"论。新冠肺炎疫情发生以来，中国采用了大量的高科技手段来控制病毒的传播。2020年2月20日，"美国真实政治网"(Real Clear Politics) 刊文，认为中国政府为了迅速让中国实现现代化和富裕起来所展现的决心和采取的政策措施与乔治·奥威尔的《1984》有点类似。(7) "生化武器"论。例如2020年1月31日，美国共和党反华参议员汤姆·科顿发推特宣称要求美国政府立刻"封杀中国"，要求所有美国人逃离中国，甚至还宣称病毒是武汉实验室泄露的"生化武器"。(8) "世卫偏袒"论。世界卫生组织总干事谭德塞对中国防疫成绩的肯定被某些外国媒体说成"偏袒中国"。2020年2月12日，在被提问是否受到中国的授意和压力而一直试图褒扬中国时，谭德塞对此进行反驳并表示不满①。

中共中央政治局常务委员会2020年2月26日召开会议指出，"加强疫情防控国际合作是发挥我国负责任大国作用、推动构建人类命运共同体的重要体现。要继续同世界卫生组织紧密合作，同相关国家密切沟通，分享防疫经验，协调防控措施，加强对外宣介和公共外

---

① RDCY. Eight negative arguments smearing China's virus fight must be refuted. Global Times February 25&26, 2020.

交，共同维护地区和世界公共卫生安全"。

如何讲好中国抗疫故事？如何展示中国负责任大国形象？如何传播人类命运共同体理念？这是疫情公共外交的三大主题。

从大历史看新冠肺炎疫情

2020年2月23日，习近平总书记在统筹推进新冠肺炎疫情防控和经济社会发展工作部署会议上强调，这次新冠肺炎疫情，是中华人民共和国成立以来在我国发生的传播速度最快、感染范围最广、防控难度最大的一次重大突发公共卫生事件。

如果未来的历史学家来记述此次新冠肺炎疫情，会怎么写？我尝试把它概括为三句话。

第一句话：疫情是对国家治理能力、治理体系的一个大考验。2019年底，党中央提出了国家治理能力、治理体系现代化的命题。现在就出现了新冠肺炎疫情这样一个大的考验。考验当然要辩证地看，如果能够对暴露出来的一些国家治理能力、治理体系的问题予以很好的解决的话，这对我们改革和完善国家治理能力与治理体系将是一个很大的进步。习近平主席在与巴基斯坦总统伊姆兰·汗的通话中指出，"我们既要立足当前，坚决打赢疫情防控阻击战，更要放眼长远，及时总结经验，完善重大疫情防控体制机制，健全国家公共卫生应急管理体系"。

第二句话：疫情是中华民族伟大复兴的一个大插曲。之所以说是大的插曲，不是根本性地扭转中华民族伟大复兴进程，就是因为疫情对中国经济社会的影响都是暂时的，并非不可逆的；而且要辩证地看，不能只看到负面的，还应看到其积极地、正面地推动了中国的数字化转型：数字化医疗、数字化教育、数字化办公、数字化传播、数字化交易、数字化物流、数字化娱乐已蔚然成风，推动国家治理现代化、数字化、智能化。疫情不仅助推我国制造业的信息化转型，加速人工智能、物联网、5G技术、生物医药的创新和应用，而且进一步提升了我国在全球价值链的位次，以及在全球价值链重构中的话语权。这正印证了那句俗话——"凡是不能打倒我们的，必将让我们更强大"。

第三句话：疫情是人类命运共同体的一个大实践。习近平主席同10多位外国领导人通电话时均强调，中方秉持人类命运共同体理念，既对本国人民的生命安全和身体健康负责，也对全球公共卫生事业尽责。抗击疫情是构建人类命运共同体的生动个案。截至2020年3月5日，170多个国家领导人和40多个国际（地区）组织的负责人向我国表示慰问和支持。许多国家和国际组织以及民间团体向我国捐赠医疗物资。韩国总统与习近平主席通话时说"韩中是近邻，中国的困难就是韩国的困难"。日本援助物资上写着"山川异域，风月同天"。这些都是东亚"共生"思想的鲜明体现，有助于周边命运共同体的建设。

病毒不分国界，只有世界同时消灭之，抗疫才算成功！世界卫生组织总干事谭德塞表示，当前中国在疫情中心采取的高强度措施，为世界创造了防疫窗口期。消除全人类的恐惧，才能消除我们的恐惧！我们呼吁，全世界人民联合起来，构建人类命运共同体！

习近平总书记在全国抗击新冠肺炎疫情表彰大会上总结出"生命至上、举国同心、舍生忘死、尊重科学、命运与共"的伟大抗疫精神，是对上面这句话的最好提炼。

"话语体系化"的新冠肺炎疫情

如果单纯讨论疫情对经济的影响，姑且可以认为是直观粗浅的学术判断；而有关中国国家治理体制是疫情发生的主要原因的报道，其目的在于恶意抹黑中国通过改革开放 40 多年所建立起来的积极公共形象。诸如此类的媒体报道、网络"民意"与一些公众人物的"个人意见"，大肆宣传与放大中国新冠肺炎疫情的负面信息，无视中国控制疫情对外蔓延的贡献，在公共外交的舆论场上处处掣肘、环环设套。疫情严重与否、风险大小，都在此处成为一个聚拢"话语"的载体，最终是一个"权力"的体现。

毫无疑问，新冠肺炎疫情被"话语体系化"了。米歇尔·福柯在《话语的秩序》中强调，话语是人们争夺的对象，更是人们进行斗争的手段和目的。这场关于新冠肺炎疫情报道的舆论战，与近年来的"中国威胁论""债务陷阱"，还有中美关系日益紧张催生出的"修昔底德陷阱"等理论一起，造成了"中国的国际形象中国自己说了不算"的悖论。

在"后真相时代"（post-truth），有人无视客观事实，盲目迎合受众的情绪与心理，使用断言、猜测、感觉等表达方式，强化、极化某种特定观点。疫情首先肆虐的中国，对于西方来说不是能够贡献抗疫和控疫经验的先行者，而是它们可以置身事外地随意点评的对象。

这种异化源自西方固有的"一神教"思维。"一神教"的思维模式随着近代西方世界的扩张转化成以"现代性"为代表的世俗宗教。"一神教"思维在古代西方表现为只承认上帝是唯一的神，其他宗教均为异类，近现代以来表现为西方现代化模式为唯一正确的发展模式。其本质上是一种二元对立的思维模式，这种思维如今在欧洲表现为对内推崇多样性、对外推广普世性的双重标准，在美国表现为对内民主、对外专制的分离。西方人将世界分成支离破碎的部分，而非秉持整体思维观，形成了征服对立面的传统，对不能征服的对象则加以"妖魔化"，并公然赋予这种征服以道义的含义。

总的来说，疫情初现中国所引起的关注已经发展成中国公共外交领域的一场战役。结合长久以来的西方"双重标准"，新冠肺炎疫情都透出一丝丝的政治性，这是荒谬的。当下的疫情折射出的外交舆论场上的旋涡，凸显了公共外交在国际政治上的重要性。向来受西方话语权捆绑的中国，不幸成为首个疫情席卷的国家，肯定会在一开始受到"夹枪带棒"的指点。理解这背后的原因，明白疫情与"双重标准"的结合也能带来公共外交全球参与的新纪元，激发更多的主观能动性，使中国群众能在这场话语权争夺战中获得优势，带动世界其他人民群众，为我国打造国际公共形象获得更大的自主权，成为当务之急。

疫情公共外交的"三认"原则

名不正则言不顺。疫情防控阻击战甫一打响，便有人将新冠肺炎称为"武汉肺炎"。发生在武汉的肺炎就叫"武汉肺炎"，后来世界卫生组织还是很客观，称其为COVID-19——一个学理的名字。我们现在讲的是新型冠状病毒，笔者主张它是人类的新型冠状病毒，它可以发生在武汉，可以发生在中国其他地方，也可以发生在世界其他地方。正确表述是：在人类抗击新冠肺炎疫情阻击战的中国战区，尤其是武汉、湖北战场，中华民族谱写了可歌可泣的伟大诗篇。这是中国共产党领导中国人民共同参与、见证中国特色社会主义制度优越性的伟大胜利。

脱贫是中国对人类最重要和最明显的贡献之一。抗击疫情的经验，可不可以成为中国脱贫以后对人类共同事业的又一个重要贡献？世界卫生组织总干事谭德塞说，中国采取的一些做法超越了世界卫生组织的标准，为人类未来抗击类似的疫情提供了新的标杆。我们要努力把它从中国方案或者说中国智慧，变成一个世界性的公共卫生治理方案和智慧。

讲好中国应对疫情的故事，是当下讲好中国故事的焦点。笔者在拙著《国之交如何民相亲：新时代中国公共外交之道》中提出新时代公共外交的"三认"原则，就是要以世界观中国、以时代观中国、以中国观中国、而不是以己度人①。这在疫情公共外交中也得到生动体现。

中国为阻止疫情在全球扩散展现了担当，为携手应对全球挑战赢得了信任，为完善全球公共卫生治理树立了标杆。在疫情防控中，中国力量、中国效率、中国速度受到赞誉，中国治理的制度优势得到充分彰显。国际舆论认为，中方行动速度之快、力度之大、范围之广世所罕见，展现出的领导能力、应对能力、组织动员能力、贯彻执行能力令人赞叹，为世界各国抗击疫情树立了典范，为国际社会应对传染病危机、推进全球公共卫生治理积累了有益经验，提供了重要借鉴。第 74 届联合国大会主席班迪表示，中国在防控疫情过程中展现出的领导力与透明度堪称典范。巴基斯坦总理伊姆兰·汗表示，整个世界都感谢并赞赏中方应对疫情的努力和成效，没有任何国家可以做得比

---

① 王义桅. 国之交如何民相亲：新时代中国公共外交之道. 北京：中国人民大学出版社，2020.

中国更好。国际权威专业期刊指出,中国为国际科学界加入抗疫战斗铺平了道路,为科研合作的全球动员奠定了基础。联合国秘书长古特雷斯表示,中国为抗击新冠肺炎疫情并避免其蔓延做出了巨大牺牲,为全人类做出了贡献。世界卫生组织总干事谭德塞指出,中国强有力的举措既控制了疫情在中国境内扩散,也阻止了疫情向其他国家蔓延,不仅是在保护中国人民,也是在保护世界人民[①]。传统中国文化认为,有四种力量境界:诸道同源之理,万法归一之道,纲举目张之法,提纲挈领之术。

公共外交之道,在于共通:病毒无国界,疫情有区域。人心都是通的。要以人类命运共同体理念,让世界将心比心,认识到人类抗击新型冠状病毒中国战区发生的一切,事关各国生命安全。疫情期间,各国政党也给我们提供大量精神支持,政党外交大显身手,通各民族、各阶层人类命运共同体之道。截至2020年3月5日,已有120个国家的300个政党和政治组织共500多人次向习近平总书记和中共中央发来慰问电与慰问函,声援和支持中国的抗疫斗争,为我国的疫情防控营造了良好的国际环境。

公共外交之理,在于共鸣:分享信息,技术支持,及时、公开、透明地分享疫情信息和技术经验,对各国共同应对疫情至关重要,从而引发中国抗疫故事的全球共鸣。联合国秘书长古特雷斯和世界卫生组织总干事谭德塞都指出,目前最大的敌人不是病毒,而是恐惧、谣言和污名化。谭德塞与古特雷斯倡议的避免"歧视、谣言和恐惧",与中国早先倡议的"隔离,但不隔绝爱"异曲同工。

公共外交之法,在于共振:建立卫生伙伴关系,协同应对疫情,

---

① 王毅. 坚决打赢抗击疫情阻击战 推动构建人类命运共同体. 外交部网站. https://www.fmprc.gov.cn/web/wjbzhd/t1751263.shtml.

避免恐慌。中国向伊朗等国家派遣抗疫小组、援助试剂盒等举措，赢得了称赞。2020年2月29日发布的《中国-世界卫生组织新型冠状病毒肺炎（COVID-19）联合考察报告》评价中国应对疫情所采取的措施为"历史上最勇敢、最灵活、最积极的防控措施"。瑞银全球财富管理首席经济学家保尔·多诺万表示，此刻恐慌才是经济的主要威胁，一旦恐慌在全球范围内蔓延并对消费者行为造成影响，将对经济产生严重损害。谷歌搜索显示，"新冠病毒"一词搜索量飙升，就反映了这种恐慌。反过来，如果谷歌"新冠病毒/肺炎"不是渲染病毒多么可怕，而是如实报道中国抗疫的生动实践，那么将减轻世人的恐惧，提升中国的国际形象。

公共外交之术，在于共情：具有代表性的例子是中国驻美国大使馆的公共外交举措。当地时间2020年2月26日，中国驻美大使崔天凯在华盛顿应约会见美国犹太人公共事务委员会（JCPA）主席大卫·伯恩斯坦等美国犹太人组织主要负责人，并接受由JCPA等87个美国犹太人组织共同发表的公开信。这封《给华裔美国人和中国人民的支持信》说："因新冠肺炎疫情影响，美国及世界各地排华情绪有所上升，我们对此感到忧虑。我们深知在此情况下，人们的担忧可能迅速演变为恐慌，导致无辜人士受到排斥和歧视。我们承诺将共同努力，确保你们感到安全，得到支持，并共同反击社交媒体上的辱华言论。"[1]

总之，通过分享中国抗疫故事，让外界了解中国如何打赢疫情防控的人民战争、总体战、阻击战，从而认识、认可、认同中国政府、中国共产党和中国人民解放军一切为了人民、为了人民的一切的工作

---

[1] 给华裔美国人和中国人民的支持信．中华人民共和国驻美利坚合众国大使馆．http：//www.China-embassy.org/chn/zmgx/zxxx/t1749943.htm.

态度，以及构建人类命运共同体的信心和决心。

疫情公共外交之道：构建人类命运共同体

2020年2月24日，国务委员兼外交部长王毅主持召开外交部应对疫情工作领导小组第六次会议时强调，要积极扩大疫情防控的国际和地区合作，与世界卫生组织保持良好沟通协调，同有关国家分享疫情防控经验，向其他出现疫情扩散的国家和地区提供力所能及的帮助，加强抗病毒药物及疫苗研发国际合作，通过携手应对疫情践行构建人类命运共同体理念。

中国现在应该利用各种国际场合，介绍中国的一些防疫的经验做法。世界卫生组织总干事谭德塞说，中国在抗疫过程中的一些实践走到一些世界卫生条例前面了，说明中国实践可以引领新的国际规范制定，这个文章就一定要做好。为此建议：

——充分利用双边、地区和多边机制，讲好抗疫故事。要充分利用武汉百万大学生的优势，例如在武汉抗击疫情的外国留学生、领馆、外企的故事，用一个网上博物馆的形式进行展示，把全球人民、华侨华人抗击疫情的生动故事展示出来，以各种各样的形式向世界传播。例如，在联合国总部做一个展览，向世人宣告中国是怎么做到控制疫情的。

——积极推动疫情应对成为全球议题，疫情是全球共同面临的重大挑战。中国是新冠肺炎疫情最大的受害者，也是最具有丰富实践经验的，应该把中国经验、实践上升为国际通用做法，引领地区性的、多边的和双边的机制与能力建设。在全球层面也要强调规章制度或者机制建设，改革国际的一些机构机制。从国际法的角度，要禁止保护主义、禁止禁运中国的货物、切断人员流动等。可以在抗疫胜利后，在武汉召开全球公共卫生论坛。

——积极开展对外卫生援助。中国出现大量的产能过剩，像消毒剂、口罩这些东西将来怎么处理？是不是把有些东西援助给一些欠发达的国家，因为为了帮祖国防止疫情，中国留学生、海外华侨华人把国外一些地区的口罩都买光了。对外援助可以作为中国公共外交的一个重要部分。

——推动建立全球公共卫生应急储备、公共卫生基金组织。结合中国优势和先进技术推动建立全球远程医疗平台。可以考虑通过国际合作平台，建立起全球公共卫生应急储备，就像黄金储备一样。一些欠发达国家，将来发生公共卫生危机怎么办？也可以考虑设立一个类似于IMF机制的全球公共卫生基金组织，作为战时储备，即大家需要的时候借账，回头再还。世界卫生组织本来就具有协调各国的卫生防疫的一些职能，但它没有IMF的功能，也没有安理会制裁联动的机制。因此，中国公共外交可以致力于推动全球公共卫生治理机制的改革完善。

——凸显传统文化在全球公共卫生治理中的作用。疫情应对，中国传统医学和传统文化起了很重要的作用，要向外传播好中西医结合的成功案例，增强文化自信和对我们伟大复兴的信念。两个医院——火神山医院、雷神山医院，本身就蕴含丰富的中国传统文化理念，可以让外国人更多地理解，可以拍成很好的纪录片、电影或写成纪实文学和小说。可以考虑在武汉建立博物馆，纪念这一场人类历史上重要的抗击病毒的战役，表达"永不再来"的期望，形象阐释中华民族伟大复兴、人类命运共同体的概念。国家应该在一个重要场合，对各国支持中国抗击疫情的努力表示感谢。

——加速构建周边命运共同体。我们以前主要是抽象地谈非传统安全的威胁,因为周边国家多是美国的盟友,如菲律宾、日本、韩国。但是,这次疫情反映出中国首先要建立起一个周边命运共同体,这次疫情一定是个极好的机会。受美国制裁的伊朗,疫情形势严峻,开展与伊卫生援助合作可谓雪中送炭。当前与一些跟中国直接相关的城市层面、地区层面的国际组织,像APEC、东盟等跟中国有最密切联系的组织机构共同抗疫,也是形成周边命运共同体的很好时机。

——加速推动健康丝绸之路建设。"健康丝绸之路"这个提法还没有从机制上确立。"一带一路"国际合作第三次高峰论坛要把它作为一个重要主题,要把公共卫生纳入议题,因为丝绸之路有大量的人员流动,在没有安全保障的情况下很难开展。在健康丝绸之路上,可以考虑针对欠发达国家和地区,提供卫生援助、培训、技术转让等,把我们先进的通信技术、中国特色跟医疗结合,建立远程医疗平台。一旦将来出现类似的紧急状态,这种远程会诊的医疗救助无论是对网上学习还是对培训、医疗卫生等,都可以派上大用场。

——推动构建全球卫生伙伴关系网络。中国在做好国内防控工作的同时,积极开展抗击疫情国际合作,分享在防控措施、诊疗方案等方面的经验做法,探索开展联防联控,加强沟通协调,互通疫情信息,交流防控经验和技术,并且开展治疗方案、药品和疫苗研发等领域的合作,并向疫情比较严重、有需要的国家提供力所能及的援助。这为中非、中欧、中伊、中日韩卫生伙伴关系乃至全球卫生伙伴关系网的构建奠定了基础。我国应着手将应急国际抗疫统一战线变成构建全球卫生伙伴关系网络的长效机制。

——充分重视抗疫战争的溢出效应,做到合情合理、合法合规。对于一些疫情以及应急措施可能带来的国际负面舆论,要做好思想准备。我们现在采取一些措施，是为了带动中国的就业，促进出口和经济增长。我们现在搞了很多补贴，实际上是救急措施。但是，随着整个疫情慢慢缓解、稳定下来以后，国外势力一定会指责中国违反WTO规定。所以，我们不仅要应对这场疫情，也要考虑到在解决问题的过程中不要病急乱投医，避免产生一些副作用和遗留问题，再造成未来的长远的麻烦。疫情正逐步演变为全球政治经济风险，我们也要未雨绸缪、做好预案。

总之，中国抗疫战争的胜利，应该是一个可以载入人类史册的大事件；2020年全球抗疫大行动，开启构建人类命运共同体元年。这是疫情公共外交的两大启示。

第十四章 "一带一路"的民心相通之道

随着"一带一路"建设的推进,"中国威胁论"的变种——"一带一路"威胁论也逐步出笼。概括起来,有如下几种典型表现:过剩产能威胁论、地缘政治冲突论、文明冲突论、国际秩序另起炉灶论、中国模式输出论、经济帝国主义论、生态习俗破坏论、朝贡体系复活论、分而治之论、"黄祸论"等。

形形色色的"一带一路"威胁论反过来提醒我们,"一带一路"公共外交要超越国家利益层面,扎实推进民心相通。

那么,民心为何不通呢?英国学者安东尼·史密斯在《民族主义:理论、意识形态、历史》中指出:"英国人与德国人、法国人没有共同的神话、象征和历史记忆,也没有共同的黄金时代能够用来激起这些国家民众的共鸣。"这才是英国脱欧的根源。

这说明,"一带一路"建设的民心相通之道,不只是加强中外的相互了解,更在于创造共同的历史记忆、共同的身份、共同的未来。

——共同的历史记忆:19世纪中叶,英俄等欧洲列强首先对中国西部边疆实行蚕食政策,掀起了一股以地理考察为名的探险热。1877年,德国人李希霍芬提出"丝绸之路"概念,在以后半个世纪中演变成一场对于中国历史遗迹和珍贵文物的浩劫，出现一系列所谓中国文明根在西方的"新发现"。背后折射的更深层问题是，欧洲人或者欧洲学界想要指明东方文明源于西方，因为唯独中华文明未被西方征服，足以动摇环球航行时代以来欧洲列强所标榜的"欧洲中心论"。

为此，"丝绸之路"的复兴，也就是告别"西方中心论"的过程。"一带一路"沿线大部分国家都是前欧洲殖民地，其博物馆、历史文化多靠宗主国以及现在的西方国家建设和书写。这使这些国家即便是中国的邻居，其民众的心理与西方也更近！我们不是与西方打交道，而是与一个西化的世界打交道！

"一带一路"公共外交就是要唤醒这些民众，回到共同记忆。"己欲立而立人，己欲达而达人"。中国考古学者、艺术人士等要走进"一带一路"沿线国家，帮助它们唤醒"丝绸之路"的历史记忆，塑造共同的回忆。中国敦煌莫高窟经验可帮助沿线国家保护、修复其历史文物。中国历史学家、语言学家应帮助沿线国家阐述其历史，告别西方殖民遗产和中心论情结，塑造共同的丝路历史记忆。

——共同的身份：我们不是一个个近代西方赋予的民族国家，而是丝路共同体；建设"一带一路"，不是中国崛起，而是文明的共同复兴。走出近代，告别"西方中心论"，寄希望于塑造共同身份。"一带一路"公共外交的重要使命，就是通过"三体"——利益共同体、责任共同体、命运共同体——塑造沿线国家的共同身份，从古代的丝路人到今天的"一带一路"人，超越国家与民族的隔阂，着眼于整体身份建构。

——共同的未来："可以毫不夸张地说，这条交通干线（丝绸之路）是穿越整个旧世界的最长的路。从文化-历史的观点看，这是联结地球上存在过的各民族和各大陆的最重要的纽带……中国政府如能使丝绸之路重新复苏,并使用现代交通手段,必将对人类有所贡献,同时也为自己树起一座丰碑。"[1] 提出"丝绸之路"概念的德国人李希霍芬的学生、瑞典地理学家斯文·赫定在《丝绸之路》一书中如是说。

的确,"一带一路"的名与实都是博古通今、引领未来的。共商、共建、共享原则正引领着"一带一路"沿线国家共同的文明复兴和未来发展。只有将各自的未来铆在一起,才能同心共建"一带一路",共同迎接"一带一路"时代的美好明天。从大历史看"一带一路",就是以丝路精神、命运共同体确立人类道义制高点。

总之,"一带一路"呼唤公共外交转型:从我到我们,从国家层面到共同层面。不能把好经念歪了,这"三共"才是破解"中国威胁论"、"一带一路"威胁论之道。文艺为人民服务,理论来源于实践。要"一带一路"在沿线国家落地生根、开花结果,就得创新方式,鼓励"新上山下乡",派遣中国的历史学家、考古学家、文学家、艺术家、媒体记者到建设现场扎根调研、写生,成为"一带一路"战地学者、战地艺术家、战地记者,创造出世界级作品,谱写21世纪的动人故事。

---

[1] 赫定. 丝绸之路. 乌鲁木齐:新疆人民出版社,2013:206,210.

结　语

以民心相通超越公共外交

党的十九届四中全会通过的《中共中央关于坚持和完善中国特色社会主义制度、推进国家治理体系和治理能力现代化若干重大问题的决定》，将"坚持独立自主和对外开放相统一，积极参与全球治理，为构建人类命运共同体不断作出贡献"列为我国国家制度和国家治理体系的显著优势之一，并呼吁"高举构建人类命运共同体旗帜，秉持共商共建共享的全球治理观，倡导多边主义和国际关系民主化，推动全球经济治理机制变革"。这标志着中国的国际话语权从"中国特色"转到"国家治理"，进而上升到"人类命运共同体"的高度。

新时代，以民心相通超越公共外交是应有之义。民心相通是"一带一路"建设"五通"之一。《推动共建丝绸之路经济带和21世纪海上丝绸之路的愿景与行动》这样界定其作用：民心相通是"一带一路"建设的社会根基。传承和弘扬丝绸之路友好合作精神，广泛开展文化交流、学术往来、人才交流合作、媒体合作、青年和妇女交往、志愿者服务等，为深化双多边合作奠定坚实的民意基础。

公共外交的概念诞生于美国，与生俱来带有美国基督教思维悖论——居高临下、自以为是、单向度影响对方，甚至将对方视为"他者"；美式公共外交着眼于赢得民心，反映了基督教的傲慢与偏见——要么把你皈依掉,要么把你妖魔化,这是"中国威胁论""中国崩溃论"在美国此起彼伏的原因。中国是世俗化文明国家,又是中国共产党领导的社会主义国家,故此才能做到实事求是,强调以民心相通超越公共外交。中国推崇民心相通,与公共外交强调赢得民心最大的不同是平等、包容、互动,关键在于"通"字。正如笔者在2016年"中国好书"《世界是通的:"一带一路"的逻辑》中所言,"痛则不通,通则不痛"。当今世界之痛,多由民心不通造成。民心相通,是超越公共外交之道,是构建人类命运共同体的必然要求。

"是故形而上者谓之道,形而下者谓之器。化而裁之谓之变,推而行之谓之通,举而错之天下之民谓之事业"。《直方周易·系辞上》这句话,每每给笔者启迪。

公共外交是形而下的,民心相通才是形而上的。近年来,西方出现某种舆论倾向,将"公共外交"(public diplomacy)与"公民社会"(public society, civil society)画上等号,进而鼓吹中国应将公共外交主导权交由所谓的"公民社会"甚至是代表"公民社会"的异议人士手中。本书提出以民心相通超越公共外交,十分及时且必要。

民心相通,不能坐而论道,行百里者半九十。正如中国翻译协会常务副会长黄友义在《王义桅讲"一带一路"故事》封底推荐语中指出的,"王义桅奔走于五十多个国家,给国王、总统、商人、学者、记者等讲述'一带一路'故事。每次讲起'一带一路',他总是激情四溢,感染着散布在世界各个角落的国际受众,吸引着日益增加的关注。如今,这些经历集结成书,可喜可贺。'一带一路'的情与义,中国故事的光荣与梦想,尽收眼底。"

希望本书将有助于中国公共外交研究,确立我国以民心相通、人类命运共同体为主题的国际话语权。

参考文献

专著

1. 布热津斯基.大失控与大混乱.北京:中国社会科学出版社,1995.
2. 陈来.古代宗教伦理.北京:生活·读书·新知三联书店,2017.
3. 董秀丽.外交的文化阐释·美国卷.北京:知识产权出版社,2012.
4. 福山.历史的终结与最后之人.北京:中国社会科学出版社,2003.
5. 格林伍德.澳大利亚政治社会史.北京:商务印书馆,1960.
6. 格斯曼.德国文化简史.桂林:广西师范大学出版社,2017.
7. 韩方明.公共外交概论.北京:北京大学出版社,2011.
8. 赫定.丝绸之路.乌鲁木齐:新疆人民出版社,2013.
9. 基廷.牵手亚太:我的总理生涯.北京:世界知识出版社,2002.
10. 黎家松.中华人民共和国外交大事记:第2卷.北京:世界知识出版社,2001.
11. 李泽厚.论语今读.北京:生活·读书·新知三联书店,2004.
12. 刘建武,刘云波,谢晶仁.美国问题研究报告(2017版).北京:光明日报出版社,2018.
13. 维克托·迈尔-舍恩伯格,库克耶.大数据时代.杭州:浙江人民出版社,2014.
14. 潘忠岐.多边治理与国际秩序.上海:上海人民出版社,2006.
15. 启良.神圣之间:中西政治哲学比较研究.湘潭:湘潭大学出版社,2010.
16. 决胜全面建成小康社会夺取新时代中国特色社会主义伟大胜利:在中国共产党第十九次全面代表大会上的报告.北京:人民出版社,2017.
17. 索雷斯.大数据治理.北京:清华大学出版社,2014.
18. 滕尼斯.共同体与社会.北京:商务印书馆,1999.
19. 涂子沛.数据之巅:大数据革命、历史、现实与未来.北京:中信出版社,2014.
20. 屠国元.外语·翻译·文化:第4辑.长沙:湖南人民出版社,2005.
21. 阿列克西·德·托克维尔.论美国的民主:上卷.北京:商务印书馆,2009.

22. 王晓德. 美国文化与外交. 北京：世界知识出版社，2000.

23. 王义桅. 超越国家关系：国际关系理论的文化解读. 北京：世界知识出版社，2008.

24. 王义桅. 国之交如何民相亲：新时代中国公共外交之道. 北京：中国人民大学出版社，2020.

25. 王义桅. 再造中国：领导型国家的文明担当. 上海：上海人民出版社，2017.

26. 于歌. 美国的本质：基督新教支配的国家和外交. 北京：当代中国出版社，2015.

27. 袁东振，刘维广. 拉美黄皮书：拉丁美洲和加勒比发展报告（2017—2018）. 北京：社会科学文献出版社，2018.

28. 张西平. 国际汉学：第25辑. 郑州：大象出版社，2014.

29. 赵汀阳. 天下的当代性：世界秩序的实践与想象. 北京：中信出版社，2016.

30. 中华人民共和国外交部，中共中央文献研究室. 毛泽东外交文选. 北京：中央文献出版社，1994.

31. 周天勇. 中国对外关系：形势与战略报告. 北京：中共中央党校出版社，2014.

32. 朱学勤，丁建定，张勇安. 多维的历史：纪念历史学家金重远先生. 上海：复旦大学出版社，2015.

33. 卓新平，许志伟. 基督宗教研究：第7辑. 北京：宗教文化出版社，2004.

34. CULL N J. Public diplomacy：foundation for global engagement in the digital age. Cambridge：Polity Press，2019.

35. SPENDER P C. Exercises in diplomacy：the Anzus Treaty and the Colombo Plan. Sydney：Sydney University Press，1969.

36. VILLARS R L，OLOFSON C W，EASTWOOD M. Big data：what it is and why you should care. White Paper，June 2011.

报告

1. 博鳌亚洲论坛. 新兴经济体发展：2018年度报告. 北京：对外经济贸易大学出版社，2018.

2. 赵忆宁. 独家："一带一路"与拉美十国调研报告. 21世纪经济报道，2019-10-19.

3. 中国企业海外形象调查报告2019·拉美版. 北京：当代中国与世界研究院，2019.

报刊

1. 艾渤.5G：开启万物互联新篇章.人民交通，2019（11）：22-23.
2. 鲍雨.中国侨务公共外交：成就与经验.公共外交季刊，2018（4）.
3. 蔡翠红.国际关系中的大数据变革及其挑战.世界经济与政治，2014（5）.
4. 陈鹏勇.华文教育的侨务公共外交功能论析.东南亚研究，2015（6）：79-85.
5. 陈奕平.海外侨胞与中国命运息息相关.人民日报海外版，2019-03-05（007）.
6. 陈咏媛.智利华人的民族身份认同及双重世代差异：基于圣地亚哥市的个案研究.青年研究，2018（5）：86-97，100.
7. 崔守军，徐鹤.拉美华人华侨在构建"中拉命运共同体"中的作用及路径.拉丁美洲研究，2018，40（1）：36-55，155.
8. 达巍.美国对华战略逻辑的演进与"特朗普冲击".世界经济与政治，2017（5）：21-37，155-156.
9. 邓应文.论1990年以来越南与日本的经济关系.南洋问题研究，2008（2）：15-24.
10. 丁工.澳大利亚对华态度转变的原因及中国的应对之策.国际论坛，2018（5）.
11. 丁工.从战略高度思考中国同中等强国的全球治理合作.印度洋经济体研究，2018（1）.
12. 董青岭.大数据外交：一场即将到来的外交革命?.欧洲研究.2015（2）.
13. 发展海外华文教育 推动共建"一带一路".人民政协报，2019-08-29（003）.
14. 郭存海.中国的国家形象构建：拉美的视角.拉丁美洲研究，2016，38（5）：43-58，155.
15. 黄大慧.试析安倍政府的对外宣传战略.现代国际关系，2017（6）：29-36.
16. 黄忠.新形势下中国对拉美国家的公共外交.拉丁美洲研究，2015，37（2）：60-66.
17. 江璐.精英的合谋：澳大利亚对华民意研究（2014—2018）.国际论坛，2019（5）.
18. 江时学.中国特色大国外交中的中国与拉美国家关系.国际论坛，2019，21（2）：30-35.
19. 金灿荣.百年未有之大变局与中国担当.解放军报，2019-12-11（004）.
20. 金灿荣.如何深入理解"世界正面临百年未有之大变局".领导科学论坛，2019（14）.

21. 金东黎. 云南省对东南亚的地方公共外交研究. 云南农业大学学报（社会科学版），2015，9（6）.

22. 金正昆，臧红岩. 当代中国侨务公共外交探析. 广西社会科学，2012（5）：1-6.

23. 康晓丽. 略论韩国的侨务公共外交. 八桂侨刊，2015（1）：59-64.

24. 康晓丽. 印度侨务公共外交方式和特点. 公共外交季刊，2015（3）：92-97，128.

25. 李安山. 浅析法国对非洲援助的历史与现状：兼谈对中国援助非洲工作的几点思考. 西亚非洲，2009（11）：13-21.

26. 李安山. 为中国正名：中国的非洲战略与国家形象. 世界经济与政治，2008（4）：3，6-15.

27. 李辽宁，李丹琪. 公共外交："一带一路"背景下中国价值观国际传播的重要载体. 理论与评论，2019（5）：33-43.

28. 李沁，王雨馨. 华人华侨身份认同程度与中华文化传播行为研究. 当代传播，2019，205（2）：57-62，66.

29. 林逢春，隆德新. 建构主义视角下的侨务公共外交：理论沟通与发现. 广西社会科学，2014（4）：131-136.

30. 林逢春，隆德新. 崛起中的中国与海外高端新移民的趋同利益探析：兼论中国侨务公共外交的因应策略. 青海社会科学，2014（2）：30-36.

31. 林迎娟. 中美人文交流体系：演进、运行及趋势. 前沿，2018（5）：101-107.

32. 刘延东. 深化高等教育合作 开创亚洲人文交流新局面. 世界教育信息，2010，24（12）：10-12.

33. 隆德新，林逢春. 侨务公共外交：理论内核、本体特征与效用函数. 东南亚研究，2013（5）：85-92.

34. 陆建人，蔡琦. 中国-东盟人文交流：成果、问题与建议. 创新，2019，13（2）：45-54.

35. 马必胜. 澳大利亚如何应对中国崛起. 外交评论，2014（1）.

36. 毛伟. 印度主流媒体"一带一路"报道研究与对外传播思考. 中国记者，2019（7）.

37. 明亮. 国内媒体塑造的非洲形象：基于对《人民日报》等媒体的定量分析. 新闻爱好者，2010（9）.

38. 倪健. 民间组织在公共外交中大有可为. 公共外交季刊, 2013（2）：44-49, 125-126.

39. 欧亚, 吉培坤. "后真相"与"假信息"：特朗普执政以来美国公共外交的新动向. 国际论坛, 2019, 21（6）：112-124, 159.

40. 潘亚玲. 中美人文交流：成就与展望. 教学与研究, 2015（12）：18-26.

41. 邱永辉. 全球化背景下的中印文化交流. 四川大学学报（哲学社会科学版）, 2006（4）.

42. 曲星. 公共外交的经典含义与中国特色. 国际问题研究, 2010（6）：4-9, 70-71.

43. 沈本秋. 大数据与公共外交变革. 国际问题研究, 2015（1）.

44. 苏珊珊. 冷战后"中国威胁论"的历史演变. 社会主义研究, 2019（2）：140-147.

45. 孙洪波. 中国对拉美民间外交：缘起、事件及影响. 拉丁美洲研究, 2014, 36（3）：14-19.

46. 谈东晨, 钮维敢. 公共外交原理：基于建构主义视角的阐释. 战略决策研究, 2019, 10（4）：65-92, 103-104.

47. 檀有志. 借助网络平台开展公共外交. 公共外交季刊, 2017（1）：28-34, 138.

48. 唐翀. 中国对东南亚公共外交的问题与建议. 东南亚南亚研究, 2011（1）：28-31.

49. 汪万发. 公共外交助推绿色"一带一路"行稳致远. 中国环境报, 2019-11-12（003）.

50. 王海洲. 想象力的捕捉：国家象征认同困境的政治现象学分析. 政治学研究, 2018（6）：16-25, 126.

51. 王伟男. 侨务公共外交：理论建构的尝试. 国际展望, 2012（5）：29-39.

52. 王文. 怎样认识"世界处于百年未有之大变局"?. 红旗文稿, 2019（2）：40-41.

53. 王义桅. 公共外交：塑造中国国际形象. 解放日报, 2003（3）.

54. 王义桅. 如何克服中国公共外交悖论?. 东北亚论坛, 2014, 23（3）：42-50, 127.

55. 王义桅. "中国之治"新方向. 北京日报, 2019-12-16（013）.

56. 王毅. 坚持正确义利观 积极发挥负责任大国作用. 人民日报, 2013-09-10（007）.

57. 吴雁飞. 人工智能时代的国际关系研究：挑战与机遇. 国际论坛, 2018（6）.

58. 夏玉清, 罗致含. 试论中国对东南亚的公共外交. 东南亚纵横, 2011（4）.

59. 辛懿. 简论中国对美公共外交在中美新型大国关系中的作用. 学术探索, 2014 (12): 33-37.

60. 杨松霖, 孙凯. 中美人文交流: 现状、问题与对策. 江南社会学院学报, 2016, 18 (2): 33-38, 45.

61. 杨小辉. "中等强国"澳大利亚的海军政策与实力及其对中国的影响. 上海交通大学学报 (哲学社会科学版), 2013 (4).

62. 姚俊娟. 对美公共外交与中国国家形象. 理论观察, 2013 (11): 23-24.

63. 姚遥. 对美公共外交: 新形势、新思路. 国际问题研究, 2016 (1): 22-34.

64. 于宏源. 多元化和网络化: 新时代民间外交发展研究. 国际关系研究, 2019 (5): 3-18, 155.

65. 于宏源. 全球民间外交实践与新时代中国民间外交发展探析. 当代世界, 2019 (10): 17-22.

66. 余惠芬, 唐翀. 论中国对东南亚的文化外交. 暨南学报 (哲学社会科学版), 2010, 32 (3): 252-253.

67. 张安德. 澳大利亚民族文化心理的自卑与优越. 湖北大学学报 (哲学社会科学版), 1997 (5).

68. 张国玺, 谢韬. 澳大利亚近期反华风波及影响探析. 现代国际关系, 2018 (3).

69. 张金翠. "政事论"与印度外交战略的古典根源. 外交评论 (外交学院学报), 2013 (30).

70. 张晶盈. 不断增进海外华人文化认同. 中国社会科学报, 2019-06-04 (008).

71. 张莉霞. 日本欲借助动漫饮食等软实力提升形象. 环球时报, 2005-07-27.

72. 张梅. 试析以色列侨务公共外交. 现代国际关系, 2018 (6).

73. 张哲. 中国对非洲广播宣传的理念与策略. 西亚非洲, 2008 (6): 54.

74. 赵俊. 论非洲华侨华人与中国对非公共外交. 非洲研究, 2013, 4 (00): 11, 206-218.

75. 赵可金, 刘思如. 中国侨务公共外交的兴起. 东北亚论坛, 2013, 22 (5).

76. 周雨桦. 非政府组织在美国对华公共外交中的作用. 管理观察, 2019 (23): 89-90.

77. 朱东芹. 中国侨务公共外交: 对象与目标探析. 国际论坛, 2016, 18 (3): 38-43, 82.

78. 朱奕龙. 加强研究, 拓展侨务公共外交. 公共外交季刊, 2012 (1): 51-53.

79. 左品. 试析中国对拉美的公共外交. 国际观察, 2014 (5): 146-157.

80. China's Pacific investments: Australia's attacks ring hollow, The Australian, January 10, 2018.

81. RDCY, Eight negative arguments smearing China's virus fight must be refuted. Global Times, February 25&26, 2020.

82. WHITE H, Without America: Australia in the New Asia, Quarterly Essay, No. 68, 2017.

网络文献

1. 拉美将成中企"走出去"投资热土. 南美侨报网. http: //www. br-cn. com/home/mainnews/20180819/114185. html.

2. 2018 来华留学统计. 中华人民共和国教育部. http: //www. moe. gov. cn/jyb _xwfb/gzdt _gzdt/s5987/201904/t20190412 _377692. html.

3. 李东尧. 蓬佩奥说"我们撒谎、欺骗和偷盗"被曝光,俄媒:罕见的诚实. 环球网. https: //world. huanqiu. com/article/9CaKrnKk3Cl.

4. 能源生产和消费革命战略（2016—2030）. 中国政府网. http: //www. gov. cn/xinwen/2017-04/25/5230568/files/286514af354e41578c57ca38d5c4935b. pdf.

5. 2019 年 12 月 2 日外交部发言人华春莹主持例行记者会. 中华人民共和国外交部, https: //www. fmprc. gov. cn/web/fyrbt _673021/t1720844. shtml.

6. 日本外务省. ASEAN10か国における対日世論調査. https: //www. mofa. go. jp/mofaj/press/release/press4 _005211. html.

7. 日本外务省. 第 165 回国会における安倍内閣総理大臣所信表明演説（首相官邸ホームページへリンク）. https: //www. mofa. go. jp/mofaj/press/.

8. 日本外务省. 経済伙伴関系协议（EPA）/自由貿易協議（FTA）. https: //www. mofa. go. jp/mofaj/gaiko/fta/index. html.

9. 日本外务省. 2018 年版開発協力白書. https: //www. mofa. go. jp/mofaj/gaiko/oda/shiryo/hakusyo/18 _hakusho/.

10. 日本外务省. 外交青書 2019. https: //www. mofa. go. jp/mofaj/gaiko/blue.

11. 王义桅. 互联网不能让发展中国家愈加边缘化. https: //new. qq. com/omn/

20181109/20181109A0VPLC. html.

12. 王义桅. 拉美对华的认知悖论. https：//mil. huanqiu. com/article/9CaKrnJGuqx.

13. 王义桅. 拉美对华态度复杂 背后有十大根源. https：//www. guancha. cn/WangYiWei/2015 _01 _09 _305785. shtml.

14. 五通发展. 中国一带一路网. https：//www. yidaiyilu. gov. cn/info/iList. jsp? tm _id=96.

15. 习近平. 建设社会主义文化强国 着力提高国家文化软实力. 新华网. http：//www. xinhuanet. com/politics/2013 - 12/31/c _118788013. htm.

16. 习近平. 携手共命运 同心促发展：在2018年中非合作论坛北京峰会开幕式上的主旨讲话. 新华网. http：//www. xinhuanet. com/politics/2018 - 09/03/c _1123373881. htm.

17. 中国的对外援助（2014）白皮书（全文）. 国务院新闻办公室网站. http：//www. scio. gov. cn/ztk/dtzt/34102/35574/35582/Document/1534198/1534198. htm.

18. 中国对外承包工程商会. 中国"一带一路"走进来. http：//www. chinca. org/CICA/info/19071014551311.

19. 中国国际问题研究院成立拉美与加勒比研究所. 新华社. http：//www. china. com. cn/opinion/think/2018 - 10/31/content _69232122. htm.

20. 中国商务部. 2018年中国对外直接投资统计数据正式发布. http：//www. mofcom. gov. cn/article/i/jyjl/e/201909/20190902899692. shtml.

21. 中印举行边界问题特别代表会晤. 外交部. https：//www. fmprc. gov. cn/web/wjbzhd/t1726784. shtml.

22. 中印青年携手共创美好未来：驻印度使馆与印青年领袖联合会举办青年对话活动. 中华人民共和国驻印度共和国大使馆. https：//www. fmprc. gov. cn/ce/cein/chn/gdxw/t1613929. htm.

23. 中印青年要做两国友谊的生力军：孙卫东大使出席中印青年对话致辞. 中华人民共和国驻印度共和国大使馆. https：//www. fmprc. gov. cn/ce/cein/chn/sgxw/t1730705. htm.

24. 驻厄瓜多尔经济商务参赞处. 2019年拉丁美洲地区经济增长将放缓. http：//ec. mofcom. gov. cn/article/jmxw/201904/20190402851535. shtml.

25. 驻印度经济商务参赞处. 未来十年印度基建领域需投资3.3万亿美元. http：//in. mofcom. gov. cn/article/jmxw/201912/20191202920216. shtml.

26. Alexandre Tanzi and Wei Lu. Africa's Working - Age Population to Top Asia's by

2100. Bloomberg. https：//www. bloomberg. com/news/articles/2019－07－20/africa－s－working－age－population－to－surpass－china－s－by－2100.

27. Australian Government. 2017 Foreign Policy White Paper. https：//www. fpwhitepaper. gov. au/foreign－policy－white－paper.

28. Die Volksrepublik China ist erneut Deutschlands wichtigster Handelspartner-Statistisches Bundesamt. https：//www. destatis. de/DE/Themen/Wirtschaft/Aussenhandel/handelspartner－jahr. html.

29. Entropy. Wikipedia. https：//en. wikipedia. org/wiki/Entropy.

30. National Security Strategy of the United States of America. https：//www. whitehouse. gov/wp－content/uploads/2017/12/NSS－Final－12－18－2017－0905. pdf.

31. Pew center Spring 2018 global attitudes survey（October 26，2018）. Pew research website. http：//www. pewresearch. org/fact－tank/2018/10/19/5－charts－on－global－views－of－china.

32. Resources for Importing from &. Exporting to Africa. http：//www. afrst. illinois. edu/outreach/business/imports/.

33. SAMRAI Y. Trading with the frenemy：Germany's China policy. European Council on Foreign Relations.

34. Spioniert China deutsche Studenten aus?. https：//www. bild. de/politik/inland/politik－inland/propaganda－an－universitaeten－fdp－warnt－vor－chinesischen－instituten－66354216. bild. html 2020. 1. 9.

35. Unterdrückung der Uiguren in China Die Bedrohung reicht bis Deutschland. https：//www. fr. de/politik/uiguren－unterdrueckung－china－reicht－ueberwachung－deutschland－13246932. html.

36. Veltcheff Caroline. Le français en Tunisie：une langue vivante ou une langue morte?. Le français aujourd'hui，2006/3（n° 154）. DOI：10. 3917/lfa. 154. 0083. URL：https：//www. cairn. info/revue－le－francais－aujourd－hui－2006－3－page－83. htm.

后　记

本书是拙著《国之交如何民相亲：新时代中国公共外交之道》的姊妹篇，是2019年下学期公共外交研究生课的成果，是师生合作的论文集。

本书各章撰写分工如下：第一章，张鹏飞、刘奕言；第二章，王妃；第三章，张志帅；第四章，王义桅、栾文韬、阎思璁、蔡泓宇；第五章，万岳青；第六章，王继红、常鹭；第七章，支丹妮、陈亲；第八章，栾文韬；第九章，叶杨；第十章，宋佳；第十一章，王瑞；第十二章，刘林静；第十三章，王义桅；第十四章，王义桅。

将"新时代民心相通之道"案例集整理出版，得益于中国人民对外友好协会前会长李小林的鼓励。感谢她欣然为本书作序。中国公共外交协会会长吴海龙大使、察哈尔学会主席韩方明都对公共外交的理论与实践工作给了了大力支持，一并表示感谢。

感谢中国人民大学出版社曹沁颖老师一如既往的支持，这是我们第二次合作的结晶。感谢栾文韬、张鹏飞同学收集并初步整理，感谢每一位参与撰写的研究生同学。

感谢中国人民大学习近平新时代中国特色社会主义思想研究院、国际关系学院资助本书出版。

王义桅

图书在版编目（CIP）数据

民心相通的中国实践/王义桅等著．--北京：中国人民大学出版社，2024.2
ISBN 978-7-300-32530-9

Ⅰ.①民… Ⅱ.①王… Ⅲ.①外交—研究—中国 Ⅳ.①D82

中国国家版本馆 CIP 数据核字（2024）第 011823 号

民心相通的中国实践
王义桅 等 著
Minxin Xiangtong de Zhongguo Shijian

出版发行	中国人民大学出版社			
社　　址	北京中关村大街 31 号		邮政编码	100080
电　　话	010-62511242（总编室）		010-62511770（质管部）	
	010-82501766（邮购部）		010-62514148（门市部）	
	010-62515195（发行公司）		010-62515275（盗版举报）	
网　　址	http://www.crup.com.cn			
经　　销	新华书店			
印　　刷	涿州市星河印刷有限公司			
开　　本	890 mm×1240 mm　1/32		版　次	2024 年 2 月第 1 版
印　　张	9　插页 2		印　次	2024 年 2 月第 1 次印刷
字　　数	206 000		定　价	89.00 元

版权所有　侵权必究　　印装差错　负责调换